SUR LE *CHEMIN DE PERFECTION* AVEC THÉRÈSE D'AVILA

Titre original : *Paso a paso - Leyendo con Teresa su Camino de Perfección*

Éditons Monte Carmelo - Burgos

ISSN en cours
ISBN 2-900424-93-3
Dépôt légal : octobre 2001

33, avenue Jean Rieux – 31500 Toulouse.

Tomás Alvarez, *o.c.d.*

Sur le *Chemin de Perfection* avec Thérèse d'Avila

Traduit de l'espagnol par M.- A. Haussiettre

ÉDITIONS DU CARMEL

COLLECTION CARMEL VIVANT

2001

PRÉLIMINAIRE

À l'occasion du quatrième centenaire de la mort de sainte Thérèse – 1582-1982 – surgirent des « groupes de lecture thérésienne ». Il nous parut bon d'éditer à leur intention quelques œuvres de la sainte, avec des schémas et des préambules qui faciliteraient le travail de l'animateur du groupe et orienteraient la dynamique et le dialogue des lecteurs réunis pour l'écoute du texte thérésien.

Venant d'un groupe de jeunes lecteurs, l'idée des « lectures thérésiennes » fut reprise par la revue « Teresa de Jesús » qui consacra ses pages au projet et accueillit, un à un, le commentaire-préambule des 42 chapitres du Chemin.

Ainsi naquit ce livre. Avec une double nuance: des pages qui transmettaient et reflétaient en direct l'expérience de lecture préalablement vécue en groupe; et adaptées aux exigences d'une revue ouverte à quelques milliers de lecteurs qui n'avaient pas assisté à la lecture préalable, mais qui se donnaient rendez-vous pour la lecture des mêmes textes thérésiens.

Dans ces pages de la revue « Teresa de Jesús », une frange de notes marginales se faisaient l'écho de certaines incidences survenues dans le groupe des lecteurs: clarifications de vocabulaire, archaïsmes du lexique thérésien, signification de certaines tournures du style typiquement dialogal de la sainte, précisions concernant des allusions plus ou moins voilées à son expérience d'oraison, allusions et enchaînements avec l'histoire ou la culture de son époque, etc.

Ces notes marginales ont été supprimées dans ce livre.
Nous avons omis aussi les schémas préalables à la lecture de chaque chapitre. Ils étaient destinés à faciliter la compréhension de chaque unité doctrinale du texte, avant sa lecture.

La publication des commentaires au cours de plusieurs années, et l'intervalle des mois entre un chapitre et le suivant, rendirent plus d'une fois obligatoire la répétition de certains thèmes, dans le but de placer le lecteur devant le texte thérésien. En les réunissant maintenant en une séquence continue, nous n'avons pas omis ces doublets. Nous avons préféré maintenir les commentaires tels qu'ils virent le jour dans la revue.

Les destinataires de ces pages ? – Tout simplement les assidus à la lecture de Thérèse de Jésus, les innombrables disciples qui l'acceptent comme maîtresse de vie chrétienne et compagne de « chemin ».

Il est évident que, parmi ces « assidus et disciples », nous visons spécialement les jeunes qui, dans les Carmels ou dans les nombreuses familles thérésiennes, s'initient à la lecture de la sainte. À eux, ainsi qu'aux formateurs et aux animateurs de groupes de lecture thérésienne, nous voulons offrir un simple outil d'approche pour les pages de la grande Maîtresse. Mais en les prévenant, d'après mon expérience de vieux lecteur de la sainte, que ces commentaires sont un simple prélude, ou un porche d'entrée au livre de Thérèse. L'important est de la lire, elle. C'est-à-dire de faire partie de ce premier petit groupe de jeunes lectrices du Carmel de San José, pour lequel la sainte écrivit et avec lesquelles, aujourd'hui encore, elle continue à converser.

* * * * *

Enfin, un remerciement. Ce livre est dû à l'insistance avec laquelle le directeur de la revue « Teresa de Jesús » – mon ami Paco Tejedor – me l'a réclamé, chapitre après chapitre. Il ne serait pas passé de la revue à la présente publication sans la collaboration d'un autre groupe choisi de « thérésiens assidus »: Resti Palmero, Javier Cuevas, Margarita Banbridge. À eux ma gratitude et celle de l'auteur du Chemin.

Burgos, 16 juillet 1995

NdT : Les citations de Thérèse de Jésus sont prises dans les « Œuvres complètes » traduites par Mère Marie du Saint-Sacrement et révisées par les Carmélites de Clamart et Bernard Sesé (Éditions du Cerf, 1995).

La numérotation des paragraphes à l'intérieur de chaque chapitre suit celle de l'édition critique espagnole du P. Tomás Alvarez, reprise dans la traduction citée ci-dessus.

Première leçon du *Chemin*

(*Chemin*, chapitre I)

Nous commençons la lecture du *Chemin de Perfection*. Nous sommes un groupe de jeunes lecteurs, assis autour de celle qui signe ce commentaire. Au total douze, comme le groupe du Carmel de San José qui réunissait les premières lectrices du livre, autour de la Mère Thérèse: douze jeunes et elle, « l'aînée ».

Nous aussi, nous la comptons dans le groupe. Lire, c'est l'écouter. Elle est présente dans le livre. Elle consacre la première page à se présenter: elle se voit elle-même « femme, misérable et hors d'état de faire » tout ce qu'elle voudrait, mais disposée à « donner mille vies »...

La première page lui sert aussi à faire une déclaration d'intention. Le chapitre entier se gonfle d'un flux de désirs qui s'ouvrent et se déploient comme une fleur de lotus: intentions, détermination, œuvres et consignes. Elle s'émeut en écrivant et, peu à peu, elle passe de la confidence à la plainte: « Que sont devenus aujourd'hui les chrétiens? ». Puis, c'est l'appel qui convoque: « aidez-moi, mes sœurs », aidez-moi lecteurs; que les gens viennent pour agir et prier... Elle unit le magistère et les qualités de chef.

L'attitude qu'elle adopte dans ses écrits ne laisse pas le choix à ceux qui l'écoutent. Ce serait être en désaccord avec elle et de mauvais goût que de lire ces pages comme une œuvre littéraire. Nous les lisons comme une œuvre spirituelle, comme elle-même a décidé de les écrire.

Ce chapitre *a une âme. Il a une histoire. Il développe une thèse doctrinale.* Suivons-les pas à pas.

Ces pages ont une âme

L'écriture a une âme, une palpitation qui court de la première à la dernière ligne. Palpitation humaine, douloureuse, causée par ce qui se passe en Europe; palpitation religieuse car Thérèse ressent la même présence de Dieu dans les événements lointains et dans ce qui en rejaillit pour sa propre vie et pour celle du petit groupe de lectrices.

Âme et palpitation sont évidentes dans les deux paragraphes centraux du chapitre (n° 3 et 4). Relisons la première ligne: « Ô mon tendre Rédempteur! Mon cœur ici succombe à la douleur! Que sont devenus aujourd'hui les chrétiens...? » Non seulement Thérèse passe du dialogue avec les lecteurs au dialogue intérieur avec Dieu, mais encore elle est passée sur un autre plan. Elle s'est mise à prier en écrivant et elle vit ouvertement cet instant totalement religieux. Elle l'a inclus dans le texte, non pas comme un coin dans le bois, mais comme une source secrète qui répand ses eaux depuis le centre de gravité du chapitre.

Toute la force de l'écrit réside en ceci: pouvoir dire à Dieu ce qu'elle dit aux lecteurs.

Ce fait religieux, vécu à la fois dans l'âme de l'Auteur et au fil de sa plume, remplit de vibration et de densité religieuses tout le reste de la page. C'est comme une onde qui se répand sur le récit qui précède (n° 2) et sur les consignes qui suivent (n° 5).

Elles ont une histoire

Le chapitre premier du *Chemin* est le document fondateur d'un groupe et d'un mouvement religieux dans l'Église. Thérèse nous le raconte ainsi:

– elle projetait déjà la fondation d'une maison religieuse très organisée, munie de rentes et jouissant de la paix et du silence contemplatif...

– sur ce petit projet s'abattirent, comme un ouragan ou comme un coup de griffes, les nouvelles venant de France et d'Europe. À l'intérieur de ces pays, guerres, morts, incendies, profanations, « destruction des églises, massacre de tant de prêtres, absence des sacrements » (elle le redit ainsi au c. 35, 3);

– d'abord, Thérèse s'afflige devant sa propre impuissance: « comme si je pouvais quelque chose… », mais « je le voyais, j'étais femme et bien misérable encore, enfin hors d'état de faire ce que j'aurais voulu… »;

– ensuite, elle réagit, c'est-à-dire, elle « se détermine » à agir. Mais agir c'est être. Être fidèle aux conseils évangéliques et persuader « les petites » qui la suivent d'en faire autant.

Pour elles aussi, agir c'est, avant tout, être: qu'elles *soient telles* que leurs vies servent à l'Église, jusqu'à devenir digue de protection face aux maux de l'Europe et intercéder pour ceux qui sont les « défenseurs » de l'Église.

Si nous dépouillons ces pages des connotations d'une époque lointaine, voici le noyau du récit qui vaut pour aujourd'hui. Opter pour l'Évangile. S'engager dans les mutations de l'Église et de l'histoire. Se déterminer à être pour constituer un groupe et pour agir.

Elles développent thèses et consignes

Troisième et dernier maillon. Mettons de l'ordre: Thérèse commence par raconter aux lecteurs l'histoire des origines du groupe (n° 1-2). Puis elle passe des lecteurs à Dieu et revit l'événement devant Lui (n° 3-4). Elle revient ensuite aux lecteurs, mais comme un prophète qui redescend de la montagne de Dieu. Sa parole est frémissante: « mes sœurs en Jésus-Christ, aidez-moi… ! »

L'aider, en quoi? En cela même qu'elle vient de raconter et de vivre: se déterminer pour l'évangile et enrôler Dieu pour cette tâche. Tout en prenant une part active aux luttes et aux affaires des hommes, bien qu'elles soient de feu car « le monde est en feu », ne perdons pas de vue notre but premier, ne dérivons pas vers le secondaire. Il est si facile de gaspiller temps et énergies sous des prétextes futiles ou des pacotilles. « Non, mes sœurs, ce n'est pas le moment de traiter avec Dieu d'affaires de peu d'importance ».

Il n'est pas difficile de changer de registre. Thérèse écrivait pour de jeunes moniales, enfermées derrière de hauts murs, sans périodiques pour les informer, avec de faciles tentations de repliement sur l'oasis de la contemplation. Elle écrivait ainsi pour les placer face à la vie et aux événements ; pour les rendre présentes à l'histoire des hommes, solidaires de ce que vivaient des frères lointains et convertir ce matériau informe de choses et d'événements humains en aliment pour le feu de l'oraison et en ressort pour la vie. Ne pas vivre sans se sentir impliqué et responsable.

Tout cela nous concerne autant que les premières lectrices du manuscrit du *Chemin*.

Témoins de l'évangile de la pauvreté
(*Chemin*, chapitre II)

Un grand humaniste, contemporain de Thérèse de Jésus, a écrit *l'Éloge de la folie*. Quant à elle, dans ce second chapitre du *Chemin*, elle écrit *l'éloge de la pauvreté*. Elle l'intitule : « des avantages de la pauvreté ».

L'éloge jaillit dans l'intimité à la manière d'une annonce publique, en termes originaux et inattendus. Comme François d'Assise, Thérèse a été déconcertée et fascinée par la grande découverte de « sœur pauvreté ». Elle n'est pas arrivée à la pauvreté par des voies socio-économiques ni contestataires. Elle a simplement rencontré l'évangile et, en lui, Jésus-Christ pauvre. La parole de Jésus pour les pauvres est promesse de béatitude. Thérèse a déjà la certitude inébranlable que cette parole ne peut faillir. Elle en a témoigné récemment dans un écrit confidentiel : « Je sens par moments avec une foi très vive que Dieu ne peut manquer à ceux qui le servent, et je regarde comme impossible que ses paroles ne s'accomplissent pas. Je ne peux me persuader d'autre chose, ni concevoir la moindre crainte sur ce point. » (*Relation* 2, 3)

C'est pourquoi Thérèse écrit son éloge en tant que témoin. C'est le Seigneur qui lui « a fait un peu comprendre les trésors que renferme la sainte pauvreté ». Il est du côté des pauvres. « Ses paroles sont véritables, elles ne passeront pas ; le ciel et la terre passeraient plutôt » (n° 2). La pauvreté est liberté, joie et souveraineté. Elle permet « de se rendre maître de tous les biens de ce monde en les comptant pour rien » (n° 5).

Thérèse le sait par expérience et l'attestation de ce savoir expérimental se répète tout au long du chapitre comme une ritournelle musicale ou comme un sceau notarial : « je connais par expérience les grands avantages » (n° 3). « L'expérience m'a clairement démontré » (n° 6). « Je ne fais d'ailleurs que rapporter ce que l'expérience m'en a appris » (n° 7). Ses lectrices sont déjà des témoins oculaires « par expérience » (n° 1).

Immergée dans la joie de cette expérience, Thérèse se laisse emporter par sa plume: elle écrit, tellement « entraînée par le sujet que je ne me rendais pas compte... » (n° 7). Elle ne sort de cet enchantement littéraire qu'en terminant ce chapitre: « Je ne sais plus ce que j'avais commencé à dire... Le Seigneur l'a permis, je crois, car jamais je n'avais songé à écrire ce qui précède. » (n° 11)

Les lectrices: un groupe de femmes pauvres et convaincues

Nous sommes « treize pauvrettes ». Treize c'est, pour la Fondatrice, le nombre parfait et idéal, celui du groupe formé par Jésus et les douze apôtres.

À ce moment, le groupe se désigne officiellement: « les pauvres sœurs de San José ». À ce moment aussi, Thérèse se définit elle-même: « une petite religieuse comme moi! qui, grâce à Dieu, se fait gloire à présent de porter une robe rapiécée » (Lettre II, 1).

Dans leur maison de San José récemment fondée, les pionnières du Carmel thérésien ont étrenné la pauvreté. Et quelle pauvreté! Habit de bure; cellule d'ermites avec, pour toute richesse, une croix, quelques images de papier, quelques livres de spiritualité et un cruchon d'eau.

Dans la cellule, on travaille. L'Auteur aussi qui fait courir rapidement sa plume: « J'écris à la dérobée, et encore à regret, car cela m'empêche de filer et je suis dans une maison pauvre. » (Vie 10, 7)

Dans les *Constitutions* de la nouvelle maison, Thérèse a elle-même prescrit: « que chacune s'efforce de travailler pour que les autres aient à manger... Qui désire manger doit travailler » (24) Et plus loin, en fixant l'horaire de la communauté: « Il ne peut y avoir rien de réglé pour l'heure du dîner, puisque cela dépend de ce que le Seigneur donne. Quand il y aura de quoi, on sonnera le repas à onze heures et demie. » (26)

Par contre, on gardera cette grande richesse que sont le paysage, l'air, la lumière : « Que vous ayez un enclos avec quelques ermitages, pour y prier en solitude… C'est un besoin pour vous à cause de votre étroite clôture, outre que cela facilite l'oraison et la dévotion. » (n° 9)

Tout ce contexte de radicale pauvreté évangélique, Thérèse le résumera dans une phrase : « Voilà les armes que doivent porter nos bannières, puisque *de toutes manières nous la voulons garder* : dans notre demeure, nos vêtements, nos paroles et plus encore dans nos pensées. » (n° 8)

En quoi consiste la pauvreté évangélique de Thérèse ?

Dans son éloge il n'y a pas de place pour des définitions abstraites ni pour des précisions juridiques. Il nous suffit de souligner les *trois consignes* fondamentales que Thérèse donne à ses lectrices.

Première consigne : « les yeux sur votre Époux ! ». Poser les yeux sur le Christ, dans la crèche de Bethléem où il est né et sur la croix où il est mort. « Voilà des demeures bien dénuées d'agrément » (n° 9). « Imiter Sa Majesté en quelque chose » (n° 7), c'est un grand bonheur et un salaire considérable. Thérèse tire cette consigne de sa profonde expérience. Le Seigneur lui-même la lui a donnée plus d'une fois : « Fixe les yeux sur moi qui ai vécu pauvre et méprisé du monde… » (*Relation 8*)

Deuxième consigne : « La véritable pauvreté » et « les vrais pauvres » acceptent de l'être en vérité. « J'ai bien compris que le grand honneur d'un pauvre consiste à être véritablement pauvre » (n° 5). Thérèse déteste instinctivement le mensonge. Elle est effrayée par cette possible imposture de qui professe la pauvreté évangélique et se garde des pauvres et de la pauvreté réelle. Pour sa petite maison de San José, elle a dû livrer un dur combat avec ses conseillers théologiens, et contre la ville et son Conseil, jusqu'à ce qu'elle réussisse à fonder son Carmel sans la garantie de quelques « rentes » ou d'une propriété rurale qui assure humainement son avenir. Maintenant elle vit dans une maison matériellement pauvre, s'appuyant sur la parole de Jésus.

Troisième consigne: Être pauvres au-dedans, pauvres « à l'intérieur », dit-elle. C'est assimiler la consigne de Jésus: « ne vous inquiétez pas » des choses de la terre. Ne pas permettre que cette préoccupation angoissée rende esclave la pensée, comme s'il n'y avait pas la parole du Seigneur. À cette condition la pauvreté matérielle se convertira en pauvreté évangélique et sera une béatitude de joie et de liberté. Pour Thérèse, il est évident que la pauvreté évangélique est libératrice de cet esclavage qui enchaîne ceux qui s'approprient les choses d'une manière excessive. « La pauvreté d'esprit est un bien qui renferme en soi tous les biens de ce monde, c'est une haute souveraineté. » (n° 5)

Le cadre de ce chapitre

Thérèse écrit son éloge de la pauvreté en plein contexte ecclésial. Un chapitre a précédé contenant le panorama des grands maux qui affligent l'Église et qui décident de sa vocation de carmélite contemplative (c.1). Suivra un autre chapitre précisant la vision du service que les lectrices doivent rendre à l'Église et au monde, à l'intérieur de l'oasis de leur clôture (c.3).

Pour rendre possible ce service spirituel, Thérèse et les douze acceptent l'humiliation matérielle, la pauvreté radicale prêchée par Jésus dans l'Évangile. Avec quelques modèles bien précis: Jésus d'abord, les pionniers du Mont Carmel, sainte Claire… et Thérèse elle-même.

Plus loin, le thème de la pauvreté s'intériorisera et deviendra un des fondements ascétiques du livre, lorsque la sainte parlera à ses lectrices du « détachement de tout ce qui est créé ».

Le grand désir d'être quelque chose dans l'Église
(*Chemin*, chapitre III)

Dans le *Chemin de Perfection*, les chapitres sont plus ou moins importants, selon le thème. Ce troisième chapitre est d'une importance de premier ordre. Il suffit de lire le paragraphe d'introduction. Thérèse revient sur le thème « principal » du livre. « Le but pour lequel le Seigneur nous a réunies dans ce monastère » et qui a inspiré à Thérèse cet « ardent désir que nous soyons en état de contenter sa Majesté » (n° 1).

S'orienter

Et soudain le lecteur se trouve dans un cadre sculpté, ciselé et incarné par l'Auteur même : une femme qui se démène pour s'orienter dans l'Église. Qui cherche une boussole, un quadrant, une étoile ; non pas comme un naufragé ni comme un égaré dans une forêt, car Thérèse sait bien où elle se trouve et quelles sont celles qui la suivent. Elle parle au pluriel : que nous soyons en état..., que nous puissions servir, combattre...

Mais elle a besoin d'un repère pour ses yeux, d'un guide pour le groupe. Elle est consciente des difficultés qui entravent sa recherche. Elle est femme ; celles du groupe aussi. Comme cloîtrées, elles sont « cloîtrées » (n° 5) dans un coin, petit comme un mouchoir. Il ne suffit pas au monde de les avoir « parquées » (parole forte qu'elle devra, peu après, retirer de son écrit), on les marginalise. On ne leur concède pas le droit de « dire des vérités ». On leur fait savoir qu'il « n'y a pas de vertu de femmes qui ne soit suspecte » (n° 7 première rédaction). Tout cela aggravé par le sombre horizon ecclésial : mélange de charismes réels et imaginaires, irrités les uns contre les autres ; contestations, rébellions, violences, ingérences du bras séculier, haines religieuses, factions et gens qui passent de l'une à l'autre. Thérèse résume tout cela en peu de mots : « ce feu », « hérétiques », « traîtres », « grand mal ». À qui appartient-il de prendre l'initiative ? Quelques pauvres moniales comme elle et ses lectrices ont-elles une mission et une fonction propres dans cette Église ? Ont-elles quelque chose à dire ou à faire ? Comment a surgi en Thérèse ce souci de chercher, son besoin de s'orienter et de fixer un pôle précis au groupe de ses douze lectrices ?

Rappelons-nous que le cadre décrit se place entre deux dates précises : l'année 1 562 où elle fonda le Carmel de San José, tandis qu'en France les guerres de religion redoublaient d'intensité et qu'à Trente le Concile se réunissait pour la dernière fois – et l'année 1566 où elle écrit ce livre, alors que, de fait, le groupe des douze a définitivement pris position.

Prendre position ! Ainsi donc, ce chapitre va servir à codifier cette détermination.

Le principal, un château

Thérèse commence avec une thèse et un symbole (n° 1-2). Mieux, elle traduit sa thèse par un symbole taillé sur mesure.

À la grande surprise du lecteur, elle, femme et mystique, propose à son groupe de femmes-lectrices un symbole guerrier, accompagné d'une double consigne : vaillance et combat.

Par la stratégie improvisée de Thérèse, il s'agit « d'éteindre l'incendie qu'ont allumé ces malheureux hérétiques », retenir la vague de discorde et de violence qui s'est emparée de l'Europe et de l'Église. Elle sait que Philippe II s'est efforcé « d'arrêter ces désastres à main armée » (n° 1).

Mais cela ne servira à rien car ce n'est pas une affaire d'armée ni de bras séculier, c'est une crise religieuse. D'où un nouveau type de stratégie : non pas des soldats salariés, mais des personnes choisies, comme ses douze moniales. Son plan de guerre est pour elles.

Alors surgit le symbole: ville fermée, terre dévastée, capitaines, famine, soldats choisis contre les lâches et les traîtres, ne pas se rendre, vaincre ou mourir…

Au cœur du symbole, Thérèse propose à ses moniales d'« être un château » où réside le roi. En réalité, ce n'est pas un château fermé par les murs de son Carmel. Elle pense à « cette petite citadelle où se sont retirés les bons chrétiens » auxquels s'ajoutent les douze recluses de San José et les personnes choisies qui sont dans le monde. Précisément dans ce monde se trouvent « les capitaines de cette citadelle ou de cette ville, je veux dire les prédicateurs et les théologiens ». Les aider, faire corps avec eux, former une communauté petite, mais choisie, de chrétiens fidèles à l'Évangile et fortifiés de l'intérieur. Qu'ils soient convaincus que, dans cette stratégie, la qualité prime sur le nombre afin « d'atteindre la perfection propre à leur état » (n° 2). Quant à ceux qui, parmi les « gens instruits », sont lâches ou médiocres, « ils ne méritent pas le nom de capitaines; ils feront plus de mal que de bien » (n° 3).

Thérèse ne perd pas de vue le fait que ses moniales sont des contemplatives, que leur mission première est le service de l'oraison afin d'aider ainsi ceux qui travaillent pour l'Église: « Efforçons-nous du moins d'être telles que nos prières puissent être utiles » (n° 2).

« Si en ce point nous avons un peu de pouvoir auprès de Dieu, toutes cloîtrées que nous sommes, nous combattons pour Lui. » (n° 5)

« Enfin, s'il arrive que vos prières, vos désirs, vos disciplines, vos jeûnes ne se rapportent plus au but que je vous ai indiqué, dites-vous que vous ne remplissez plus la fin pour laquelle le Seigneur vous a réunies en ce lieu. » (n° 10)

Mais… ne pas le dire sans le vivre

Thérèse en arrive au point important de l'oraison. Tandis que l'Auteur écrit, le chapitre se divise en deux parties.

Première moitié: la voix forte du capitaine qui donne ses consignes et formule le symbole qu'on va retrouver tout au long du livre (n° 1-6).

Seconde moitié: la voix de la "prêtresse" qui se retourne vers Dieu Père et vers le Christ son Fils, pour prier: clameur qui peu à peu lui trouble la voix et fait place à une supplication de femme humiliée par l'image et le souvenir qu'elle a d'elle-même (n° 7-10).

Nous nous trouvons face à l'âme du chapitre, à l'âme du livre entier. Thérèse s'est mise à vivre devant ses lectrices ce qu'elle vient de leur proposer comme raison de vivre. Plume en main, au milieu du groupe, face à Dieu et consciente de ce qui se passe dans l'Église, en Europe et dans le monde, elle prie intensément.

C'est une prière en trois temps:

Premier temps: Thérèse présente au Christ ce petit groupe de femmes qui prient; elle les compare à cet autre groupe de femmes de l'Évangile présidé par Marie, sa Mère: « Lorsque tu vivais sur la terre, Seigneur, tu n'as pas détesté les femmes… » (n° 7)

Second temps: Maintenant Thérèse s'adresse au Père. Elle a besoin de lui parler du Christ, de le supplier, par son intercession, avec une audace incroyable. Ce Christ qui souffre en chaque homme de l'Église de la terre: « Ô Père éternel! Considère que tant de coups de fouet, tant d'outrages, tant de tourments atroces, ne sont pas à mettre en oubli! » (n° 8)

Troisième temps: Thérèse se souvient d'elle-même, « cette pauvre pécheresse, ce chétif vermisseau, qui s'enhardit ainsi en ta présence » et dont la prière s'implique dans les grandes souffrances de ses frères. Alors, la voix se trouble et la prière se fait humble, mais pour donner lieu au cri final: « Prends en pitié tant d'âmes qui se perdent, secours ton Église! Ne permets pas, Seigneur, que les maux de la chrétienté se prolongent davantage, fais briller la lumière au milieu de nos ténèbres! » (n° 9)

Message pour le lecteur

Ces quelques pages n'ont pas besoin de transpositions pour être introduites dans le tissu de notre vie ou dans la sensibilité de celui qui les lit aujourd'hui en tenant compte de la vie de notre Église ou de notre Humanité, assaillie par les mêmes maux que ceux qui pesaient sur le monde thérésien du XVIe siècle; peut-être par des maux plus grands et plus graves dans le domaine de la guerre, de la violence et de la désorientation.

Les consignes et « l'exclamation » de Thérèse touchent directement nos fibres les plus sensibles: sens œcuménique, besoin de plus d'amour humain et d'un sens de l'Église plus grand, solidarité et fraternité universelles; paix et force intérieure, foi totale dans le levain que représentent les petites communautés constituées par des chrétiens fidèles et choisis.

Telle est la conviction de Thérèse: prier, c'est aider ceux qui travaillent d'une autre manière. Prier c'est combattre pour Dieu.

La consigne de l'amour
(*Chemin*, chapitre IV)

Maintenant la plume de Thérèse a choisi son aiguillage, comme un train qui se dispose pour un long voyage. Ou mieux, pour garder son langage et ses images, comme une troupe bien aguerrie qui affronte maintenant « la grande entreprise dont nous prétendons venir à bout » (n° 1).

D'abord, nous aimer beaucoup les uns les autres

La grande entreprise que Thérèse a proposée à son groupe de pionnières et qu'elle propose maintenant au lecteur, c'est « l'oraison ». Plus exactement, l'oraison continuelle: « prier sans cesse » (n° 2). Non pas à la manière du fameux Pèlerin russe, en cherchant des formules et des techniques pour occuper, sans interruption, les lèvres, la pensée, les battements du cœur, mais pour modeler la vie du groupe. Que les douze soient une communauté priante et que chacune vive l'idéal contemplatif de solitude, de silence, de paix et d'expérience de Dieu.

Pour cela, Thérèse ne commence pas à proposer des méthodes d'oraison ou des règles de méditation qui régleraient et éduqueraient l'acte de la prière. Elle commence par la vie. Donner une trempe d'acier à la vie de celui qui prie, non seulement parce que le réclament la « grande entreprise » du château et les courageux soldats du chapitre précédent, mais encore parce que « délicatesse et oraison ne vont pas ensemble » (n° 2). Ce qui veut dire que la vie d'une communauté priante est incompatible avec le confort et les aises. La norme de vie qui fonde le groupe est la Règle du Carmel, règle d'anachorètes. Thérèse, en passant, rappelle aux lectrices certaines consignes ascétiques de cette loi fondamentale: « jeûnes, disciplines, silence » (n° 2).

Mais ce n'est pas cela qui, en définitive, façonnera la vie et la remplira de prière, d'adoration, de contemplation, de louange de Dieu et d'intercession pour les hommes. Ce sont les « vertus » qui sont requises comme assise et comme point de départ. Les vertus évangéliques seront seules capables de remodeler « l'intérieur et l'extérieur » de celui qui prie et, de même, l'intérieur et l'extérieur du groupe. Sans les vertus, il sera possible d'assurer tant bien que mal quelques pratiques d'oraison, mais il ne sera pas possible de susciter la vie. Elles sont « nécessaires à tel point que… sans elles il sera impossible d'être grandes contemplatives, et même on se trompera singulièrement si l'on croit l'être » (n° 3).

Seulement trois…

Seulement trois vertus de base. Ce trio suffit à la sainte pour articuler le grave projet de « l'ascèse de l'oraison », premier pas de sa pédagogie de l'oraison.

Son point de vue est celui-ci: il faut commencer par engager sa propre vie par des prises de position aussi simples que radicales, en suivant l'exemple de l'Évangile. « Il importe beaucoup de comprendre combien il nous est avantageux d'observer » les vertus, et cela « pour jouir à l'intérieur et à l'extérieur de la paix que Notre-Seigneur nous a tant recommandée » (n° 4).

Cette double dimension de la paix (intérieure et extérieure), Thérèse la considère comme une disposition personnelle indispensable à celui qui prie et comme le climat et la respiration du groupe. La paix du Seigneur est le viatique indispensable dans la besace du contemplatif militant que Thérèse veut pour le château de l'Église.

Et sans plus, elle formule ainsi son trio de vertus:

*« la première est l'**amour** mutuel; la deuxième, le **détachement** de tout ce qui est créé; la troisième, la véritable **humilité**. Ce point auquel je donne*

la dernière place est cependant le principal et il embrasse tous les autres » (n° 4).

C'est la première fois qu'elle formule ce triptyque à coup de ciseau. Dans un autre livre, déjà écrit à cette date – le livre de sa *Vie* – elle avait élaboré un petit traité de l'oraison. Mais c'est seulement maintenant qu'elle réussit, dans son magistère, cette sorte d'évangile des trois vertus.

Plus loin dans le livre, elle leur ajoutera une quatrième vertu pour affiner la trempe guerrière du contemplatif : **la force**. Elle l'appellera : « *détermination déterminée* ».

Pour l'heure, l'engrenage des trois vertus se présente ainsi :

– **amour**, qui éduque et sensibilise celui qui prie, face aux personnes. L'oraison est une relation d'amitié avec Dieu, elle exige que soit affinée la relation d'amitié avec les frères.

– **détachement**, qui l'éduque et le libère face aux *choses*, face aux valeurs terrestres qui tendent à le retenir. L'oraison est liberté, liberté pour se donner soi-même totalement au Tout. Il faut larguer les amarres qui retiennent à la terre et rendent esclaves.

– **et humilité**, qui affine et épure celui qui prie face à *lui-même* pour l'ouvrir et le maintenir disponible jusqu'à pouvoir dire à Dieu pour de bon : « que ta volonté soit faite ». Au fond, l'oraison, c'est l'accueil de la vérité de Dieu ; elle sert à lui dire notre vérité. Être humble, c'est marcher en vérité devant Lui et devant les hommes.

Le problème de l'amour

D'abord, l'amour ; mais l'amour de vérité. L'auteur commence ainsi son thème : « Le premier, qui regarde l'amour mutuel, est d'une très haute importance. En effet, rien de fâcheux qui ne soit aisément supportable à ceux qui s'aiment. » (n° 5)

Non seulement parce qu'elle est femme d'une affectivité exquise, mais encore parce qu'elle a vécu l'amour d'une manière dramatique, Thérèse est consciente de poser un problème de base, décisif, proche du cœur même de celui qui prie et proche de son expérience de Dieu. Nous ne pouvons nous approcher de Dieu sans nous poser le problème de l'amour.

Dans son histoire personnelle, Thérèse a dû comprendre le fond mystérieux de son affectivité humaine avant de pouvoir voguer vers le large, en relation d'amitié avec Dieu. Pour atteindre cette purification – avoir des idées claires sur l'amour, une attitude claire en aimant – il faut une action de la grâce venue d'en haut, après s'être confié à l'Esprit Saint (*Vie* c.24).

Voici maintenant les postulats absolus que Thérèse propose aux lectrices :

– avant tout, il faut aimer : « S'aimer les unes les autres », c'est le commandement du Seigneur. L'amour ne peut être remplacé. Ne pas vivre en communauté sans amour ; vivre ensemble et ne pas s'aimer serait le fait de « gens barbares » (n° 10).

– par conséquent, ici « toutes doivent être amies, toutes doivent s'aimer, toutes doivent se chérir, toutes doivent s'aider » (n° 7).

– l'amour adoucit la rudesse de la vie : « il n'y a rien de fâcheux qui ne soit aisément supportable à ceux qui s'aiment, et il faut qu'une chose soit bien rude pour causer de l'indignation. » (n° 5)

– Mais le chemin de l'amour ne se parcourt pas sans frôler une série d'écueils. D'un côté, « les excès » de l'amour humain qui le corrompent et en font une maladie contagieuse, comme une « peste » qui tue la vie et la paix du groupe. D'un autre côté, l'amour camouflé en spirituel et intervenant dans la direction spirituelle et dans les sacrements.

Tout cela, Thérèse l'expose sans faire beaucoup de théorie, à partir des quelques expériences douloureuses qui, constamment, percent sous sa plume et ne font qu'effleurer son œuvre, par respect pour les personnes et les communautés dont il s'agit. Mais elle a elle-même « vu de ses yeux » (n° 5) les écueils et les naufrages. Encore maintenant elle souffre des effets des naufrages dont elle a été le témoin : les « grandes afflictions » qu'elle a vues dans d'autres monastères sont pour elle « le sujet d'une bien vive compassion » (n° 16).

Les deux amours

« Je parlerai de deux sortes d'amour »... (n° 12)

Pour le moment, elle annonce seulement sa thèse. Il y a deux amours.

L'un est « tout spirituel ». L'autre, alliage du spirituel et du sensible, laisse place à l'égoïsme et à la sensualité (aux motivations du domaine des sens). Les deux sont vertueux, ils trouveraient place dans le « livre du bon amour » de Thérèse.

Dans des chapitres ultérieurs elle exposera les différences entre ces deux manières d'aimer, leurs facettes variées, leurs conséquences sur la personne et sur la vie du groupe.

Pour l'heure, elle se limite aux préliminaires: pour s'éduquer à l'oraison, il faut viser l'amour pur, sans mélange d'égoïsme. Mais avant d'y être parvenu, il sera normal de s'exercer à l'amour pour que l'égoïsme et les autres scories puissent être décantés.

En définitive, l'important est de commencer à aimer afin que, ni dans la personne ni dans le groupe, il n'y ait un vide d'amour car « l'amour mutuel est d'une très haute importance » (n° 5).

Ainsi, la relation d'amitié avec les frères sera un apprentissage pour cette autre « relation d'amitié avec celui dont nous nous savons aimés ». C'est justement ce que Thérèse entend par « oraison ».

Lumière – savoir – gens instruits
(*Chemin*, chapitre v)

Le chapitre est bref, mais l'Auteur y livre une bataille. On dirait qu'elle y rompt sa lance contre des lois et des coutumes invétérées, contre le harcèlement ou le confinement auquel les traditionalistes de l'époque soumettent les religieuses cloîtrées comme elle et celles de son groupe.

Impossible de se pencher sur ces pages sans entrevoir un double paysage de lumières et d'ombres. D'un côté, le petit groupe des lectrices – le Carmel de San José – pour lesquelles la Mère Thérèse a livré et gagné cette bataille extraordinaire. De l'autre, à l'arrière plan du chapitre, le paysage des monastères féminins connus d'elle et qui ne sont pas encore libérés des chaînes qu'elle veut secouer à tout prix.

Les faits auxquels elle fait allusion sont récents. Ils s'entrecroisent avec le drame de la fondation elle-même et de la mise en marche du groupe: réunions de « gens instruits », intervention de l'évêque d'Avila, décision en faveur des plans de la Fondatrice. Elle ne se propose pas de tout raconter ici. Le *Chemin* n'est pas une narration. S'il évoque des événements, comme dans le premier chapitre, c'est pour affirmer des idées et programmer la vie.

Le droit au savoir et la liberté de conscience

Deux des idées du programme vont être défendues maintenant et elles sont de grande importance: la liberté de conscience (« cette sainte liberté », dira-t-elle) et le droit au savoir, ou à garder des contacts avec des maîtres.

Liberté et culture : deux valeurs réclamées pour le groupe des femmes-lectrices, tandis qu'elle leur explique le thème de l'amour, comme si cela était un préalable indispensable pour aborder les consignes de l'amour pur qu'elle formulera ensuite (c. 6-7).

Voici une piste pour suivre le développement thérésien de ces deux idées :

« C'est une grande chose que le savoir »

Il ne vient certainement pas à l'idée de la Mère de fonder une académie de théologie à l'intérieur de son nouveau Carmel, mais elle est obsédée par l'idée de la culture spirituelle. Elle n'accepte pas que la clôture soit un abri pour l'ignorance féminine, conforme au style de l'époque. Elle apprécie grandement *les livres* et elle désire plus encore les contacts avec les maîtres.

Déjà, dans le livre de sa *Vie* elle avait écrit : « j'ai toujours aimé les gens instruits » (5, 3) ; « j'aimais la lecture » (3, 7) ; « la science est un grand trésor » (12, 4) ; « Quant aux dévotions niaises, Dieu nous en délivre ! » (13, 16) ; « la doctrine est une grande chose ; elle instruit, elle éclaire les ignorants comme nous » (13, 16).

Elle le répétera dans ce chapitre, comme un axiome : « le savoir est précieux pour donner la lumière en tout » (n° 2). « Savoir », dans le lexique thérésien, est synonyme de culture. C'est le savoir solide et stable des hommes d'étude : « les gens instruits », spécialement les théologiens, les biblistes et les professionnels de la culture spirituelle chrétienne. Il est nécessaire que ses moniales désirent le savoir. Il est nécessaire que « la supérieure… et toutes ses religieuses puissent s'entretenir… avec des hommes instruits et traiter avec eux des choses de leur âme » (n° 2).

Elle sait bien que cela coûtera cher et que le Carmel de San José est riche de pauvreté. Cependant, « malgré votre pauvreté… celui qui nourrit vos corps leur inspirera la pensée et le désir d'éclairer vos âmes ; ainsi le mal que je redoute pour vous se trouvera écarté » (n° 5).

Dans les *Constitutions* qu'elle rédige à la même époque pour ses douze lectrices, elle se préoccupe de ce que les « bons livres » ne manquent pas dans la maison, car « cette nourriture est pour ainsi dire aussi nécessaire à l'âme que les aliments le sont au corps » (n° 8).

Ici, dans le *Chemin*, elle insiste davantage sur les *maîtres*. Elle a gagné les bonnes grâces d'un des meilleurs théologiens de son siècle, « le père Domingo Bañez ». L'insigne dominicain vient fréquemment au parloir de San José pour une causerie, comme il irait à sa leçon de prime à l'université de Salamanque. Il arrive parfois, tandis que le professeur parle de Dieu, que la Mère ne puisse se contenir et entre en extase. Lui, « en la voyant ainsi, par respect, retira son capuchon et resta découvert tout le temps de l'extase » (*BMC* 19, p. 582).

« Les grands théologiens... ont un je ne sais quoi qui leur est propre: Dieu les destinant à éclairer son Église », écrira-t-elle dans le *Château intérieur* (V, 1, 7). Mais elle propose déjà aux lectrices du *Chemin* cette association de « savoir » et de « lumière »: « Avoir cette vraie lumière qui permet de garder parfaitement la loi de Dieu, c'est notre bien le plus précieux. » (n° 4)

Au fond, comme toujours, une expérience vécue et sentie bat dans l'âme de la sainte et, maintenant, meut sa plume. Non seulement elle ne veut pas pour le groupe d'un palier d'ignorance commode – même si les savants de l'époque le préféraient ainsi pour les femmes – mais encore elle veut les préserver de l'écueil des « demi-docteurs », bavards et « ombrageux » qui lui ont coûté « si cher » (*Demeures* V, 1, 8). Elle est sûre que, parmi les destinataires de son livre, il doit y avoir des personnes ayant une expérience forte de Dieu. Donc, « plus le Seigneur vous favorise dans l'oraison... plus il devient nécessaire que vos œuvres et votre oraison soient solidement établies » (n° 2) et plus sera nécessaire le magistère du théologien.

La « sainte liberté »

Le lecteur d'aujourd'hui est impressionné par la force et l'insistance avec lesquelles la Fondatrice demande la liberté pour le groupe et pour chacune des personnes qui le composent.

Elle la demande en premier lieu à la prieure, afin qu'elle « la procure toujours ». « Je demande pour l'amour du Seigneur à celle qui sera supérieure d'obtenir de l'évêque... » (n° 2). Entre les lignes elle ajoutera plus tard, qu'elle l'obtienne aussi du « provincial ». De nouveau, au n° 5, elle la demande à la supérieure.

Elle réitérera sa demande directement à l'évêque : « Je prie donc, pour l'amour de Notre-Seigneur, l'évêque qui occupera le siège de cette ville de laisser aux sœurs cette liberté et de ne pas la supprimer. » (n° 5)

Liberté de quoi et pour quoi ?

Elle avait commencé le chapitre en demandant à Dieu (« Fasse Notre Seigneur ») que « personne n'éprouve dans ce monastère une angoisse qui mette… l'âme et le corps à la torture ». Cette « angoisse », comme elle le dira par la suite, résultait du peu de communication imposé aux moniales par les lois de l'époque, tant dans le domaine délicat de la conscience (ne pas pouvoir recourir à un ou des confesseurs autres que ceux qui étaient plus ou moins imposés à la communauté) que dans le domaine de la formation et de la direction spirituelle en dehors du sacrement de pénitence.

Thérèse a l'habitude de faire une exception pour son vieux monastère de l'Incarnation (première rédaction 4, 16) : « pas dans le mien » ; il n'y avait pas cette angoisse à l'Incarnation. En effet, il y avait tant de religieuses que les confesseurs abondaient : carmes, dominicains, jésuites et prêtres diocésains. Cependant, quand elle-même eut besoin d'un conseil spirituel particulier, malgré les précautions prises pour l'obtenir discrètement, elle dut subir la honte de voir l'affaire divulguée « dans tout le couvent » (*Vie* 23, 15). Elle se rappelle maintenant ce souvenir avec humour : « Si ce confesseur n'est pas de l'Ordre, quand bien même ce serait saint Jérôme, voilà un affront pour l'Ordre tout entier » (Elle écrivit ainsi, avec une fine ironie, en rédigeant le chapitre pour la première fois. Elle dut ensuite mettre une sourdine à ce ton piquant et transformer ce passage).

De fait, à l'Incarnation, était en vigueur une règle qu'on récitait à peu près comme suit : « Les sœurs se confesseront une fois par semaine ou, pour le moins tous les quinze jours, au confesseur prescrit comme tel par le Visiteur délégué. S'il ne leur convient pas, elles ne confesseront leurs péchés à aucun autre sans l'autorisation du Visiteur, et n'approcheront pas leur propre confesseur en dehors des confessions ordinaires, sauf avec l'autorisation spéciale de la prieure... » (*Constitutions de l'Incarnation: BMC*, 9, p. 485).

De nouveaux préceptes, imposés ultérieurement par les supérieurs en charge, aggravèrent la situation.

La sainte liberté pour laquelle, dans son petit couvent de San José, la Mère Thérèse rompt des lances consiste en ceci:

– que tombent les barrières imposées à la conscience des religieuses cloîtrées;

– que, si possible, la perspective d'une direction spirituelle communautaire et personnelle soit ouverte à de véritables maîtres en théologie et en spiritualité: « Dieu les préserve, pour spirituel que quelqu'un leur paraisse et le soit en vérité, de n'être gouvernées entièrement que par lui, s'il n'est pas savant » (c.8, n° 2 de la première rédaction);

– « si jamais on leur ordonne de ne se confesser qu'à un seul, qu'elles communiquent, en dehors de la confession, des choses de leur âme avec des personnes comme celles dont je parle » (n° 4 de la première rédaction);

– et finalement: qu'en ceci, comme en tout le reste de la vie du groupe réuni autour d'elle, on respecte la liberté et l'autonomie de la communauté. Qu'on ne leur impose pas un intervenant qui légifère, sous le prétexte d'être « vicaire », avec des pouvoirs lui permettant de s'ingérer dans la vie de la maison: « il ne doit pas y avoir de vicaire ayant droit d'entrée et de sortie; ni de confesseur qui ait cette liberté. » (n° 6)

Dans le reste du livre, l'Auteur sera rarement aussi péremptoire et exigeante.

La tension de l'écrivain: entre l'audace et la crainte

Quand Thérèse écrit cette page, elle a déjà gagné, pour la nouvelle maison, la bataille de la « sainte liberté ».

Elle a obtenu que l'Évêque rassemble « des hommes éminents en savoir, en prudence et en oraison » qui ont discuté ce point, soutenus par une campagne de prières qu'elle-même a suscitée dans la communauté et parmi ses amis du dehors. Ils ont enfin entre eux décidé du meilleur, c'est-à-dire de « la sainte liberté » préconisée par la Fondatrice : « La chose a été ainsi réglée entre des hommes éminents en savoir, en prudence et en oraison, après des prières ferventes faites par un grand nombre de personnes, et par moi-même, toute misérable que je suis. » (n° 7 de la première rédaction)

C'est pourquoi, en écrivant le chapitre pour la première fois, elle a commencé en considérant la question comme réglée définitivement : « Louez Dieu sans cesse, mes filles, pour cette liberté que vous avez, car bien que vous ne puissiez consulter beaucoup de confesseurs, vous pourrez en trouver quelques-uns qui soient capables de vous éclairer sur tout et qui ne soient pas vos confesseurs habituels. » (n° 2 de la première rédaction)

Il est certain qu'ensuite quelque censeur a trouvé trop osées les expressions de la sainte. Elle dut, dans la seconde rédaction du livre, les adoucir et baisser le ton. Toutefois, en marge du second texte, un des censeurs plus attaché à la pensée thérésienne notera en marge :

« Ceci est bon car il y a des maîtres spirituels qui, pour ne pas être dans l'erreur, condamnent comme venant du démon tout ce qui est spirituel ; ils se trompent ainsi bien davantage car ils étouffent l'esprit du Seigneur, comme le dit l'Apôtre. » (annotation en marge du n° 4)

De nouvelles retouches et des nuances seront introduites dans le texte par Thérèse elle-même lorsqu'elle préparera la première édition de l'œuvre. Mais, face à l'avenir de sa maison et devant ce grave problème, elle maintiendra intégralement la réclamation finale :

« *Les supérieurs qui viendront par la suite feront bien de se ranger à cette décision, puisqu'elle a été prise par des hommes si éminents et qu'on a demandé au Seigneur, par beaucoup de prières, de leur faire connaître ce qui était le meilleur. Or, d'après ce qui jusqu'ici a été constaté c'est assurément ce qu'il y a de mieux.* » (n° 7)

Malheureusement, il n'en fut pas ainsi. Après sa mort, le problème resurgit et s'aggrava. De nouveau il y en eut pour entrer en guerre contre la « sainte liberté » favorisant ainsi « l'angoisse » de l'âme et du corps. Et de nouveau la cause de la liberté perdit du terrain dans le Carmel même de la Mère Thérèse.

Mais ces infortunes débordent du cadre de cette page du *Chemin*.

La Mère Thérèse parle de l'amour
(*Chemin*, chapitre VI)

Enfin... l'Auteur ouvre la voie au thème de l'amour: le premier qu'elle se soit proposée de traiter. On l'en a priée, mais il y a en elle quelque chose qui s'y refuse. C'est pourquoi des digressions sur les confesseurs, les gens instruits, la liberté et la culture des lectrices, ont retardé ce chapitre.

Le thème de l'amour est une matière fragile et délicate pour diverses raisons: impossible de l'exposer sans évoquer des tranches de sa propre histoire, et Thérèse a une intense histoire d'amour. De plus, en parler ici c'est en parler en direct avec les douze jeunes qui sont dans sa maison. Ces dernières souhaitent être encouragées, mais elles sont aussi avides de pénétrer le mystère de leur Mère et Maîtresse. Enfin, pour parler ici de l'amour, Thérèse n'admet pas de concession à ce qu'elle considère comme secondaire; elle devra exposer le thème de l'amour parfait: « celui qui est purement spirituel ».

L'idéal de l'amour parfait

Parler de l'amour pur ne sera en aucune façon le comparer à l'amour frelaté, celui de la « prison d'amour » ou celui des livres de chevalerie ou bien encore celui des chansons que le petit groupe entend chanter à l'extérieur des murs de clôture. « Ces affections basses qui ont usurpé le nom d'amour » (n° 7) ne peuvent servir de contrepoint valable et ne peuvent pas non plus être tournées vers le divin. Ne servent pas davantage « ces malheureux attachements d'ici-bas » (c.7, n° 1). Thérèse et ses lectrices sont intéressées par le thème de l'amour pur comme l'alpiniste l'est par le sommet le plus élevé de la montagne., pour « le désirer » et « prétendre l'atteindre », pour l'escalader jusqu'en haut.

« Amour pur », dans le vocabulaire spirituel, se définit en relation avec une des préoccupations les plus fortes de l'histoire de la spiritualité chrétienne et même avec l'histoire de la pensée profane. Avant Thérèse et après elle (saint Thomas et saint Bonaventure, Bossuet et Fénelon), on s'est interrogé sur la possibilité, dans le cœur de l'homme, de l'amour chimiquement pur : amour qui n'ait aucune trace d'intérêt égoïste, amour qui ne soit pas alourdi par le lest de l'espérance et des retours en arrière pour répondre à l'affection reçue ; ces infiltrations d'égoïsme ne sont en définitive que des scories de l'amour. Près de Thérèse surgira frère Jean de la Croix pour qui le but final du véritable amoureux sera « l'égalité d'amour » entre l'homme et Dieu : aimer Dieu autant qu'on est aimé de lui. Il semble que Thérèse affirmera la même chose d'elle-même, dans une confidence camouflée : « ces personnes sont toujours beaucoup plus portées à donner qu'à recevoir, et elles sont dans cette disposition vis-à-vis du Créateur lui-même » (n° 7). Quand elle supplie de ne pas aimer ce qui est *ombre, fumée* et rêve, un grand thérésianiste français rapproche cette page du mythe de la caverne et des ombres dans les *Dialogues* de Platon.

Plus encore, la sainte expose en termes personnels le problème de « l'amour pur » :

– Pour elle, il ne s'agit pas d'une possible hypothèse métaphysique, ni de savoir si l'élixir de « l'amour pur » existe ou non chez quelqu'une de ses lectrices. Thérèse part de l'expérience comme préalable incontournable. Cet amour est un fait certain et proche, « fondé sur l'expérience qui est bien supérieure à ce que la réflexion et même la foi nous présentent » (n° 3). Par conséquent, elle en parlera à partir de sa propre expérience, afin de permettre aux lectrices de l'expérimenter elles-mêmes.

– Pour elle, l'amour pur conduira à une véritable « passion d'amour ». Mais il provient d'une source plus profonde que la passion. Pour étrange que cela paraisse, cet amour jaillit de la rencontre préalable avec la vérité des choses, de la vie et des personnes. Pour l'atteindre il faut avoir traversé la zone des sentiments et arriver à la découverte des valeurs authentiques de la personne, celles qui sont au-delà de la beauté des corps, « quels qu'en soient d'ailleurs la beauté et les charmes ; ils pourront plaire à la vue et porter à bénir le Créateur » (n° 4).

– Pour elle, l'amour véritable n'appartient pas au domaine des choses éphémères ; il a l'exigence de la pérennité. Il s'appuie sur des valeurs stables ou bien il les élève un tel rang. Il doit être apte à « durer pour toujours », comme la personne elle-même.

– Pour elle, l'amour pur est celui des esprits nobles : « âmes généreuses, âmes royales » (n° 4). L'amour a besoin de ce terrain : ou bien il jaillit dans des « âmes royales », ou bien il les rend telles.

– Pour elle, il est faux d'objecter que l'amour pur spiritualise, désincarne et laisse en dehors de sa sphère les amis de chair et d'os. Il les aimera dans un troisième (dans l'Autre, avec une majuscule), mais pas en eux-mêmes. Pour Thérèse, cet amour est le creuset des grandes amitiés ; il est fécond en amis. Elle le répétera dans le chapitre suivant où elle rappellera les figures d'Augustin et de Monique.

Sans commentaires

Le vaste horizon qu'ouvrent les pages de ce chapitre du *Chemin* est extrêmement tentateur. Mais céder à la tentation serait « distraire » le lecteur, au sens même de distraction et de détour que confessait la sainte en commençant son exposé par son expression typique : « je me suis bien éloignée ».

N'entrons pas dans le commentaire. Disons simplement au lecteur thérésien que la rencontre personnelle avec ces pages de la sainte (chapitre six du *Chemin*) est absolument nécessaire et irremplaçable. De plus, pour les encadrer et les approfondir, il faudrait revenir sur les autres pages de l'Auteur.

Nous leur offrons ce qui suit, à titre de pistes :

– Thérèse parle de son expérience et elle l'a déjà racontée dans sa *Vie*, comme une histoire d'amour : chapitres 7, 24, 29, 37…

– Onze ans plus tard, elle fera un autre exposé systématique du thème, sur un plan doctrinal, dans le *Château intérieur*, V, 3.

– À un moment déterminé de son cheminement, Thérèse se sent en intense harmonie avec l'amour chanté par la Bible, spécialement avec la protagoniste du *Cantique des Cantiques*. Elle en fera un commentaire dans son livre: *Pensées sur l'amour de Dieu*.

– Elle le chantera en vers et elle écrira plusieurs poèmes d'amour: commentaires et madrigaux biographiques; par exemple: « Heureux le cœur rempli d'amour », « Devant la beauté de Dieu », « Colloque d'amour », « Je vis mais sans vivre en moi… ».

Le plan du chapitre. Règles pour le lire

Au grand thème de l'amour, Thérèse consacre, pour le moment, deux chapitres (c. 6 et 7). **Premièrement**, elle dira ce qu'est l'amour pur et comment se comporte celui qui le possède (c.6). **Ensuite**, elle parlera des qualités de cet amour: son efficacité apostolique et ses caractéristiques (c.7). Plus tard dans le livre, elle reviendra un grand nombre de fois sur le thème, non seulement parce qu'il est important, mais parce qu'il lui plaît et l'émeut. Et cela à tel point que le censeur du livre l'obligera à réduire pages et enthousiasme.

– Maintenant, affrontons la première partie du thème: le chapitre VI.

Le chapitre sixième: Le titre porte: « De l'amour parfait ». « L'amour qu'il est juste, qu'il est permis d'avoir », pour elle et les lectrices du livre. L'amour « qui est purement spirituel », précisera-t-elle dans le n° 1.

– Chapitre intentionnellement pédagogique et, en même temps, secrètement autobiographique. *Avec deux lectures possibles*; l'une selon son histoire personnelle: Thérèse parle de l'amour à partir de sa propre expérience; au fond, c'est cela qu'elle raconte. L'autre, sur un plan doctrinal: Thérèse tente de définir l'amour, d'y introduire les lectrices et de présenter le « parfait amoureux ». Peut-être avec quelque réminiscence des livres de chevalerie, mais bien plus avec des emprunts évangéliques nettement spirituels. Suivons le fil de ces deux clés de lecture.

La lecture sur le plan de l'histoire personnelle: plus qu'une autobiographie, elle offre au lecteur une sorte de radiographie de son propre amour, un instantané sur son âme: convictions, expériences passées et présentes, aspirations.

– Elle commence avec un paragraphe d'introduction (n° 1) et un autre de camouflage (n° 2). Le camouflage n'est pas une fiction. C'est un procédé nécessaire chaque fois qu'on a besoin de raconter son expérience profonde dans des livres doctrinaux. Geste de pudeur. Thérèse l'utilisera constamment dans les *Demeures*.

– Ensuite Thérèse évoque sa forte expérience, le passage d'un amour à un autre amour. Cela eut lieu lorsque ses yeux s'ouvrirent à la « claire connaissance de la vérité ». Elle s'émeut en le racontant: quand « Dieu a fait clairement savoir ce qu'est le monde et son peu de valeur, la réalité du monde futur, l'opposition qui existe entre l'un et l'autre – l'un éternel dans sa durée, l'autre rapide comme un songe –, enfin la différence qui sépare l'amour du Créateur et celui de la créature », ces personnes « aiment bien autrement » (n° 3).

– Elle aime différemment. Elle se sent une « âme royale » et rit d'elle-même et de la futilité de ces piètres amours d'autrefois. Maintenant elle possède un amour qui « mérite le nom d'amour » (n° 4-7)

Lecture sur le plan doctrinal. Comme dans les meilleures pages pédagogiques de la sainte, le chapitre se déroule en dialogue. Entrecroisement de pensées et de questions entre la Mère Thérèse et les lectrices, toutes encore jeunes et venues récemment de l'amour profane. Elles ont découvert, dans la Mère Fondatrice, une femme follement amoureuse d'un amour différent. C'est pourquoi l'exposé reprend en partie le dialogue et la problématique du groupe, simple transposition des conversations quotidiennes. L'écrit prolonge le thème de la conversation. Dans la première rédaction, l'Auteur ne garde que deux des questions ou objections des lectrices. Dans la seconde rédaction, la problématique s'enrichit de plusieurs questions supplémentaires (n° 5-7). L'exposé entier s'articule sur cette trame familière:

– Le thème à peine énoncé (n° 3), Thérèse capte sur les lèvres des lectrices un rapide « nous le savons déjà »: « Vous vous dites que vous savez déjà tout cela. » (n° 4)

– Réponse immédiate et forte: « Dieu veuille qu'il en soit ainsi, que vous le sachiez comme il faut le savoir... gravé au plus intime de votre cœur », c'est-à-dire par une expérience identique à la sienne. (n° 4)

– Seconde question, cette fois en forme d'objection : « Vous allez m'objecter… » que ceux qui aiment avec cet « amour pur », si minutieux et spirituel, tomberont dans une espèce d'apathie vis-à-vis des autres ; devant la demande de l'amour humain « ils ne sauront pas aimer ni payer de retour l'affection qu'on a pour eux » (n° 5).

– Réponse forte et quelque peu déconcertante : oui, certes « ils se soucient peu » de certaines amours frivoles. Ils sont passés à un autre plan affectif. Ce n'est que parvenus là et à partir de ce nouvel ordre de valeurs et d'amours qu'ils entrent dans le jeu du commerce amoureux ou de la quête amoureuse profonde, jusqu'à impliquer Dieu lui-même dans l'amitié (n° 6).

– Nouvelle objection : au fond, « vous pensez sans doute que de telles âmes n'aiment et ne savent aimer personne, si ce n'est Dieu ». C'est la terrible objection de toujours : un amour absolu, à la manière divine, ne vide-t-il pas tout amour humain de son sens et de son contenu ?

– Thérèse répond avec véhémence : « Erreur ! elles aiment, et bien plus que les autres, d'un amour plus vrai, avec plus de passion, et leur amour est bien plus profitable ; enfin, c'est de l'amour » (n° 7). Sans doute l'Auteur se souvient des amis véritables qu'elle a maintenant et de la manière dont elle les aime ; de l'entente qui existe avec certaines d'entres elles : « nous cinq qui actuellement nous aimons en Jésus-Christ » (*Vie* 16, 7). Comment penser que ce n'est pas les aimer en personne mais seulement par ricochet ou d'une manière distante ?

– Encore une objection : cet amour si affiné et si purifié ne sera-t-il pas démotivé et lointain ? « Vous direz encore : si ce n'est pas ce qu'elles voient qui cause leur amour, sur quoi se porte leur affection ? » (n° 8)

– Réponse : bien sûr, elles aiment ce qu'elles voient, mais on leur a affiné et élargi le regard. Ce qu'elles voient maintenant ce n'est pas le « rêve », mais le réel, ce qui est digne d'amour. « Ce qu'elles voient est stable » et durera pour toujours. Elles construisent un amour qui n'est ni caduc ni périssable. C'est pourquoi, dans le jeu de l'amour, « elles ne seront pas dupes des apparences. » (n° 8)

– Enfin, Thérèse peut maintenant mettre dans la balance les deux genres de motivations génératrices d'amour : parmi les affections qu'elle (et elles) ont laissées en arrière, pouvaient être décisives « les grâces de la nature » (n° 8) ou les trésors du monde, ou « les délices, les honneurs, la fortune » (n° 9). Pour cet autre amour, entrent en jeu les valeurs de base, la vérité, le bien, ce qui dure et ne passe pas, la personne même de l'ami.

– D'où découle le véritable visage du « parfait amoureux » : « celui qui imite le Prince de l'amour, Jésus notre bien » (n° 9).

Vivre dans l'amour fraternel
(*Chemin*, chapitre VII)

Faire passer le thème de l'amour de la théorie à la pratique. Cela va être, pour Thérèse, facile et agréable. Dans le chapitre précédent (c. 6) elle a fait l'éloge de l'amour pur, ou amour spirituel parfait. Maintenant (c. 7) elle va dire « comment le vivre ». Comment vivre l'amour dans le groupe des douze ou treize qui sont « ses amies et ses filles ».

N'oublions pas que le livre a commencé par une sorte de déclaration d'amour : « la grande affection que me portent (les douze lectrices) » et l'amour que Thérèse a pour elles : « Ce que je sais fort bien, c'est que ni l'affection ni le zèle ne me font défaut pour aider… les âmes de mes sœurs » a-t-elle écrit à la première page du prologue. Aussi la conversation sur l'amour se déroule-t-elle maintenant dans un climat de véritable intimité, entre l'audace et la confidence. Climat et ton dangereux, surtout si, par hasard, surgit un œil étranger qui s'intéresse à cette page familière. Ce fut précisément ce qui arriva et obligera l'Auteur à recommencer et recommencer encore cette page.

Page dangereuse… Pourquoi ?

Même si c'est la Mère Thérèse qui écrit, en fin de compte il s'agit d'une femme – qui écrit sur l'amour – en plein XVIe siècle. Lorsque, des années plus tard, elle-même osera commenter le thème du *Cantique des Cantiques*, un théologien ami jettera au feu ces quelques pages.

Un théologien ami effectue aussi une révision du texte du *Chemin*. Déjà il a rayé, à la fin du troisième chapitre, le passage où se développait l'éloge des femmes. Il est probable que certains aspects du présent chapitre seront également litigieux: le thème de l'amour pur, le ton ardent et l'absence de complexes avec lesquels Thérèse fait son exposé, le manque total (ou apparent) de craintes face à de possibles soupçons de l'Inquisition... À cette époque, le thème de l'amour était, pour les inquisiteurs, une bonne piste pour faire la chasse aux « illuminés » et à leurs aberrations. Il en sera de même, un siècle plus tard, pour diagnostiquer les aberrations du quiétisme.

Ainsi donc, au sujet de cette page du *Chemin*, une sorte de confrontation se produira entre l'écrivain et le théologien (ami, mais censeur). Elle a rédigé sans freiner sa plume, sans se perdre dans le dédale de doctes préjugés, sans se méfier de l'existence de fins limiers. Le thème de l'amour est en or; ce qui l'intéresse, c'est de le libérer du plomb et des scories. Vers le milieu du chapitre, une poussée de lyrisme s'empare de sa plume et proclame la béatitude de l'amour: « Oh! bienheureuses les âmes qui ont de tels amis! Heureux le jour où elles ont fait leur connaissance! » (n° 4 première rédaction)

Et Thérèse exhorte les lectrices à se procurer des amis de cette qualité, sans se perdre en objections: « On vous dira très certainement qu'une amitié de ce genre n'est pas nécessaire, que Dieu vous suffit. Mais moi je vous dis que c'est un excellent moyen d'arriver à Dieu que de communiquer avec ses amis » (n° 4 première rédaction). Et face à de possibles hésitations et imperfections dans l'amitié, elle dira catégoriquement: « tout doit retourner à la source qui est l'amour que je viens de décrire » (n° 7 première rédaction), c'est-à-dire, tout doit revenir à l'amour parfait.

Elle terminera le chapitre en affirmant qu'il importe, avant tout et surtout, que dans le groupe l'amour ne fasse pas défaut; même s'il est imparfait, qu'il n'y ait pas de manque d'amour. « J'aimerais mieux vous voir vous aimer avec tendresse et vous chérir avec sensibilité... que d'apercevoir parmi vous la moindre trace de discorde. » (n° 11 première rédaction)

Nous ignorons ce qui arriva dans ce premier conflit entre Thérèse et le théologien censeur. Nous savons seulement qu'elle dut revoir son manuscrit et le rédiger de nouveau; que même cette seconde rédaction déplut au théologien correcteur et qu'il annota en marge du nouveau texte un appel à l'attention (probablement après avoir rayé plusieurs paragraphes) : « Y aller avec prudence étant donné le sujet du chapitre ». Et la Mère Thérèse dut prendre les ciseaux, couper deux feuilles de son manuscrit, les rédiger selon un plan sans risque et coller les nouveaux feuillets sur le talon des folios retranchés, couvrant ainsi la note du censeur.

Ce « y aller avec prudence » était un signal d'alarme et renvoyait à un autre appel à l'attention écrit au début du quatrième chapitre, au commencement du thème des deux amours. Là aussi, l'Auteur dut recourir aux ciseaux pour retrancher deux feuilles de l'autographe (folios XIX et XX), et les rédiger de nouveau en les réduisant à une seule feuille, par conséquent en condensant l'écrit.

Le programme d'amour pour les douze lectrices

Le lecteur qui chercherait dans cette page de la sainte mystique un programme d'amour angélique, éthéré et désincarné, serait vite déçu. Même le vocabulaire utilisé par Thérèse respire la chaleur humaine, la sensibilité et le réalisme :

« Amour passionné », fait de « larmes, de pénitences et d'oraison », de « désirs et de plaisir », de « préoccupations et de craintes », sans « aucun intérêt personnel », désireux de « voir cette âme riche des biens du ciel » : tel est le vocabulaire du premier paragraphe. Le texte se poursuivra en parlant de tendresse et de pseudo-tendresse – de se consoler, se divertir, s'apitoyer, soulager la peine de l'autre, ressentir et « ressentir fortement » – de l'inquiétude et de l'agitation de l'amour – de paix et de conformité... Il se terminera en parlant de la « contagion si incurable » (n° 11) de l'amour partisan, capable de briser l'union du groupe des amies consacrées. À ce moment surgit la terrible imprécation : avant de tomber dans un si « grand mal », « j'aimerais mieux voir entrer (dans ce monastère) un feu qui nous consume toutes » (n° 11). (L'incroyable est que le censeur n'ait pu soulever des objections au sujet de ce cri, ni dans la première ni dans la seconde rédaction du livre).

Non, rien d'une programmation surréaliste ni d'une théorie à tendance platonique. Thérèse propose au groupe une série de consignes vigoureuses, extrêmement évangéliques et simples, ajustées à la vie de chaque jour.

Résumons-les :

– Avant tout, une consigne fondamentale : *aimer*. Que l'amour ne manque pas ! ni l'aspiration à l'amour pur, celui qui est passionné et inquiet et ne laisse ni manger ni dormir. Même s'il est vécu d'une manière imparfaite, que les comptes de l'amour ne soient pas dans le rouge !

– En second lieu, *des modèles* à imiter. Deux bien choisis : Le Christ sous l'aspect du « bon amant » et de « l'époux » mystiquement présent ; et une femme, la mère d'Augustin l'Africain, sainte Monique, bon modèle de la constance dans l'amour.

– En troisième lieu : aimer c'est *souffrir et jouir* avec l'ami. Thérèse se fait l'écho de la consigne de saint Paul : « réjouissez-vous avec ceux qui sont dans la joie, pleurez avec ceux qui pleurent » (Ro 12, 15). Elle le traduit ainsi dans son langage : « apprendre à compatir aux souffrances » de l'autre (n° 6) et « être gaies » avec lui (n° 7). La gaieté pendant la récréation est aussi « amour parfait » (n° 7), en soulignant bien les deux extrêmes : « se réjouir avec » et « compatir avec ».

– En quatrième lieu, l'amour se traduit en *œuvres*. Les actes aiment plus que les paroles. Dans un autre livre – les Demeures – la sainte cisèlera sa consigne : « Non, mes sœurs, non. Le Seigneur veut des œuvres » (V, 3, 11). Actuellement, la consigne qui devrait authentifier l'amour dans le groupe est le sacrifice de soi dans le travail ; il ne s'agit pas du travail salarié mais du travail altruiste : « enlever à ses sœurs ce qu'il y a de pénible dans les travaux du monastère, en le prenant pour soi » (n° 9).

– Autre consigne : la *loyauté*. Ne pas cacher à l'autre les vérités pénibles mais nécessaires. Aimer sans duplicité, ni dissimulations, ni mensonges. Amour et vérité vont de pair. Un amour qui soit capable de durer toujours requiert tout cela (n° 4).

– Une touche finale, sorte de halo qui enveloppe tout le programme : avoir « une tendre affection » (n° 5) ; posséder la capacité de s'émouvoir (n° 8) avec les sœurs et avec Dieu. La *cordialité* est indispensable à l'amour « précieux et digne de ce nom »; elle est aussi indispensable à l'amitié (n° 8).

Ombres et bavures dans la pratique de l'amour

C'est le clair-obscur du fond de tableau. Si l'Auteur ne l'avait pas pris en compte, elle aurait falsifié le tableau en passant de la vie réelle à l'idylle imaginaire.

Le spectre des amours noires qui, selon elle, guette le groupe des « servantes de l'amour » provient de deux dégradations de l'amitié: au niveau personnel, le sentimentalisme; au niveau du groupe, l'amitié de clan. Dans les deux cas il y a quelque chose qui provoque chez Thérèse une répulsion viscérale.

En premier lieu, le *sentimentalisme*. Elle ne propose pas et n'impose pas en exclusive la règle de l'amour idéal. Elle sait qu'elle parle à des apprenties en amour fraternel, que la maturité affective s'acquiert après un long cheminement. C'est pourquoi elle insiste maintes fois: « Cette manière d'aimer… sans doute au début ne sera pas aussi parfaite » (n° 5), peu importe. Ce qu'elle exclut c'est la confusion entre amour et sentiment, ou bien la réduction de l'amour au jeu des « paroles de tendresse » (n° 8) et des « paroles affectueuses » (n° 8) telles que « ma vie, mon âme, mon bien et autres semblables » (n° 8). Thérèse fait de l'humour mais elle ajoute, non sans une certaine amertume: « cela sent trop la femme » (n° 8). L'amour qu'elle propose au groupe est un amour fort, vigoureux, mâle comme l'amour du Christ, mais en même temps féminin comme celui de Monique. Elle écrira dans la dernière de ses *Exclamations*: « L'amour est fort comme la mort et dur comme l'enfer. Heureux qui aura reçu de sa main le coup mortel et se verra plongé dans ce divin enfer, sans espoir de jamais en sortir, ou pour mieux dire, sans crainte de s'en voir jamais banni! » (17, 3)

L'autre écueil est beaucoup plus funeste. Thérèse connaît bien les sources de la discorde dans une communauté humaine: « petites coteries, désirs de s'élever plus haut, petits points d'honneur », y compris « quelque petite parole fâcheuse jetée en travers » (n° 10) (Les diminutifs servent à souligner la subtilité du phénomène).

Amour séparatiste, ayant pour racines des petits clans, un accaparement affectif, des désirs secrets d'être chef de clan ou de monopoliser l'amour. Thérèse sait que cet amour mauvais, cultivé dans un groupe fermé et exclusiviste, se convertit en glaive de division: « Si cela se produisait parmi vous, tenez-vous pour perdues » (n° 10). Cet échec total est dû à une cause profondément christologique: ce qui détruit le groupe, c'est l'absence de réponse à l'amour du « Christ-Époux ».

Il semble que l'ombre de Judas pèse sur le groupe entier: « craignez qu'il n'y ait parmi vous quelque Judas ». Thérèse, quant à elle, ne voit pas d'autre solution que de « chercher un remède » immédiatement, ou bien rejeter Judas hors du groupe, ou bien « voir entrer un feu qui nous consume toutes » (n° 11).

Écrire sur l'amour à partir de l'expérience de vie

Il est évident que l'Auteur a l'expérience de ce que devient un groupe de consacrées dans lequel l'amour fraternel a été détruit. Mais le secret profond d'où jaillit cette page est son expérience vive et positive de l'amitié humaine, celle qui l'a conduite à valoriser l'amitié et à exalter l'amour pur.

Tout au long du chapitre, elle évoquera deux de ces expériences qu'elle a déjà faites siennes:

– Celle qu'elle vit maintenant dans son Carmel de San José: « c'est ce dont nous faisons maintenant l'expérience dans cette maison, grâce à la bonté de Dieu » (n° 9): amour et vie en commun proches de l'idylle pure, comme elle le dira elle-même dans le premier chapitre des *Fondations*;

– Et son expérience personnelle après qu'elle fut parvenue à la maturité de l'amour pur; la béatitude de l'amitié (« Oh! bienheureuses les âmes qui ont de tels amis! »). Thérèse atteste que c'est précisément son cas: « Je le sais par expérience, si, pour ma part, je ne suis pas aujourd'hui en enfer, je le dois, après Dieu, à des amis de ce genre. » (première rédaction)

Le début même de ce chapitre (« C'est une chose étrange à quel point cet amour est passionné ») est une radiographie de la situation qu'elle traverse. C'est peut-être une évocation tacite du cas récemment vécu par elle pour reconquérir un ami de haute qualité, celui à qui elle remettra le manuscrit du *Chemin* pour qu'il en soit le théologien censeur. Il y a seulement quelques mois, elle a raconté cet épisode, avec émotion et vivacité, dans son autobiographie. Il faudrait lire ici ce passage pour relier le programme du *Chemin* à la vie même de l'Auteur. Et ensuite, relire le chapitre entier à partir d'une double optique : d'une part l'expérience de la sainte et d'autre part sa philosophie de l'amour devenue programme de vie pour les douze lectrices pionnières, et pour les lecteurs d'aujourd'hui.

Rompre les amarres
(*Chemin*, chapitres VIII-IX)

Lecteur, le *Chemin* entre maintenant dans une zone scabreuse, semblable à la route de l'alpiniste qui doit franchir un ravin rocheux avant d'escalader le sommet. Pour nous, lecteurs modernes, l'évangile des renoncements n'est pas facile. Thérèse va nous le rappeler sans adoucir la griffe de ses exigences. Deux ou trois paroles de Jésus servent de base à ce qu'elle veut formuler énergiquement à l'usage de ses lectrices.

Première parole : « Si vous ne laissez tout, vous ne pouvez être mes disciples. » (Lc 14, 26-33)

Deuxième parole : « Celui qui aime son père ou sa mère plus que moi, n'est pas digne de moi. » (Mt 10, 37)

Troisième parole : « Celui qui a laissé maison, père, mère, frères et sœurs... pour moi, recevra le centuple en maisons, frères, sœurs, mères. » (Mc 10, 29)

Les deux chapitres du *Chemin* qui ouvrent cette section de l'ascèse thérésienne ont pour titre une parole-devise : « détachement ». Théorie et pratique. Ce en quoi elle consiste et comment la vivent elle-même, le groupe, les lecteurs.

« **Se donner totalement au Tout** »

« Détachement » et « se détacher », dans le vocabulaire thérésien, conservent leur force sémantique première. Ils sont les antonymes de « saisir » et « être saisi ». Se détacher c'est se désamarrer.

Le dictionnaire castillan de cette époque (*Tesoro de la lengua* de Cobarruvias) donnait cette définition: « être saisi: être entravé, adhérer, être prisonnier, achevé ». Tel est le sens du terme de prédilection de Thérèse pour exprimer son désir profond de liberté, la nécessité de lâcher les amarres – « cette prison et ces fers » – des choses et des personnes qui l'ont entravée; entravée subtilement mais avec des liens de fer.

Devant les choses, le problème se posera ainsi: comment les posséder sans en être possédée, sans tomber dans une dépendance d'esclave, semblable à celle de l'avare, plus possédé que possesseur.

Devant les personnes: comment aimer sans tomber dans la prison de l'amour, sans créer une nouvelle dépendance qui enchaîne notre liberté. Thérèse a, sur ce point, quelques expériences inoubliables: « j'ai été extrêmement aimée des miens – ses familiers... – et je les aimais de façon à ne pas leur permettre de m'oublier. » (9, 3)

De nouveau affleure le problème et le but de l'amour pur: aimer sans souci de possession, jusqu'à avoir le plein pouvoir de se donner...

Il n'est pas possible de lire ce projet de l'ascèse thérésienne sans rappeler le radicalisme avec lequel saint Jean de la Croix le propose dans son catalogue de « riens pour le Tout ». Ici nous allons nous trouver aussi avec ces deux pôles: « tout-rien ». Pour « se donner tout entières au Tout » il faudra « ne plus se soucier de tout le créé » (n° 1).

Libres pour se donner

Dans l'évangile, la consigne de Jésus à ses disciples est de « tout quitter pour le suivre ». Jésus lui-même fixe au cœur du disciple ce travail de renoncement et de détachement. On le suit par l'amour, plus que par beaucoup de pas.

La consigne que pose Thérèse au fondement de son ascèse se situe dans cette ligne. Ni efforts titanesques de pénitences, ni parole, du moins pour le moment.

La ligne de force est marquée par deux flèches orientées qui visent en profondeur: profonde nécessité de liberté intérieure et absolue nécessité de se livrer soi-même sans réticences ni réserves.

Il n'est pas facile de percevoir ni de comprendre la première. L'homme superficiel a l'habitude de se sentir satisfait par la liberté extérieure, liberté à l'état brut: que rien ni personne ne lui attache les mains et les pieds; qu'on ne lui entrave pas sa liberté d'action, ni sa liberté de mouvement.

Thérèse a parfois fait allusion à la situation de l'esclave qui, alors qu'il est prisonnier, donnerait n'importe quoi (« il risquerait tout ») pour revenir dans son pays. Elle-même les a vus revenir, exténués mais heureux, des cachots africains.

Cependant, il s'agit ici de la nécessité de l'autre liberté, liberté profonde, liberté de la personne retenue par d'invisibles amarres psychologiques et morales qui empêchent le libre vol vers une autre patrie. Thérèse ne fait ni philosophie, ni théorie. Elle part d'une expérience claire de cette crise qu'elle a vécue elle-même jusqu'à l'agonie: « je désirais vivre car, je le sentais, ce n'était pas vivre que de se débattre ainsi contre une espèce de mort, mais je n'avais personne pour me donner la vie, et j'étais hors d'état de la prendre moi-même. » (*Vie* 8, 12)

Mais elle est persuadée que ce sentiment de liberté intérieure – se libérer de ces amarres qui réduisent à l'impuissance – n'est qu'une conséquence de la nécessité de se donner, au moment où a surgi et s'est imposée la grande interrogation: Qu'est-ce que je fais de ma vie? et de ma personne? est-ce que je la livre? puis-je me donner totalement… sans rien me réserver?

Cette terrible ligne de séparation, entre donner ce qu'elle a et donner ce qu'elle est (toute sa personne), Thérèse l'a expérimentée comme une barrière décisive. Finalement, elle l'a passée. D'une certaine manière, elle a revécu le moment dramatique où Paul dit: « Seigneur que veux-tu que je fasse? ». D'elle-même, elle l'a chanté en quelques vers simples, répétés, insistants: « Je suis tienne: pour toi je suis née: Seigneur, que veux-tu de moi? »

De là cette force qui lui fait formuler maintenant cette consigne: se détacher de tout le créé, pour se donner totalement au Tout.

Le paradoxe incroyable

Le thème développé dans le chapitre IX est un paradoxe incroyable. Thérèse l'a formulé ainsi dans l'épigraphe : « Combien il est avantageux pour les personnes qui ont quitté le monde de fuir leurs proches, et quels amis vraiment dignes de ce nom elles trouvent alors. »

Au fond, il s'agit d'une version thérésienne de la consigne évangélique de laisser père et mère, frères et sœurs…

Ce qui est typique de la version de Thérèse, c'est qu'elle est due à un double motif : elle écrit cette page pour ses lectrices du Carmel de San José, contemplatives, ermites, caractérisées par une vocation particulière à l'intérieur de la vocation chrétienne et par une vocation particulière à l'intérieur de la vocation religieuse.

En second lieu, Thérèse écrit sous le choc des années vécues au monastère de l'Incarnation, presque poursuivie par le spectre d'une réalisation ambiguë de la suite du Christ. De plus, ici à San José, pour mettre en marche le nouveau Carmel, il y a des moniales qui viennent du vieux monastère.

Le danger qu'elles véhiculent la vieille forme de vie est réel. Thérèse veut conjurer cet écueil : immixtion des membres de la famille dans la vie monastique ; dépendance des religieuses envers leurs propres parents dans le domaine économique, psychologique et social ; division en classes sociales à l'intérieur du monastère ; vie double, tournée à la fois vers l'intérieur et vers l'extérieur.

Thérèse réagit contre tout cela. Mais sa leçon radicale de détachement affectif et effectif ne se résume pas à ce qu'elle écrit ici. Elle sait que, pour arriver à la maturité ou à l'âge adulte de l'esprit, il faut couper le cordon ombilical qui lie la personne au tronc familial originel, le couper avec tout ce qu'il suppose de dépendance et de non liberté. Cela est tout aussi nécessaire à la jeune fille qui se marie et fonde un autre foyer qu'à celle qui se consacre à Dieu et se trouve devant ce dilemme : ou se donner complètement, ou se sectionner en parties et en lambeaux affectifs. En réalité, dans ce second cas, il s'agit aussi de mariage et de nouveau foyer.

Dans un de ses poèmes, écrit pour la profession d'une carmélite, Thérèse répétera le refrain: « Oh! mariage sacré (celui de la moniale qui fait profession) / où le Roi de Majesté / est devenu l'Époux ». Ici même elle rappellera aux lectrices du *Chemin* que, sans cette coupure du cordon, la remise totale « à votre véritable ami, à votre Époux » (c.9, 4) ne leur sera pas possible. Comme dans le cas des noces profanes et de la fondation d'un nouveau foyer, cette coupure servira à créer la nouvelle famille: « vous trouverez des pères et des frères là où vous ne pensiez pas en rencontrer » (c.9, 4); elle aidera à vivre la relation familiale (avec « les proches ») d'une manière purifiée et avec plus de puissance, sans dépendance frustrante, avec liberté sans possession, avec un amour fort et réel, plus capable de donner; elle servira surtout à se donner totalement au Tout.

Thérèse a-t-elle renié et abandonné cette page du Chemin?

Il est certain que l'Auteur a écrit cette page d'ascèse radicale au moment où elle a réagi aux usages de son vieux couvent de l'Incarnation.

À ce premier temps de son magistère succédera une longue expérience bi-dimensionnelle: expérience de la communauté religieuse et expérience d'affections et de relations avec la famille Cepeda y Ahumada qui fleuriront magnifiquement dans la dernière décade de sa vie.

Dans ce nouveau contexte, il y eut un moment où elle se posa l'alternative: que conserver? ce qui est prescrit dans les Constitutions et redit dans le *Chemin* ou ce qu'elle vit, par exemple avec Lorenzo et sa famille? Il faut lire, en complément au n° 3 du chapitre IX, la réponse que Dieu donna à Thérèse et au problème posé dans la *Relation* 46.

De fait, lorsque peu après (1578-1579) Thérèse prépare le texte du *Chemin* pour l'envoyer à l'éditeur, en révisant méticuleusement son écrit, elle introduit une correction intéressante dans le cours du chapitre IX (2): où elle avait écrit « les choses en sont venues à ce point qu'on considère comme un manque de vertu chez les religieux de ne pas chérir beaucoup ses parents et de ne pas les voir souvent », la sainte raya elle-même « les parents ». Il ne s'agissait pas d'une rétractation ni d'un changement de pensée. Le texte édité resta substantiellement identique à l'autographe thérésien.

Il est certain que, avec les années et l'expérience, et dans la mesure où le paysage confus de l'Incarnation s'éloignait et s'estompait, Thérèse lima les arêtes et adoucit les expressions dans ce chapitre de son message ascétique.

Mais sa double conviction fondamentale resta ferme : la consigne évangélique du détachement pour suivre le Christ (« détachement de tout le créé ») et l'intuition pédagogique de la nécessité de couper les dépendances humaines profondes pour arriver à la liberté de l'adulte, à la purification de l'amour et faire le don de tout soi-même à Dieu.

Dénouer les amarres intérieures
(*Chemin*, chapitres X-XI)

N'oublions pas que pour Thérèse le « détachement » est « libération » et qu'il sert pour arriver à la « domination » de soi-même. En abordant son nouveau thème, elle rappellera d'abord « cette sainte liberté de l'esprit » (c.10, 1) et elle le terminera en disant que le but auquel elle aspire est de « jouir d'un tel repos et d'un tel empire » (c.11, 5).

Ordinairement, nous pensons tous qu'on nous enlève la liberté du dehors : violence, oppression, prohibitions, limites dans la liberté d'action ou de mouvements. Thérèse a commencé par là : il faut se libérer des attaches extérieures provenant des choses et des personnes, y compris des attaches qui nous lient aux personnes les plus chères (c. 8-9). Il est bien entendu que c'est nous qui nous laissons attacher…

Cependant cela est un simple préambule au projet d'éduquer les lectrices de San José à la liberté de l'esprit et à la domination de sa propre personne. La véritable stratégie pour la libération intérieure vient maintenant, à partir du chapitre X. En effet, nous portons en nous le voleur et les chaînes. La liberté du fils de Dieu reste prisonnière avec les seules attaches intérieures.

Thérèse commence maintenant sa parabole suggestive du voleur intérieur qui, d'une manière incroyable, s'adjuge en nous-mêmes les trésors que nous avons dans notre maison, dans ce merveilleux coffre-fort qu'est la personne.

Toutes les consignes qui suivent, jusqu'à presque la moitié du livre, concerneront cet hémisphère intérieur. Affiner le regard pour se connaître et savoir discerner, c'est la tâche fondamentale de l'humilité chrétienne qui permet de ne pas tomber dans le piège ou dans le mirage de l'égoïsme, de ne pas croire qu'on est maître souverain de soi-même alors, qu'en réalité, on est prisonnier des tentacules de l'égoïsme ou des contraintes de son propre corps.

« Ces misérables corps ! »

Cela semble un paradoxe, mais c'est ainsi : Thérèse commence la tâche d'éducation intérieure par le corps. « Nous ne sommes pas des anges, nous avons un corps » écrit-elle dans la *Vie* (22, 10). Ici, dans le *Chemin*, elle dira un peu plus loin que le corps est « l'homme extérieur », mais elle est convaincue qu'il est partie essentielle de la personne. Il est, tout autant que l'âme, ce « nous-mêmes » que nous devons assainir et libérer.

Il arrive qu'en nous-mêmes l'articulation de l'âme et du corps ne soit pas correcte. Le corps pèse sur l'esprit et l'opprime. « Notre âme, cette pauvre petite prisonnière » a-t-elle écrit dans la *Vie* (c.11, 5) ; et ici, avec autant d'originalité dans le style : « Notre corps a cela de fâcheux que plus on le ménage, plus il révèle de besoins. C'est étrange comme il aime être bien traité. Pour peu qu'il ait quelque prétexte à faire valoir, si petit que soit ce besoin, il trompe la pauvre âme et l'empêche d'avancer. » (c.11, 2)

En réalité, la liberté ne vient pas à l'homme du corps ni des sens, mais de l'esprit ; non de l'animal, mais de l'ange que nous portons en nous. D'où la consigne que donne la sainte : « Le premier pas à faire, c'est de renoncer à l'amour de notre corps. Pour certaines d'entre nous, naturellement amies du bien-être… nous tenons tant à notre santé que pour louer Dieu il faut mener une guerre… Dites-vous, mes sœurs que vous êtes venues afin de mourir pour Jésus-Christ et non afin de vous traiter délicatement pour Jésus-Christ. » (10, 5)

Il ne s'agit pas cependant de réfréner le corps et les sens à partir de pénitences extraordinaires et inopportunes, en « inventant des pénitences de notre propre chef », dira Thérèse. Cet essai tentateur d'athlétisme spirituel s'écroulera bientôt comme un château de cartes. Il s'agit, au contraire, de quelque chose de plus délicat et de plus profond : éduquer l'esprit à ne pas se laisser vaincre par les pressions du corps. L'Auteur ne donnera pas la consigne: attention à cet étrange ennemi qu'est le corps! (elle effacera même dans son manuscrit la mention péjorative du corps en la remplaçant par l'expression traditionnelle: « la chair »). Sa consigne sera plutôt: « Pour détacher nos affections des bassesses de ce monde et les attacher à ce qui ne doit jamais finir, un excellent moyen (pour éduquer le corps) est d'avoir sans cesse présente la pensée de ce qui est vain et transitoire » (c.10, 2). Une fois de plus apparaît sa foi dans la consigne des « pensées élevées ».

... et dans les maladies

Mais il arrive aussi autre chose que Thérèse connaît par expérience. « Comme je suis si malade... ». « Obligée de donner à un corps aussi débile et aussi misérable que le mien... » (*Vie* 40, 19). Elle qui a été une malade chronique, sait ce qu'est la tyrannie de la maladie. Elle sait que la douleur physique non seulement limite, mais encore détruit la liberté intérieure. Elle sait ce qu'est la crainte de la mort: « la crainte de la mort... chez moi avait toujours été très vive » (*Vie* 38, 5). Elle sait jusqu'à quel point tout cela peut blesser la liberté de l'esprit et freiner la hauteur du vol qu'elle propose à ses lectrices.

Elle sait aussi que... « infirme comme je le suis, j'ai été enchaînée et incapable de tout jusqu'au jour où j'ai pris la résolution de ne plus me soucier ni de mon corps ni de ma santé » (*Vie* 13, 7). C'est pourquoi, en traitant maintenant ce thème, Thérèse trace une nette ligne de séparation. Elle laisse de côté la situation exceptionnelle des graves maladies – « le mal sérieux » – qui requièrent des consignes ascétiques spéciales et elle centre l'attention sur ce qu'elle croit être des compagnes inévitables dans la vie, les misères de chaque jour: « les maux légers », ou ce qu'elle appelle avec ironie en visant les lectrices: « certaines défaillances et certains petits maux de femmes » (c.11, 2).

Face au spectre des petites maladies obsédantes qui pourrait paralyser systématiquement les idéaux et la liberté, Thérèse donnera en premier lieu quelques consignes élémentaires: « À mon avis, mes sœurs, c'est une chose bien imparfaite que de se plaindre sans cesse pour des maux légers. Si vous pouvez les endurer, ne vous en plaignez pas » (c.11, 1). « Être pauvre et bien traité, cela ne va pas ensemble. » (c.11, 3)

Mais en réalité, elle vise plus haut. Le véritable risque de régression spirituelle consiste à se créer lentement un centre d'attention dans son propre corps, comme alibi aux indispositions quotidiennes. Cela motive, pour Thérèse, des consignes fortes : « dominer ces misérables corps », car « si nous ne nous déterminons pas à accepter une bonne fois la mort et la perte de notre santé, nous ne ferons jamais rien » (c.11, 4).

Elle a touché enfin une fibre secrète et extrêmement délicate, la crainte de la mort : « tâchez de vous affranchir de cette frayeur ». « Abandonnez-vous tout entières à Dieu et advienne que pourra ! Qu'importe que nous mourions ? Pour tant de fois où notre corps s'est moqué de nous, ne nous moquerons-nous pas une fois de lui ? Soyez-en persuadées, cette détermination est importante au-delà de ce que nous pouvons penser. En s'y reprenant souvent, on devient peu à peu, avec la grâce du Seigneur, maîtresse de son corps. » (c.11, 5)

Avant d'écrire cette consigne, Thérèse l'avait faite sienne grâce à sa part d'expériences. Un peu avant, elle avait écrit d'elle-même : « Ces grâces m'ont enlevé presque entièrement la crainte de la mort qui chez moi avait toujours été très vive. Mourir me paraît à présent la chose du monde la plus facile pour les serviteurs de Dieu, puisque par là l'âme se voit en un instant affranchie de sa prison et introduite dans le repos » (*Vie* 38, 5). Mais ce but n'est-il pas trop élevé pour l'inclure dans la présente leçon d'ascèse ordinaire, pour une simple éducation à la liberté de l'esprit ?

Pour le lecteur moderne, si méfiant au sujet de consignes élevées mais artificielles, la garantie de l'expérience vécue par l'Auteur et la forme péremptoire de sa phrase sont déjà une sécurité. Mais il en est une autre, peut-être plus inéluctable : la propre expérience de l'homme moderne si profondément troublé par l'angoisse de la mort. Une éducation spirituelle chrétienne qui ne conduit pas à la victoire définitive sur la crainte, l'angoisse, les préventions secrètes… ne serait pas évangélique.

C'est pourquoi la sainte reviendra sur ce thème dans le chapitre suivant : « Combien celui qui aime Dieu véritablement doit faire peu de cas de la vie » (titre du chapitre XII). Comme saint Paul, elle veut aussi acheminer le lecteur vers la suprême liberté de l'esprit :

« si nous vivons, nous vivons pour le Seigneur; si nous mourons, nous mourons pour le Seigneur » (Rm 14, 8). Une des plus célèbres admonestations de Thérèse à la mort est extrêmement paulinienne et chrétienne: « Ô mort, ô mort, comment peut-on te redouter, puisqu'en toi se trouve la vie! » (Exclamation 6, 2)

La vie et l'honneur
(*Chemin*, chapitre XII)

Nous sommes un groupe de douze lecteurs. Nous avons lu à haute voix les neuf numéros du chapitre XII *du* Chemin. *Nous avons écouté et commenté les deux consignes fortes de l'Auteur : l'amant authentique a) tient peu à la vie et b) fait peu de cas du point d'honneur.*

Nous avons compris deux choses : **la première**, *que Thérèse donne ces deux consignes à partir de la parole de l'évangile : « celui qui ne donne pas sa vie la perd » et c'est Dieu qui, « dans sa sagesse infinie, nous amène à renoncer à tout pour son amour » (n° 5). Et* **la seconde**, *qu'elle formule ces consignes à partir de ce qu'elle a vécu elle-même :*

– Femme qui a une forte perception de la vie et de la mort et qui est passée de la crainte viscérale de mourir au triomphe sur l'angoisse et au désir joyeux de dénouement, sans masochisme ni fatalisme, mais avec poésie et espérance théologale.

– Mais femme qui eut aussi une très haute idée de l'honneur, qui fut esclave du « point d'honneur » et des préjugés de classes. Il lui a fallu faire un long et dur chemin pour arriver à aimer la pauvreté et les pauvres, et « grâce à Dieu, se faire gloire à présent de porter une robe rapiécée » (lettre II, *1 à son pointilleux frère Lorenzo).*

Après avoir écouté les deux fortes consignes du chapitre, **la manière thérésienne de les dire** *nous a fascinés une fois de plus, ainsi que son extrême aisance de parole et de pensée, la fluidité des images et des maximes, par-dessus tout, son art de la conversation, merveilleux, tissé de dialogues et de monologues. Nous sommes décidés à l'analyser de près pour voir comment est construit chacun des neufs paragraphes et comment les assembler.*

Voici ce que nous avons découvert.

L'art d'assembler des consignes

Premier fait: Thérèse n'expose pas le thème de la vie et de l'honneur. Elle a déjà expériences et convictions et elle les affirme catégoriquement; elle veut simplement les transmettre aux lectrices. Par exemple: le moins que nous puissions offrir à Dieu, c'est la volonté et la vie; ne pas faire de cas de tout ce qui doit finir; « toutes les vies sont courtes et quelques-unes le sont singulièrement » (n° 2); le culte de l'honneur est une peste dans un groupe, etc.

Deuxième découverte: Thérèse écrit sur le ton de la conversation. Le double thème du chapitre a été traité maintes fois dans le groupe. Les lectrices les connaissent bien. Dans cette page, Thérèse ne fait pas de théorie; elle concrétise et fait le compte-rendu de ce qui a été dit et redit. Tout cela a été dit afin de le vivre et maintenant cela est écrit afin de prendre à nouveau position face à la vie. Ces douze jeunes pionnières de San José, ou bien n'importe quel lecteur ou lectrice, ne seront pas des « amoureux authentiques » ni de « véritables priants » s'il ne leur est pas proposé de vivre ce que dit Jésus dans l'Évangile: « donner sa vie » pour la gagner, etc.

Troisième découverte: La découverte la plus surprenante est le jeu du dialogue de l'écrivain, l'ensorcellement de son style flexible et enveloppant qui noue peu à peu toute une série de correspondances entre ses convictions propres et l'attention des lecteurs. Elle commence par s'inclure elle-même parmi les destinataires de la double consigne de « vie et honneur ». Mais elle sait que les lectrices n'ont pas la même profondeur de convictions et, très vite, elle commence à la leur inculquer: « Considérez que… et je vous assure… » Au-delà des douze lectrices immédiates, elle prévoyait une possible communauté de lecteurs moins convaincus et elle engage aussi au dialogue avec eux.

En réalité, ce schéma ne reflète pas la vivacité et la mobilité du style dialogal de Thérèse. C'est pourquoi nous en avons suivi les méandres sur le texte même du chapitre. Nous avons relu et souligné les flexions de ce dialogue, en notant les trois moments du rythme: Thérèse atteste; elle se sent impliquée dans le groupe des lectrices et dans l'exigence des consignes qu'elle donne ; elle interpelle expressément les lectrices.

Le thème de l'honneur

Le lecteur du *Chemin* a déjà rencontré, dans les chapitres précédents, le thème de l'honneur. La sainte parlera souvent du « noir point d'honneur » (*Vie* 31, 23), du « détestable point d'honneur » (*Chemin* 36, 6). N'est-il pas surprenant que cette maîtresse de haute vie chrétienne insiste souvent sur le thème, apparemment banal, de l'honneur et du point d'honneur ? « Faire peu de cas de la vie et de l'honneur », tel est la devise du présent chapitre. À nouveau, en épigraphe à quelques chapitres de la première rédaction du *Chemin* on lit au chapitre XLV : « De la grande importance, pour celles qui veulent être vraiment filles de Dieu, de ne faire aucun cas de leur lignage ». En effet lignage et honneur sont liés, tout autant que « honneur et fortune ». Au chapitre LXIV, elle écrit : « On y parle contre les excès commis au nom de l'honneur ». Auparavant, en commentant la première parole du *Notre Père*, elle remarque : « Les âmes qui veulent être de vraies filles de Dieu ne font aucun cas de la noblesse de la naissance. » (c.27)

Pourquoi cette insistance ? Le surprenant thème de l'honneur a-t-il tant d'importance ?

Thérèse est fille de son temps et de sa terre castillane. Cette société avait ses mythes, ses clichés, ses défauts, ni plus ni moins que la nôtre. Le culte de l'honneur était un de ceux qui conditionnaient la vie de la manière la plus profonde et la plus épuisante, jusqu'à presque l'étouffer. Ce culte de l'honneur avait son enracinement ancestral dans l'honneur chevaleresque médiéval mais il était inoculé comme un virus dans la conscience sociale du XVIe siècle, depuis le petit gentilhomme de village jusqu'au roi ou au primat de Tolède, avec un code de lois asphyxiantes et de points d'honneur qui non seulement pénétrèrent dans la vie ecclésiastique (il suffit de se rappeler les statuts relatifs à la pureté de sang), mais encore dans les arcanes de la vie religieuse.

« Le démon – pense la sainte – ne nous oublie pas. Jusque dans les monastères il invente des points d'honneur, il établit des lois d'après lesquelles, en fait de dignité, on monte et on descend tout comme dans le monde. Les savants doivent suivre les degrés de leur science... celui qui a occupé une chaire de théologie ne descend pas... à une chaire de philosophie parce que le point d'honneur veut que l'on monte et non que l'on descende. » (*Chemin* 36, 4)

Thérèse n'est pas simple spectatrice de ce panorama social.

Elle est aussi fille des gentilshommes qui ont lutté pour sauver leurs lettres de noblesse. Elle-même a été si « haute d'honneur » que « par pur honneur » elle est arrivée à perdre le sens du point d'honneur.

En plein commentaire du *Notre Père*, elle s'arrête pour monologuer et se tancer elle-même : « Ce n'est pas à vous que je m'adresse en ce moment... c'est à moi-même que je parle, au temps où je tenais à l'honneur, sans savoir ce que c'était, et où je marchais, comme on dit, par les sentiers battus. Par quoi, hélas ! étais-je offensée ? J'en rougis quand j'y pense. » (*Chemin* 36, 3)

Mais, fort heureusement, elle a découvert l'immense mensonge camouflé derrière le code du « point d'honneur » : « cette erreur qui lui faisait estimer honneur ce que le monde appelle de ce nom. Elle voit là un immense mensonge dont nous sommes tous victimes. Elle comprend que le véritable honneur n'est pas menteur, mais conforme à la vérité ; qu'il donne de la valeur à ce qui en a réellement, et qu'il estime néant ce qui n'est que néant. En effet, tout ce qui passe est néant et ce qui déplaît à Dieu, moins encore que néant. » (*Vie* 20, 26)

Libérée de ses attaches, elle peut dire à Dieu : « Voici ma vie, voici mon honneur et ma volonté. Je t'ai tout donné, je suis tienne, dispose de moi selon ton bon plaisir » (*Vie* 21, 5). À partir de ce moment elle ne se lassera pas de répéter à ses disciples la consigne de la libération : « Notre honneur, mes sœurs, doit consister à servir Dieu. Que celle qui penserait que cela doit vous gêner reste chez elle avec son honneur. » (*Chemin*, première rédaction, 20, 1)

D'où de nouveaux anathèmes : le souci de l'honneur « est une peste ». « Il n'y a rien de plus toxique » et qui tue davantage. « C'est une chaîne qu'aucune lime ne saurait rompre ; Dieu seul le peut mais il faut pour cela l'oraison » (*Vie* 31, 20). « Qu'elles enlèvent de l'arbre cette chenille. Autrement, bien qu'il ne soit peut-être pas endommagé tout entier… il ne grandira pas et il empêchera de grandir les arbres voisins » (*Vie* 31, 21). « Le point d'honneur est comme une fausse note ou un manque de mesure dans le jeu des orgues ; toute l'harmonie en est troublée. » (*ibid.*)

Ainsi donc, cette leçon thérésienne n'a pas vieilli, elle n'est pas devenue caduque. Il suffit d'une simple transposition du plan sociologique au plan psychologique et elle nous frappe de plein fouet. Nous aussi nous marchons, pris dans le jeu « de la personne et du personnage », acharnés à défendre notre propre masque, jouant à sauver et promouvoir le petit personnage que nous croyons être et qui nous expose au même « mensonge énorme » et à la « chaîne d'esclavage » dont parle Thérèse.

Elle a inclus le thème dans son exposé sur la vertu d'humilité. C'est pourquoi elle nous invite à poser le regard sur le Christ : « Considérez les prodiges d'abaissement par lesquels Dieu nous a donné l'exemple de l'humilité. » (n° 6)

Ciseler un style de vie
(*Chemin*, chapitre XIII)

Une surprise attend le lecteur du chapitre XIII du *Chemin*. Sous couvert d'un titre innocent, quelques pages intenses vont exploser entre ses mains.

Selon l'épigraphe, Thérèse « poursuit » le thème de la mortification et de la « fuite du monde ». Fuir n'est en rien battre en retraite ; fuir c'est se libérer du style dialectique et égocentriste en usage au-dehors ; c'est laisser de côté les « raisonnements du monde » pour rechercher « la raison véritable ».

« La raison véritable » est une des consignes évangéliques paradoxales de Jésus ; consigne qu'il faut suivre pour sculpter au ciseau une variété de style adaptée au carmel: ce qui doit différencier et définir le style de vie que le livre et l'Auteur doivent forger.

Commençons par là.

Forger un style de vie

C'est la première fois que le livre parle d'une manière d'être et de vivre (n° 6). Thérèse en fera ensuite le contrepoint des « façons d'agir du monde » (c.14, 2). Un peu plus loin elle le transposera au « langage », à la manière de parler et d'être en relations dans la maison (c.20, 4-6), toujours en contraste avec le « charabia » qui est le langage du monde (c.20, 5).

Lorsque, l'année qui suivit son écrit, la Mère Thérèse rencontre frère Jean de la Croix, son premier objectif de prosélyte et de pédagogue sera de lui apprendre « la cordialité des rapports et la manière dont nous passons les récréations communes » (*Fondations* 13, 5).

En réalité, l'obsession de forger un style qui marque la vie de la maison ne commence pas à ce chapitre. C'est le but précis du *Chemin* dès les premières pages. La carmélite de San José doit se définir par une série de manières d'être et de se comporter, dans le domaine ecclésial, face à la pauvreté, dans ce qui est proprement féminin, dans la vigueur et la force, dans l'amour et la sainte liberté… Tout cela contribuera à ciseler le style communautaire : récréations et mortifications, contemplation et travail, idylle avec l'Époux et ascèse dans le château en guerre, dans le réalisme de la vie.

Ici, dans ce chapitre, on fait deux pas de plus : premièrement, définir un des traits qui doivent caractériser la vie dans un Carmel ; deuxièmement, arriver à ce qu'on a appelé « le pourquoi de cette manière d'être » ou « la prise de conscience d'un style de vie thérésien ». Ramón Menéndez Pidal, éminent maître de la langue, a étudié à fond le « style ermite » de Thérèse comme volonté de style littéraire et comme manière féminine adoptée par elle dans le maniement de la plume.

Néanmoins ceci est secondaire. Le primordial n'est pas comment écrire ni comment parler et converser (Cela, « la cordialité des rapports et la manière de passer les récréations », nous les retrouverons dans le *Chemin*). Ce qui est premier, c'est comment vivre, non seulement en ce qui concerne l'option et la vocation personnelles, mais de telle sorte que se mette en marche une manière d'être et de vivre en groupe.

Voyons maintenant le profil de ce tracé spécial que Thérèse veut mettre en relief dans ce chapitre.

Contre le sophisme des « raisonnements »

Il est possible que l'épigraphe (« les maximes et les raisonnements du monde ») ait évoqué dans le souvenir de Thérèse ses anciennes lectures chevaleresques. Même pour nous, il est difficile de lire le premier paragraphe du chapitre (« fuyez à mille lieues des paroles comme celles-ci : *j'avais raison, on m'a fait du tort, c'est sans raison qu'on s'est comporté ainsi envers moi...* ») sans se souvenir de Don Quichotte et de « la raison de la déraison qui se présente à ma raison ».

Non, la sainte ne se réfère pas aux lectures volages mais à la vie telle qu'elle la connaît dans le monde et dans la cohabitation des monastères féminins. Apporter tous ses soins à une affaire, revendiquer ses propres droits, ne pas céder dans les raisonnements... pour ne pas perdre de terrain dans le prestige social ou dans le petit monde conventuel : tout cela peut encore se concevoir. Mais Thérèse entrevoit lucidement le sophisme qui sert de support à ce feu croisé de raisons et de déraisons : « le grand mensonge dans lequel nous vivons tous » (voir *Vie* 20, 26), occupés que nous sommes à accumuler des piédestals pour hisser notre propre moi.

D'où sa réaction : Chassez ces raisons inutiles ! Où est la véritable raison ? Nécessité pressante de « vivre en vérité ». Et la découverte paradoxale de la vérité de la croix : « Trouvez-vous qu'il y avait quelque raison à tant d'injures infligées à notre bon Jésus ? Y en avait-il à tant d'injustices qu'on lui a fait subir ? » (n° 1). Oui, certes : au-delà des mille raisons pour le NON, il y avait une raison profonde et unique pour le OUI du Christ devant la croix : l'amour de la volonté du Père et l'amour des hommes ses frères.

Par conséquent, « si une religieuse ne veut porter que des croix très méritées, je me demande ce qu'elle est venue faire dans le monastère » (n° 1).

Ou nous sommes les épouses du grand Roi, ou nous ne le sommes pas.

Voici l'inattendu : « La véritable raison » pour adopter une nouvelle attitude devant raisons et déraisons et pour fonder une nouvelle échelle de valeurs et de vie, la voici : « nous sommes épouses » du Roi crucifié ; ou comme elle le dira ensuite : « filles d'une telle Mère et épouses d'un tel Époux ! » (n° 3).

L'ancrage dans cette suprême raison christologique est décisif.

Pour un lecteur peu attentif, il peut sembler disproportionné : pour s'engager dans une ascèse apparemment superficielle, comme s'excuser ou ne pas s'excuser, revendiquer ou non ses raisons personnelles, n'est-il pas démesuré d'en appeler au Christ en croix ou au Christ époux ?

Eh bien non. Pour Thérèse il ne s'agit pas d'ascèse superficielle mais d'un trait qui exige une configuration profonde.

Il s'agit de la radicale dialectique de la croix et de l'amour. Si nous sommes épouses, pouvons-nous ne pas partager sa manière de raisonner et de vivre, sa manière de se taire ? Si l'époux est un crucifié, est-il possible d'esquiver la croix ? « Honneur et déshonneur » avec Lui ! Le commentaire que Thérèse place en première devise au titre de ce chapitre est « mortification ».

Pour elle la mortification ne consiste pas tant dans la « pénitence et les jeûnes » (elle l'avait assuré catégoriquement dans la première rédaction) mais dans quelque chose de plus profond : la condition de la personne et son échelle de valeurs dans l'alternative entre « la croix » et « le moi ».

Style érémitique

Dans le brouillon du livre, Thérèse s'exprimait catégoriquement ainsi : « le genre de vie que nous voulons mener n'est pas seulement celui des religieuses, mais celui des ermites » (repris au n° 6).

Des années plus tard, dans un passage aujourd'hui renommé du petit livre intitulé : *Manière de visiter les monastères*, elle écrira en parlant du langage employé dans ses carmels : « Il faut également prendre garde à la manière de parler ; qu'elle soit simple, naturelle et religieuse, que l'on use du langage des ermites et des personnes retirées du monde, plutôt que d'aller prendre ces expressions nouvelles, ces minauderies comme on les appelle je crois, dont on use dans le monde où il faut toujours qu'on invente des nouveautés. En cela les sœurs doivent plutôt se piquer de rusticité que de raffinement. » (n° 42)

Disons en passant que les termes « rusticité » et « raffinement » n'ont pas dans le vocabulaire thérésien, les connotations négatives qu'ils ont aujourd'hui. Pidal, commentant ce passage thérésien, s'exclame: « Rusticités plus que raffinements »:

« Nous avons ici l'explication de la prosodie populaire que sainte Thérèse adopte dans ses autographes. Ainsi la langue du XVIe siècle parvient à posséder, avec sainte Thérèse, un style parfaitement opposé au style dominant du XVe, celui du Marquis de Santillana et de Juan de Mena qui, pour paraître maîtres en rhétorique, substituaient à leurs propres émotions celles qu'écrivirent *les auteurs* anciens. La carmélite, au contraire, aime à se montrer ignorante et recherche seulement au fond d'elle-même l'expression des phénomènes de son âme, dans ce *livre vivant* que le Christ lui donna à lire pour la consoler d'avoir perdu le délassement des livres écrits en espagnol. »

Mais, dans le *Chemin*, le « style érémitique » est avant tout une « manière d'être et de vivre ». Chez Thérèse, il prend ses racines dans une nostalgie ancrée dans la montagne biblique du Carmel: « Rappelons-nous nos saints Pères, ces *ermites* d'autrefois dont nous cherchons à imiter la vie. Quelles souffrances n'ont-ils pas eu à supporter, et dans quel isolement! Par le froid, la faim, le soleil, la chaleur, sans pouvoir se plaindre à d'autres qu'à Dieu! Pensez-vous qu'ils étaient de fer? Non, ils étaient aussi délicats que nous. » (c.11, 4)

Toutefois, mieux qu'en aucun autre de ses écrits, l'Auteur exprime ici même sa pensée: être ermite, c'est « se détacher de tout le créé » (n° 6). Ce n'est pas le déracinement de l'habitat urbain ni l'éloignement « de la cour et du village » comme le pensera certaine de ses amies appelée « la Cardona », mais la purification des affections et des sentiments possessifs que la sainte résume par le mot « détachement »: « se détacher de tout pour se donner totalement au Tout »

« Avoir un enclos avec quelques ermitages pour y prier en solitude » – comme elle l'a écrit au commencement du *Chemin* (2, 9) – c'est seulement la marque externe de la vie érémitique. Ce qui est important, c'est d'avoir un cœur d'ermite.

La béatitude de l'ermite

Après avoir établi le style de l'ermite, Thérèse nous gratifie d'une de ses béatitudes typiques, de pure inspiration évangélique. C'est la béatitude de celui qui est « tenu en piètre estime »; elle est diamétralement opposée au sophisme des raisons du monde dont le barème est le mensonge qui consiste à être tenu en haute estime.

Thérèse formule ainsi sa béatitude: « que celle parmi vous qui se croira la moins considérée de toutes s'estime la plus heureuse. » (n° 3)

Elle trouve immédiatement la référence de cette consigne dans l'Évangile: « la véritable Sagesse (qui est Jésus) s'est prononcée là-dessus ». Claire allusion à la parole évangélique: « Quand tu es invité à des noces… va te mettre à la dernière place… Tout homme qui s'élève sera abaissé et celui qui s'abaisse sera élevé » (Lc 14, 11) et « que le plus grand parmi vous prenne la place du plus jeune » (Lc 22, 26).

Comme seconde référence, la Vierge Marie du *Magnificat*: « Il a porté son regard sur son humble servante… Toutes les générations me proclameront bienheureuse ». « Il a jeté les puissants à bas de leurs trônes et il a élevé les humbles » (Lc 1, 48-52). « Imitons, mes filles, la grande humilité de la Vierge très sainte dont nous portons l'habit. Soyons confuses d'être appelées ses religieuses à elle car, si profondément que nous croyions nous humilier, nous sommes encore bien loin de ce que nous devrions être en qualité de filles d'une telle Mère et d'épouses d'un tel Époux. » (n° 3)

Enfin… les rétractations

Nous savons déjà qu'aucun des livres thérésiens ne fut travaillé et révisé comme le *Chemin*. Non seulement il fut, par deux fois, écrit entièrement, mais encore certains passages furent retouchés une nouvelle fois. Le tout fut révisé par la sainte dans un troisième manuscrit, en vue de l'édition typographique.

Le chapitre XIII figure parmi les passages soumis à un traitement spécial. Pourquoi ? Simplement par la faute de la manière typique d'écrire pratiquée par l'Auteur.

Quand elle se met à écrire, Thérèse donne libre cours à l'inspiration et à la plume et si le thème est fort, dans l'impétuosité du moment, elle dépasse les bornes. Elle ironise, tance, dénonce, lance l'anathème, qualifie d'absurdité, ou de peste, ou de Judas… Quand elle revoit son écrit, elle baisse le ton et se rétracte.

Ici, sa plume s'est égarée par deux fois. Cela est arrivé dans les passages correspondant au n° 3 et au n° 5. Le passage le plus téméraire a été l'invitation à « partir ! », « partir et laisser les autres en paix ! ».

À ce moment précis, quelque chose la peine. Elle est en train de ciseler un style de vie évangélique pour le groupe ; un style avec des profils nets, bien définis, d'une grande radicalité, comme tout ce qui est évangélique ; un programme pour des lectrices qui en ont la vocation et qui ont de l'énergie.

Par contre, elle sait que, aux portes de la vie religieuse, des gens de différents types lancent un véritable appel : blessés de la vie et déstructurés qui viennent « pour se reconstruire » et qui réussissent à passer le seuil, « ces natures qui aiment à être estimées et considérées, qui regardent les fautes des autres et ne reconnaissent jamais les leurs et autres choses semblables… » (première rédaction du n° 5).

Les laisser entrer c'est « laisser entrer dans la maison le voleur qui dérobe le vrai trésor ». Deux longs paragraphes pour protester contre cette « sottise » et exiger une longue probation : non pas un an, mais quatre, ou encore mieux dix… jusqu'au discernement.

Ensuite… il devient facile et intéressant d'entrevoir Thérèse en train de réviser son texte, hochant la tête et se résignant à trancher dans les paragraphes durs afin de ne pas les inclure dans la rédaction définitive.

Par conséquent, il y a deux lectures possibles du chapitre : reprendre le brouillon thérésien et lire ce que nous avons appelé la première rédaction du *Chemin*, avec le texte tel qu'il jaillit, sans freins ni restrictions, au moment de l'inspiration ; ou bien lire le texte définitif avec les retouches et les coupures qu'elle imposa à ses propres pages.

L’indispensable discernement
(*Chemin*, chapitre XIV)

Nous l’avons déjà vu : quand la Mère Thérèse durcit sa plume, c’est que ce qu’elle écrit la peine. Ce n’est pas le thème qui la fait souffrir, c’est la vie ; ici c’est tout un pan de la vie religieuse.

Ainsi donc, le nouveau chapitre du *Chemin* garde le thème et le ton du chapitre antérieur. Ton de voix un peu rude, avec des pointes d’ironie et des consignes rigoureuses pour les lectrices. Thème quelque peu semblable à ce que, aujourd’hui, nous appelons recrutement des vocations. Plus concrètement : que dans la vie religieuse ou dans le Carmel entrent uniquement des personnes ayant une vocation et si, par hasard, des personnes sans vocation ont franchi le seuil, qu’elles s’en aillent ! La vie religieuse, dans l’optique thérésienne, exige ou suppose un idéal élevé, bien défini et motivé. Que ne s’y glissent pas des personnes qui veulent en faire un refuge.

Dans le chapitre précédent, Thérèse invitait de telles personnes à « partir ». Dans celui-ci elle emploie une parole plus dure : « les renvoyer » (n° 2). Avec des termes péremptoires : que cela se fasse sans égard pour « les fausses compassions et les sots points d’honneur » (n° 3 de la première rédaction).

Évidemment, la plume de l’Auteur a été un peu plus loin qu’elle ne l’aurait voulu. Il lui faudra limer ces expressions quand elle passera au texte définitif ; mais sans se dédire sur le fait.

Voyons ses positions et leurs causes.

Le cadre historique : « le malheur des temps »

Cette allusion aux *temps* qui courent tandis qu'elle écrit se trouve vers la moitié du chapitre (n° 3). C'est le point douloureux du thème et de l'écrivain. Quand la sainte rédige ces pages, elle a déjà une large expérience de la vie religieuse (trente longues années). Elle possède une vision panoramique des monastères féminins d'Avila, de la vieille Castille, y compris des territoires du Tage.

Elle a fait, dans le *Chemin*, maintes allusions à cette toile de fond de la vie religieuse : affaiblissement de l'amour fraternel, pauvreté-misère et somptueux édifices, entrave à la liberté de conscience, immixtion d'étrangers parés du titre de vicaires, etc.

Maintenant elle est arrivée à la partie la plus délicate : le flot des personnes qui sont entrées dans ces monastères féminins presque toujours surpeuplés et presque toujours incapables de faire une sélection des vocations, en partie à cause de l'inertie et de la négligence de la vie religieuse, en partie à cause de la pression et de la contrainte de la société.

À cette époque, Avila était pauvre en hommes jeunes. La propre famille de Thérèse en était un exemple patent : aucun de ses neuf frères n'était resté dans cette ville ni en Castille. Tous avaient pris la mer sur le chemin des Indes, de l'Afrique ou de l'Italie. Ce vide manifeste de jeunesse masculine laissait de nombreuses jeunes filles sans parti possible. Face à cette situation anormale, la société se tournait vers les monastères pour y faire entrer les jeunes filles, parfois même dès la plus tendre enfance, alors que les fillettes n'avaient ni la possibilité d'option ni aucun élément de discernement. Dans le vieux monastère de la sainte – l'Incarnation –, avec une communauté beaucoup trop nombreuse, mais digne, il y avait des enfants qui attendaient pour commencer un noviciat et faire profession. Un des futurs amis de la sainte fondatrice, le bon Nicolás Gutiérrez (*Fondations* 19, 2) y a placé ses six filles. Toutes, certes, parviendront à être d'excellentes religieuses, mais ce procédé de recrutement n'était pas particulièrement un modèle du genre.

Et pour couronner le tout : la dot qui accompagnait la candidate. Comme à une jeune mariée, on remettait à la jeune religieuse, au moment de sa profession, une dot qui, étant donné la pauvreté du monastère, était rapidement dépensée. La présence au monastère devenait alors un fait entériné et irréversible.

Dans un premier temps, Thérèse coupa la ligne au bout de laquelle se trouvait l'hameçon de la dot: au Carmel de San José « c'est un grand avantage de ne pas recevoir de dot » (n° 4). Les mains libres.

Mais c'est peut-être le moins important. Il l'est bien davantage d'en finir avec le traquenard que les raisons sociales ont imposé à la vie religieuse. Il faut le dire bien haut, par les paroles et par les actes: « Que le monde comprenne, une fois pour toutes, que vous avez la liberté de les renvoyer » (n° 2). C'est net.

Cependant, cette liberté et cette autonomie de la vie religieuse face au monde n'auraient pas de sens s'il ne s'y ajoutait le complément positif du *discernement* de la vocation de la part de l'intéressée et de la part de la communauté. C'est l'objectif que l'Auteur poursuit dans la dernière partie du chapitre.

Le discernement et une bonne intelligence

Pour la Mère Thérèse c'est une chose claire. Dès l'épigraphe du chapitre, elle avertit que les deux termes qui doivent être confrontés sont: « les dispositions de celle qui entre » et « les choses déjà dites » qui marquent le style du groupe. Pour cela, dira-t-elle ensuite, « il faut bien s'informer » et « les éprouver longtemps » (n° 2).

Mais, au-delà des *dispositions* de celle qui frappe à la porte de la vie religieuse et en plus de *l'intention* qui la pousse (que ce ne soit pas « uniquement le désir de trouver une position ») (n° 1), Thérèse attire l'attention sur une qualité clef pour le discernement de la candidate: son intelligence, ou, comme elle dit, « une bonne intelligence ». Elle est catégorique: « qu'il y ait une intelligence droite. Si cette rectitude fait défaut... qu'on ne l'admette sous aucun prétexte. » (n° 1)

À première vue, il semble paradoxal qu'un quotient intellectuel élevé soit indispensable pour embrasser la vie religieuse! Thérèse ne tombe-t-elle pas dans un pur esprit de parti ? Elle-même n'admettra-t-elle pas bientôt dans son Carmel de jeunes analphabètes comme

Anne de saint Barthélémy ? Et, en fin de compte, quelle réussite de moniale ! : son infirmière et secrétaire, et plus tard la fondatrice des Carmels d'Europe, écrivain…

Cela n'a rien d'un paradoxe. La sainte écrit dans un Carmel et face à un idéal de vie contemplative. Pour être à la hauteur de cet idéal, outre la grâce de Dieu et avec elle, on a besoin d'une bonne ossature mentale. On en a besoin pour faire la traversée de la vie religieuse sans naufrage assuré. On en a besoin pour s'adapter au régime de nourriture spirituelle (Bible, liturgie, oraison, formation spirituelle), année après année ; et spécialement dans la clôture réduite de la vie contemplative.

En second lieu, pour Thérèse de Jésus, la bonne intelligence n'est pas, comme un joli visage, un ornement ou une coloration supplémentaire, ajoutée à la personne. C'est quelque chose de substantiel, associé à la nature et la grâce, à la destinée, à la vocation et la mission de chacun. À condition, évidemment, de bien comprendre cette « bonne intelligence » qui, pour Thérèse et en ce qui concerne son thème vocationnel, ne se mesure ni à l'angle facial ni au talent philosophique, mathématique ou économique. Elle réside dans une autre forme de talent, typique des personnes qui « ont un esprit droit pour s'attacher au bien » avec tout une liste de conditions : intelligence et volonté, capacité de s'accrocher au bien avec force, de donner de bons conseils ; elle sera utile sur bien des plans et ne fatiguera personne ; elle sera apte à « traiter avec Dieu »…

Quant à celles qui en sont dépourvues, Thérèse avoue qu'elle ne sait à quoi elles peuvent servir dans une communauté contemplative comme la sienne. Elle ne s'irrite pas contre celles qui sont intellectuellement limitées ; mais, à son avis, l'insuffisance d'intelligence est « un mal incurable » dans la vie religieuse. Rien de plus, rien de moins.

Mais quel est le rôle de tout cet éloge de la bonne intelligence dans le thème crucial du discernement des vocations ?

Le chapitre du *Chemin* donne deux réponses : *Premièrement*, sans elle, comment discerner ? Et *deuxièmement*, elle est importante dans le contexte de ces « temps malheureux » : la bonne intelligence est indispensable pour corriger la mise au point dans le discernement des vocations.

Si on s'approche de la vie religieuse avec un projet peu élevé, la bonne intelligence permettra de découvrir l'idéal et de s'y accrocher avec force.

Thérèse elle-même, en racontant l'histoire de sa vocation carmélitaine, rappelle que ses motivations initiales n'atteignaient pas précisément l'altitude d'une cordillère. Elle n'a découvert que par la suite les motifs des sommets; et cela l'a sauvée.

Rétractations?

Nous avons déjà dit que dans ce chapitre l'Auteur laissa aussi courir sa plume. En passant du brouillon à la rédaction définitive, elle dut limer et adoucir le texte.

Il faut rendre justice à ces retouches. Au fond elles révèlent la sensibilité de l'écrivain. À aucun moment elle ne s'était laissée aller à l'invective, mais dans la seconde moitié du chapitre, des passages forts ont jailli de sa plume. Nous copions quelques-unes des phrases de la première rédaction:

« ... Dans une question de cette importance, les prétextes ne sont pas recevables. Du reste, j'en suis convaincue, lorsqu'une supérieure, dégagée d'intérêt et de passion, n'a en vue que le bien de son monastère, Dieu ne permettra jamais qu'elle se trompe. Si, au contraire, on a de l'égard pour ces fausses compassions, pour ces sots points d'honneur, je suis persuadée qu'on ne pourra manquer de se tromper. » (n° 3)

« Intérêt et passion », « fausses compassions » et « sots points d'honneur » du monde, tous ces termes seront écartés de la rédaction définitive. On supprima également l'allusion au prélat (évêque d'Avila), laissant la responsabilité explicite du discernement des vocations à la communauté (« chaque religieuse pour son compte ») et à la supérieure.

Plus tard, lorsque la sainte prépare ce texte pour la première édition, elle le retouche encore une fois et modifie ainsi la dernière phrase du chapitre :

« C'est un grand bien de ne pas recevoir de dots, cela permet de choisir les personnes. Autrement on pourrait être aveuglé par l'intérêt et, pour ne pas jeter dehors l'argent de la dot, laisser dans la maison le voleur qui dérobera le vrai trésor, ce qui est grande pitié. »

Le texte fut publié ainsi en 1583, conformément à la dernière retouche de l'Auteur.

Curieusement, quand fray Luis de León se chargera du *Chemin* (1588), il reviendra, pour ce chapitre, au brouillon thérésien. Il retranscrira les touches dures que la sainte avait éliminées de son texte, concernant les « fausses compassions », les « sots points d'honneur », etc.

Mais ce ne sont pas les péripéties littéraires qui sont importantes. L'important, c'est la nette prise de position de la Mère Thérèse sur le terrain de la doctrine et sa réaction douloureuse face aux événements et au « malheur des temps ».

Apprendre à se taire
(*Chemin*, chapitre XV)

Se taire, consigne ou paradoxe ?

Le lecteur moderne accepte avec facilité la consigne du *silence pour le dialogue*. Savoir se taire est une condition pour écouter, plus nécessaire encore aux contemplatives carmélites, destinataires du *Chemin*. Le silence est indispensable pour accueillir la parole, et il l'est de nouveau en tant que lieu où va germer la parole profonde qui va répondre.

Il arrive cependant que Thérèse radicalise la consigne. Tel est le cas pour le titre de ce chapitre XV : « Combien il est avantageux de ne pas s'excuser, *alors même qu'on se voit condamné sans raison* ». Nous soulignons la deuxième partie de la phrase mais, de fait, au long du chapitre elle insistera une ou deux fois sur ce fait.

Cette leçon de silence pour le dialogue, alors qu'il s'agit de se disculper ou non, est un plat un peu trop résistant pour le lecteur d'aujourd'hui. Toutefois il est fort intéressant de voir comment l'Auteur l'expose sans tomber dans le paradoxe; comment elle l'expose, elle, femme de relation et de dialogue jusqu'à l'excès; et de plus dans un livre comme celui-ci, qui emprunte particulièrement le style de la conversation.

À tel point qu'elle-même dut rogner de son cahier tout le paragraphe d'entrée dans le thème du chapitre à cause du ton exagérément familier et amical. Paragraphe jailli spontanément de sa plume dans la rédaction du brouillon et éliminé d'un trait de plume lors de la transcription dans le cahier définitif, mais paragraphe d'une fraîcheur enchanteresse. Bien que supprimé par la sainte, il vaut la peine de le transcrire ici.

Ainsi donc, après l'épigraphe du titre, le chapitre commençait ainsi : « Mais que j'écris de manière décousue ! comme celui qui ne sait ce qu'il fait. C'est de votre faute, mes sœurs, car c'est vous qui me le demandez. Lisez comme vous pourrez car j'écris aussi comme je peux ; sinon, au pis aller, brûlez-le. J'aurais voulu un peu de tranquillité et, comme vous le voyez, j'ai si peu de temps que huit jours se passent sans que je puisse écrire. Aussi j'oublie ce que j'ai déjà dit et même ce que je vais dire. Maintenant il serait mal de ma part de vous demander de ne pas faire ce que je viens de faire, c'est-à-dire de m'excuser. En effet, je vois que c'est une coutume très parfaite, très édifiante et méritoire ; et bien que je vous l'enseigne souvent – et grâce à Dieu vous la pratiquez – sa Majesté ne me l'a jamais accordée. Qu'il lui plaise de me la donner avant que je ne meure. »

Ainsi donc, à ce flot de confidences familières va succéder la consigne du silence. Une consigne stricte, sans théorie pour l'envelopper. Thérèse la rattache fortement à la vie, c'est-à-dire à un double fait d'expérience : sa vie à elle et la vie du Christ.

Les deux expériences fondamentales

Thérèse écrit cette page à la fin de 1566 ou au début de 1567. Un peu plus d'un an auparavant, elle avait raconté, dans son autobiographie, un incident dramatique de sa propre vie. Un incident dont avait dépendu l'existence même du Carmel de San José. Dans ce chapitre du *Chemin* elle n'y fait pas allusion en termes précis, mais elle l'a bien présent à l'esprit.

Je renvoie le lecteur au passage de la *Vie* où elle le raconte : chapitre XXXVI, 11-14. Quoi qu'il en ait été, Thérèse avait posé devant ses supérieurs (prieure de l'Incarnation et provincial du Carmel) le fait accompli de la nouvelle fondation. Au premier soulèvement de la ville elle se voit obligée de comparaître devant le tribunal de son ancienne communauté, de sa prieure et du provincial. « Je me présentai pour subir mon jugement, profondément heureuse d'avoir quelque chose à souffrir pour Notre-Seigneur. Au reste, je croyais n'avoir rien fait ni contre sa Majesté ni contre mon Ordre… Le souvenir du jugement subi par Jésus-Christ me revint en mémoire et je vis que le mien n'était rien en comparaison… Le provincial m'adressa une forte réprimande, moins sévère toutefois que le délit ne semblait l'entraîner au vu des rapports qu'on lui avait faits. Je ne voulais pas m'excuser, et c'était avec cette résolution que je m'étais présentée devant lui. Je me contentai donc de lui demander pardon, pénitence... En certaines choses, je le voyais, on me condamnait à tort... mais sur d'autres points, je le comprenais très bien, on avait raison... J'étais, disait-on, plus imparfaite que bien d'autres... je scandalisais la ville... Finalement le provincial m'ordonna, en présence des religieuses, de rendre compte de ma conduite, et je fus obligée d'obéir. »

Tout cela est différent de l'amertume avec laquelle elle avait supporté, quand elle avait 21 ans, les contretemps du noviciat : « On m'adressait bien souvent des reproches immérités : je ne les recevais qu'avec beaucoup de chagrin et d'imperfection. Néanmoins dans ma joie d'être religieuse, j'acceptais tout. » (*Vie* 5, 1)

La claire conscience de Thérèse, devant le tribunal de l'Incarnation, d'être, bien qu'on « la condamne sans faute » de sa part, fautive pour d'autres choses, se retrouve dans cette page du *Chemin* : « jamais on ne nous blâme sans que nous ayons des fautes à nous reprocher ». « Nous ne sommes jamais entièrement exemptes de fautes » (n° 4). En glissant une fine confidence personnelle, elle remarque que les vérités dont on l'accuse la peinent plus que les fausses accusations : « J'ai toujours préféré m'entendre reprocher des fautes supposées que des fautes réelles. » (n° 3)

L'autre expérience, celle du Christ qui se tait pendant sa Passion, est beaucoup plus forte et formelle. Elle sert de toile de fond à cette page du *Chemin*.

L'attitude et le visage de Jésus, dans un silence profond, affleurent constamment dans l'exposé : numéros 1, 2, 4, 5, 6 ; jusqu'à la surprenante touche finale : accepter que ce soit un voleur qui prenne la parole en sa faveur, et ceci quand il était « sur la croix » (n° 7).

À partir de cette seconde expérience du Christ qui se tait et qui est longuement contemplé par celle qui écrit, il faut relire le titre et le texte entier du chapitre : « ne pas s'excuser, alors même qu'on se voit condamné sans raison » comme Lui le fit.

Dans ce cadre d'expérience personnelle thérésienne et d'exemplarité christologique, Thérèse peut formuler, à la fin du chapitre, la parole qui assure une sécurité totale: « J'ai l'expérience de cela et je sais que les choses se passent de la sorte. » (n° 7)

Le cœur de l'ascèse thérésienne

Non, il ne s'agit pas de conseiller une pratique conventionnelle. L'ascèse véritable requiert un retour à l'Évangile pour y rencontrer le Christ, pour l'accepter comme raison de vivre et comme programme de vie en acceptant d'être configuré à lui.

Thérèse rappellera aux premières lectrices du *Chemin* son précédent enseignement: les « grandes vertus » ne s'identifient pas avec les grandes pénitences. Elle l'a déjà dit: « vous savez que je vous retiens dans les austérités excessives » (n° 3). Elle n'est pas partisane de la « frénésie de faire des pénitences sans rime ni raison » (première rédaction du chapitre X). Elle préfère « les vertus intérieures qui n'ôtent pas les forces du corps. mais augmentent celles de l'âme » (n° 3).

Parmi ces grandes vertus se trouve l'apprentissage du silence, la béatitude des persécutés. Non pas nécessairement la persécution due à une poursuite violente, mais bien l'acceptation silencieuse de descendre dans l'estime d'autrui: « désirer sincèrement d'être tenu pour peu de chose » (n° 2). L'acceptation des sentences sans appel au tribunal des jugements humains: « Quel avantage pensons-nous retirer de plaire aux créatures? Que nous importe d'être condamnées par elles si selon toi, Seigneur, nous sommes innocentes? » (n° 6)

Accueillir tout cela en silence par amour de la vérité; par amour de la vérité profonde… « approfondissant et distinguant continuellement ce qui est et ce qui n'est pas » (n° 6); pour « acquérir la liberté intérieure » et se placer au-dessus des jugements humains et n'en point dépendre: « C'est ainsi qu'on acquiert la liberté intérieure et qu'on ne se soucie pas plus d'entendre parler de soi en mal qu'en bien, absolument comme si la chose ne nous concernait point; tout comme lorsque deux personnes parlent ensemble, comme ce n'est pas à nous qu'elles s'adressent, nous sommes dispensées de leur répondre. » (n° 7)

En définitive, accueillir tout cela en silence « à cause du Christ ». Au milieu du chapitre, Thérèse interrompt son exposé pour vivre ce qu'elle est en train d'écrire. Et elle le Lui dit: « Ô mon Maître! Quand je songe de combien de manières tu as souffert sans l'avoir aucunement mérité, je ne sais plus que dire de moi, ni où j'avais l'esprit quand je désirais ne pas souffrir, ni encore où j'en suis maintenant lorsque je m'excuse. » (n° 5)

Ainsi, par ce soliloque, la leçon communiquée dans le chapitre est complète. Autour de la consigne élémentaire de l'option pour le silence, Thérèse a groupé sa propre expérience racontée dans la *Vie*, elle a réaffirmé son expérience contemplative du grand modèle de silence, le Christ de la Passion, et elle a vécu devant le lecteur son expérience christologique dans un moment de prière intense, afin de proclamer finalement aux lectrices: « Ô mes sœurs, que nous comprenons peu cette vérité! » (n° 6)

Silence pour le dialogue

« Se taire » n'est pas une consigne absolue, sinon ce serait une convention de plus et une convention inhumaine. En racontant sa mésaventure dans la *Vie*, Thérèse rappelle loyalement comment elle « rendit compte de sa conduite », c'est-à-dire qu'elle passa du silence à l'explication. Dans le chapitre du *Chemin*, elle rappellera aux lectrices qu'il existe des « cas » dans lesquels il est de bon sens de parler et de se disculper, quand « on pourrait mécontenter ou causer du scandale en ne disant pas la vérité » (n° 1).

Elle glisse encore cette confidence ironique: « Celui qui aura plus de discernement que je n'en ai, verra quand il est opportun de le faire. » (n° 1)

Nous verrons plus loin comment elle-même consacre des pages entières et intéressantes au dialogue ou « style de langage » en usage dans cette maison, entre les destinataires du livre. Ainsi, comme dans le cas de Jésus, le mystère du silence s'unit fraternellement avec la dignité de la parole.

Disposer les pièces du jeu
(*Chemin*, chapitre XVI)

Maintenant, jouons…

Étrange début de chapitre : « *Je ne fais encore que disposer le jeu* ». *Au jeu d'échecs, il faut savoir « disposer les pièces ». « Celui qui ne sait pas faire échec, comment fera-t-il mat ? ». Ici nous jouons à faire « mat au Roi divin ».*

Il est inutile que Thérèse, mi-souriante mi-confuse, entremêle une formule d'excuse. Dans la maison de don Alonso, elle avait joué aux échecs, peut-être avec passion, jouissant rageusement de faire courber la tête et l'orgueil de ses frères, « *noblereaux* » à la vocation de conquérants.

Maintenant, sans préambules ni détours, elle place tout à coup dans son livre l'image de l'échiquier et des pièces. Avec un rapide « *retour au divin* », elle les fait passer de la guerre qui a lieu sur l'échiquier au combat ascétique du Carmel. C'est plus ou moins ceci : l'échiquier et le jeu sont la vie ; les joueurs, elle et Dieu ; les pièces et les mouvements, ses vertus à elle et la tactique secrète de Dieu. Deux pièces sont principalement intéressantes : du côté de Thérèse, la dame ; du côté de l'autre joueur, le roi. En réalité, la dame c'est elle-même. Le roi c'est Dieu. Mais dans la version explicite qu'elle en donne, la dame (aujourd'hui nous disons « *la reine* » de l'échiquier) c'est **l'humilité**, et le roi c'est **l'amour**. Ce second aspect apparaîtra au chapitre suivant.

Plus que l'imagerie des pièces importe l'objectif du jeu : vaincre, faire échec et mat au Roi divin. C'est, à première vue, une chose extrêmement osée mais, en définitive, Dieu ne se rend que lorsque quelqu'un se rend à Lui ; et c'est « *l'humilité* ». On lui fait échec et mat avec l'humilité, comme le fit la Vierge de l'Annonciation, ou comme l'épouse du Cantique des Cantiques qui réussit à rendre captif le Bien-Aimé avec le plus fragile d'elle-même, avec un de ses cheveux.

Après avoir expliqué son coup – la carte de l'humilité – Thérèse devra expliquer au lecteur le coup, beaucoup plus difficile de son adversaire : la carte de l'amour ; expliquer comment le roi se rend par amour à la dame de l'humilité. Mais voilà la surprise : avant de passer au second thème, l'inattendu arrive. Thérèse détruit l'écrit. Elle arrache de son cahier toutes ces pages et les jette au feu.

Pourquoi déchirer ces pages ?

Voyons ce qui est arrivé.

Thérèse avait développé très succinctement le thème dans le brouillon de son livre (folio 50 du manuscrit de l'Escorial et quelques lignes du folio antérieur)

En le remettant au propre dans le cahier définitif, elle le développa avec une grande liberté en huit ou dix pages (folios 59-63 de l'autographe de Valladolid). Ce furent ces cinq folios (dix pages) qu'elle arracha complètement. Elle les remplaça par un nouveau folio (dix pages réduites à deux), en supprimant toute l'explication du jeu d'échec et de la dame. Seul ce nouveau texte ainsi mutilé aurait dû passer aux mains des lectrices, dans les copies manuscrites du *Chemin*. Quelques années plus tard, après la mort de l'Auteur, fray Luis de León ne put se résigner à omettre la belle image du jeu d'échec et il réinséra dans le texte thérésien les deux pages de l'ancien brouillon qui apparurent dans son édition de Salamanque (pp. 84-86). Les éditions successives reproduisirent ainsi le texte thérésien, y compris l'édition du P. Silverio.

Mais quelles sont les raisons de cette coupure radicale exécutée par la sainte ? Il y en a deux ; les voici.

La première, assez probable : le censeur du cahier thérésien, théologien sensé, n'a pas trouvé correct de parler de jeux dans un livre spirituel. D'autant plus que certains moralistes de l'époque déclaraient que le jeu d'échec était absolument inconciliable avec la vocation religieuse ou cléricale.

Il écrivait ceci : « Au sujet du jeu d'échec, Gabriel (autre moraliste du même genre) et d'autres docteurs affirment que les ecclésiastiques et les religieux ne peuvent y jouer sans péché car c'est un jeu qui fatigue beaucoup l'intelligence et l'encombre, de sorte que les ecclésiastiques ne peuvent avoir de dévotion ni d'attention à l'office divin qu'ils sont obligés de dire avec dévotion et attention. » (Domingo Valtanás dans son livre *Apología de los juegos*, publié à Séville en 1556)

Mais le motif le plus vraisemblable de la suppression totale est autre. Plus profond. Dès le premier exposé de l'image guerrière du jeu, Thérèse avait insisté sur la fonction de *la dame*. Dieu ne se rend qu'à celui qui s'approche de lui avec une humilité profonde. (L'humilité c'est aller en vérité. C'est une disponibilité absolue devant Dieu et devant les autres). Dieu ne se rend qu'à celui qui, avec l'humilité, pratique les autres « grandes vertus », amour, détachement de tout le créé, mortification.

Ces considérations ascétiques furent probablement développées avec insistance dans les huit ou neuf pages de la nouvelle rédaction. Elle devait insister sur le fait que Dieu ne se livre pas, ne donne pas la contemplation parfaite et l'expérience de son amour à celui qui vit « en mauvais état », à celui qui va submergé (« perdu ») par les choses de la terre, etc. : Dieu ne va pas se ternir en donnant à celui qui est dans la mare des vices. Déjà, en une autre occasion, Thérèse avait écrit que Dieu « aime ceux qui l'aiment » (*Vie* 22, 17).

Ce fut ce montage doctrinal qui rapidement fut mis par terre.

Il est certain que l'homme – les lectrices du *Chemin* – ne doit pas tomber dans l'absurdité en prétendant à l'expérience de Dieu (la contemplation parfaite) tout en vivant en même temps à son aise aux antipodes de l'humilité et des vertus. Mais ne serait-il pas également absurde de poser à Dieu des conditions pour la distribution de son amour et de ses dons ? N'est-il pas vrai qu'il « aime tout le monde et ne fait pas acception des personnes » ? (*Vie* 27, 12) ; que ses dons sont absolument gratuits ? N'est-il pas vrai que, dans l'évangile, Jésus ne s'est pas refusé aux méchants, aux brebis perdues, à Matthieu, à Marie-Madeleine, à Paul… ?

Thérèse vit clairement que la relation entre notre humilité et l'amour de Dieu était d'une autre nature. Pas si simple que l'échec et mat de la dame du jeu d'échec.

La nouvelle mise au point doctrinale

La progression de la pensée de la sainte va consister en ceci : pas de modification de sa position sur l'importance de l'humilité et des vertus dans la vie d'oraison ; mais un élargissement de l'espace et des possibilités de l'amour, surtout de l'amour de Dieu.

Voyons cette progression, pas à pas.

Dans le brouillon de son livre (chapitre XXIV du codex de l'Escorial : première rédaction), elle avait écrit catégoriquement : « il n'est pas possible que la pureté des cieux prenne ses délices avec une âme souillée ni que le plaisir des anges puisse se réjouir avec une chose qui n'est pas sienne ». Elle ajoutait ensuite, non sans une certaine dureté : « En effet, nous le savons déjà, si quelqu'un pèche mortellement, il appartient au démon : il peut se réjouir avec lui… ; mon Seigneur ne manquera pas de fils avec lesquels il pourra se réjouir sans aller prendre ceux d'autrui ». D'où son affirmation catégorique : que Dieu accorde à un de ceux-ci la grâce de la contemplation, « je ne puis le croire ».

En révisant son propre manuscrit et en reconstruisant le texte définitif, la sainte se trouva elle-même trop catégorique.

Ses affirmations ne posaient-elles pas des restrictions et des limites à l'Amour, à la Miséricorde et à la Magnificence de Dieu ?

Il est fort probable que Thérèse dialogua sur ce thème avec des théologiens et des spirituels authentiques. Elle réfléchit sur la lettre dans laquelle le grand maître Jean d'Avila portait un jugement sur le livre de la *Vie*. Elle parvint elle-même à cette conclusion : les « brebis perdues » appartenaient aussi à Dieu (non pas au démon) et l'Amour de Dieu a une manière d'agir et des décisions qui sont humainement inattendues et imprévisibles. Les cas de Paul et de « la Madeleine » qui ont tant fasciné Thérèse, la firent réfléchir.

Et dans la nouvelle rédaction, elle nuança ainsi ses affirmations :

Premièrement : « Je dis que le Roi de la gloire ne viendra pas à notre âme – j'entends pour lui être uni – si nous ne nous efforçons pas d'acquérir les grandes vertus ». Mais…

Deuxièmement : «… parfois Dieu trouvera bon d'accorder une aussi grande faveur à des personnes qui sont en mauvais état, afin de les arracher ainsi des mains du démon. » (n° 6)

Troisièmement : Plus tard encore, en préparant son manuscrit pour l'impression, elle retoucha à nouveau le texte en élargissant les horizons de la Miséricorde de Dieu : « Je veux donc dire que Dieu voudra parfois faire une aussi grande grâce à des personnes qui sont en mauvais état, celle de les élever *à une contemplation parfaite,* afin de les arracher ainsi des mains du démon. » (manuscrit de Tolède, p. 43)

Il est possible que, pour le lecteur d'aujourd'hui, tout ce processus de retouches et de nuances apparaisse comme des mesquineries et des minuties. Il n'en est rien ; et cela ne pouvait l'être pour un écrivain comme Thérèse, pour deux motifs. Parce que, au fond du thème, se jouait la carte merveilleuse de l'attitude de Dieu devant la misère de l'homme : Dieu est-il parcimonieux avec celui qui lui a tourné le dos ? Et… parce que Thérèse avait vécu tout ce problème de plein fouet.

Voyons ce deuxième aspect.

Ce que Thérèse elle-même a vécu et souffert

Nous le savons déjà, Thérèse a, comme saint Paul, subitement, au beau milieu de sa vie, rencontré le Christ Jésus. Elle a eu de lui une expérience indicible, incompréhensible, transformatrice de tout son être.

Cet événement était un cadeau de Dieu, totalement disproportionné à la préparation ascétique et spirituelle de Thérèse ; il débordait tous ses calculs et toutes ses attentes, son humilité, ses vertus, ses mérites. Il la dépassait sous tous les aspects. Elle-même resta interdite, saisie de stupeur: « pourquoi fais-tu de semblables grâces à quelqu'un comme moi ? »

Mais le pire fut que cette disproportion entre le degré de perfection de Thérèse et sa nouvelle expérience christologique soit découverte par l'œil soupçonneux de ses conseillers théologiens. Ils la lui firent payer cher. Ils ne pouvaient comprendre ni admettre qu'une personne comme elle puisse être favorisée d'expériences christologiques comme un saint Paul ou un saint Jérôme (cf. *Vie* 38, 1).

Thérèse devra passer par des craintes et des angoisses de conscience avant de faire la lumière sur son propre cas et le vivre sereinement.

Elle arrivera enfin à la conviction que les dons de Dieu sont d'une gratuité inconditionnée, que son amour est fou, que, en fin de compte, il est pure liberté. Lorsque l'homme se demande pourquoi Dieu répartit ainsi ses dons, Thérèse a déjà une réponse implacable: « Parce qu'il le veut et qu'il agit comme bon lui semble. S'il ne trouve pas l'âme disposée, il la dispose à recevoir le trésor qu'il lui accorde. » (*Vie* 21, 9)

Ainsi, tout est clair.

Quelques années plus tard, elle comprendra que Dieu, pour octroyer son amour – un tel amour ! – à un pauvre surpris par lui en « mauvais état », le transforme complètement, le fait passer de la nuit au jour. En effet, c'est ainsi, Dieu ne concède pas à quelqu'un la grâce de l'union, l'expérience de son amour, sans le racheter de l'abîme du péché. Voici un merveilleux passage de la sainte: « *On me fit comprendre ce que c'est que l'union*: ne pense pas, ma fille, que l'union consiste à être joint à moi, car ceux qui m'offensent le sont malgré eux… Je compris que l'union est une disposition pure et dégagée de toutes les choses de la terre, où il ne se trouve plus aucune tendance contraire à la volonté de Dieu, où l'esprit et la volonté sont conformes à cette divine volonté, détachés de tout, totalement occupés de Dieu, et où il n'y a plus de trace de l'amour de soi ni d'aucune chose créée… Voici ce qu'il me semble: si, pour qu'il y ait union, il faut que notre volonté, notre esprit ne fassent plus qu'un avec l'esprit de Dieu, il est impossible que des âmes qui ne sont pas en état de grâce aient cette union ; et cependant le contraire m'avait été dit. » (*Relation* 29)

Résumons...

Dans ce chapitre, Thérèse a fondamentalement inculqué aux lectrices du *Chemin* – et à nous – deux ou trois choses :

Premièrement : sans une humilité profonde et sans vertus pratiquées dans la vie, ne te fais pas d'illusion, tu ne disposeras pas les pièces pour le jeu de l'oraison, et encore moins pour celui de la contemplation.

Deuxièmement : mais quand tu joueras avec Dieu ce mystérieux jeu d'échec de la vie, sois convaincu que tu ne lui feras pas échec et mat, bien que tu aies disposé correctement toutes les pièces. C'est lui qui se livrera par amour.

C'est ainsi, son amour est imprévisible, follement généreux : « Il ne cesse plus d'enrichir. » (n° 9)

Troisièmement : Thérèse te répète une fois de plus son refrain : « Le Roi ne se livre qu'à celui-là seulement qui, de son côté, se livre entièrement à lui. » (n° 4)

La montagne de la contemplation
(*Chemin*, chapitre XVII)

Le chapitre XVII du *Chemin* nous arrête à un paradoxe. Ce n'est pas que l'Auteur ait recours au jeu littéraire des lumières et des ombres, mais le thème – l'oraison – est lui-même paradoxal.

Le lecteur qui a suivi l'exposé du chapitre antérieur (le jeu d'échec, la dame, échec et mat au roi…) espérait certainement avoir facilement un « ticket » d'entrée dans la terre de la contemplation. Thérèse vient de lui affirmer qu'il est très possible pour Dieu d'accorder le don de la contemplation à une pauvre âme, à un malpropre spirituel, et de rééditer le cas de Saul ou de la Madeleine. Pourquoi ne le donnerait-il pas aux lectrices du *Chemin*, professionnelles de la vie contemplative qui « ne sont ici pour rien d'autre que l'oraison » ?

Pure illusion. Thérèse l'écarte net. Oui, elle maintient ce qu'elle a dit: il est possible que Dieu accorde la contemplation à quelqu'un qui est « en mauvais état » (thèse du chapitre XVI); mais, bien entendu, tous ceux qui pratiquent l'oraison « n'arriveront pas à la contemplation » (thème de ce nouveau chapitre).

Ce dernier thème est affirmé catégoriquement une fois ou l'autre. D'abord dans le titre du chapitre qui traite du fait que « toutes les âmes ne sont pas aptes à la contemplation ; quelques-unes n'y arrivent que très tardivement ». Ensuite, dans le développement du thème, après avoir rappelé aux lectrices que le groupe « s'adonne tout particulièrement à l'oraison » (n° 1), la thèse doctrinale est la suivante: « il importe beaucoup de comprendre que Dieu ne conduit pas toutes les âmes par un même chemin… Ainsi, parce que dans ce monastère toutes s'adonnent à l'oraison, il ne s'ensuit pas que toutes doivent être contemplatives. C'est impossible » (n° 2). C'est catégorique.

Et Thérèse écrit en tant que maîtresse d'oraison. Sans la moindre intention d'exposer une théorie ou de donner dans les subtilités théologiques. Au contraire, elle est convaincue d'avoir en mains un thème d'une importance pratique vitale : « le point dont il s'agit... est très nécessaire à tous ceux qui s'adonnent à l'oraison. » (n° 1)

Un point important équivaut à un grand problème, profond et quelque peu obscur. La sainte elle-même ne le résoudra pas facilement. Voyons comment.

Le problème de la contemplation pour tous

Ceux qui s'exercent à l'oraison parviennent-ils normalement à être contemplatifs ? quand et comment ?

Pour les lectrices débutantes du *Chemin*, « oraison » et « contemplation » sont des termes clairs. Pour nous, lecteurs d'aujourd'hui, ils ne le sont pas autant. Le retour aux significations particulières du vocabulaire de la sainte s'impose. Tâche facile. Pour Thérèse, *oraison – oraison vocale – oraison mentale – méditation...* sont des termes qui expriment les diverses modulations de notre rapport d'amitié avec Dieu. Par contre, « contemplation » est un terme fortement marqué par son expérience. Elle l'emploie et le comprend à partir du type de contemplation mystique qui constitue son expérience personnelle : expérience de Dieu, du Christ, de ses mystères, de la joyeuse relation de grâce qui existe entre elle et Dieu. Expérience joyeuse, savoureuse, douloureuse...

Ainsi compris, ces deux termes sont comme les deux pôles d'un processus. On commence par les formes d'*oraison* universellement accessibles. On désire l'eau vive de la *contemplation parfaite* dans l'expérience profonde de Dieu, sous l'action de sa grâce.

Voilà le problème : Comment « arriver à être contemplatifs ». Comment entrer dans cette contemplation qui est expérience de Dieu et de son mystère en Christ.

C'est un vieux problème dans les livres de la sainte. Il traverse déjà le livre de la *Vie* plus d'une fois, avec une interrogation pressante. Pourquoi Dieu ne se donne-t-il pas totalement, sans délais ni retards, à celui que se tourne vers lui et se livre à lui? Thérèse lui pose directement la question, avec une énorme charge émotionnelle: « Ô Seigneur de mon âme! Ô mon Bien! Pourquoi n'as-tu pas voulu qu'au moment où une âme se décide à t'aimer, et, dans la mesure où elle le peut, renonce à tout pour mieux s'appliquer à ton divin amour, elle ait sans plus de délai le bonheur de s'élever à la perfection de cet amour? » (*Vie* 11, 1)

Elle recommencera à lui adresser la même question au cours de sa propre expérience. Au moment où elle fait le bilan de ses péchés et des grâces reçues: « Arrivée au verset: *tu es juste, Seigneur, et tes jugements…* je songeai combien ces paroles étaient véritables… Je me demandais comment ta justice permettait qu'un si grand nombre de tes fidèles servantes soient privées des consolations et des faveurs que tu m'accordais à moi, malgré toutes mes misères. Tu m'as alors répondu, Seigneur: *Sers-moi et ne t'occupe pas d'autre chose.* » (*Vie* 19, 9)

Malgré cette réponse précise, le problème persiste. « Dieu ne fait acception de personne » (*Vie* 27, 12). Et cependant, à elle qui lui a résisté obstinément: « depuis seulement vingt-sept ans que je fais oraison, et malgré tant de faux pas et d'imperfections sur ce chemin, Sa majesté m'a donné l'expérience que d'autres y acquièrent en quarante-sept ou trente-sept ans en pratiquant sans cesse pénitence et vertu. » (*Vie* 10, 9)

Plus encore, d'un de ses disciples instruits elle affirme que le Seigneur « en quatre mois, l'a conduit bien plus loin que j'en étais moi-même au bout de dix-sept ans » (*Vie* 11, 8).

Un des cas flagrants, concernant la demande que Thérèse fit à Dieu, est celui de son amie Maridíaz, retirée du monde, pauvre, très pénitente, persévérante… et jamais favorisée des charismes contemplatifs de Thérèse. Vers la fin de sa vie, Thérèse se souviendra d'elle dans l'une de ses lettres pour consoler une autre amie qui se débat dans les aridités de l'oraison: « Je me souviens d'une sainte que j'ai connue à Avila et qui a réellement montré par sa vie qu'elle en était une. Elle avait donné pour l'amour de Dieu tout ce qu'elle possédait. Il ne lui restait plus qu'une couverture dont elle se couvrait;

elle la donna aussi et ensuite Dieu lui donna un temps de grandes peines intérieures et de sécheresses terribles. Alors elle se plaignit vivement à lui en disant : « *Tu es de ceux-là, Seigneur ! Et après que tu m'as dépouillée de tout, tu me laisses là ?* » (Lettre 449, 3)

Le problème de fond qui harcèle la sainte n'est pas celui des années de service mal payées : ne pas « mesurer notre avancement sur les années que nous avons consacrées à l'exercice de l'oraison » avait-elle écrit dans la *Vie* (39, 9). Son problème est toujours celui de l'amour. « Son Dieu est de ceux-là », de ceux qui se mesurent à l'échelle de l'amour. Mais alors… le problème se pose à nouveau : Dieu répond-il à l'amour du priant ? Est-il normal que, à celui qui est serviteur de l'amour, soit refusée l'expérience délicieuse de son amour, de sa personne, de sa mystérieuse présence ? Ou bien, comme Thérèse l'a déjà remarqué, faudra-t-il attendre trente-sept ans, quarante-sept ans ? ou encore toute la vie, comme son amie Maridíaz ?

La solution du problème dans la dynamique de l'amour

Malgré la récidive amoureuse de Thérèse posant et reposant sa demande à Dieu, elle est déjà en possession de la réponse ; une réponse invariable tout au long de ses livres : dans la *Vie*, le *Chemin*, les *Demeures*.

Dans la *Vie*, la solution lui a été donnée intérieurement par la parole qu'elle écouta : la vérité du psaume : « tu es juste, Seigneur et tes jugements sont justes », confirmée expressément par le Seigneur : Toi, Thérèse, « sers-moi et ne t'occupe pas d'autre chose ! ».

C'est cela que, pratiquement, elle répétera à ses lectrices du *Chemin* : « Si, au bout de bien des années, il lui plaît de laisser chacune de vous dans son office (aux unes la contemplation, aux autres le service et la croix)… ce sont là des jugements qu'il se réserve, il ne nous appartient pas de les pénétrer. » (n° 7)

Elle réitère en affrontant le même thème dans les *Demeures* : vous, les lectrices du *Château*, « vous désirez savoir comment l'on peut obtenir pareille faveur. Je vous dirai donc ce que j'en ai appris. Laissons de côté le cas où il plaît au Seigneur de l'accorder simplement parce qu'il le juge bon. *Il en sait la raison et nous n'avons rien à y voir*. Faites d'abord ce qui a été recommandé aux habitants des Demeures précédentes (premières, deuxièmes, troisièmes), et ensuite: humilité, humilité! C'est par elle que le Seigneur cède à tous nos désirs » (IV, 2, 8-9).

« Ce sont ses jugements – Ne t'occupe pas d'autre chose ». Double argument qui se répète comme une ritournelle et qui, apparemment, fait barrage à une réponse raisonnée.

Mais non. Ce n'est pas une pancarte de « passage interdit ». Le sens que Thérèse donne à ces paroles est de pur respect pour le mystère de l'amour. L'accès à l'expérience de Dieu (la contemplation) n'est pas une récompense accordée à nos mérites, ni le résultat de nos efforts humains, ni le résultat de techniques et de calculs, ni une promotion pour nos années de bon service. C'est un pur don d'amour pur, « un don de Dieu » par amour (n° 2). C'est une forme de son amour envers nous, absolument gratuite et exquise. Mais Thérèse elle-même n'ose pas dire que ce soit la meilleure de celles qu'il a l'habitude d'employer. En effet, vient en alternative l'autre forme de son amour, celle qui va apporter la croix et le service.

Dès le début, elle présente au lecteur deux modèles évangéliques, deux amies de Jésus, les sœurs de Béthanie: l'une le contemple, l'autre le sert. Et Thérèse argumente: si Dieu veut que tu le serves, que tu lui prépares un logement dans ta maison, afin de « lui préparer sa nourriture, le servir, manger à sa table... et peut-être dans le même plat que lui » (n° 5), ne t'introduit-il pas dans la spirale de son amour, tout comme celle qui le contemple?

Thérèse n'ignore pas que, en cohérence avec cette absolue liberté et cette gratuité de l'Amour se trouvent aussi certaines coordonnées de notre psychologie. « Il y a des esprits si volages qu'ils ne peuvent s'attacher à rien et sont dans une agitation continuelle » (n° 3). Ou, comme elle l'a écrit en épigraphe du chapitre: « ne sont pas aptes à la contemplation ».

Il suffit que dans ce cas n'entre pas non plus l'autoexclusion car la contemplation « n'est pas laissée à votre choix, mais à celui du Seigneur » (n° 7). « Elle ne dépend pas de nous! ». Pour la personne de pensée volage elle insiste: « qu'elle ne se décourage pas, qu'elle n'abandonne pas l'oraison et continue à faire ce que font les autres » (n° 2).

Mais au fond de cette réponse thérésienne il y a quelque chose de plus grave et de plus important. Peut-être qu'ici, dans le *Chemin*, l'Auteur le souligne moins. Elle l'a dit et le répétera dans d'autres œuvres: *Vie* et *Demeures*. Il s'agit des techniques de méditation profonde pour réussir l'escalade de la contemplation. Il est évident que Thérèse ne parle pas – et ne peut parler – des techniques orientales qui, de nos jours, ont envahi l'Occident. Mais déjà en son temps elle en a connu d'autres similaires: techniques pour donner un cadre à l'intelligence, pour apprendre à s'enfoncer dans l'océan de la divinité, pour élever l'esprit au-dessus de lui-même, pour provoquer le vide mental et s'efforcer de ne penser à rien... pour arriver, peu à peu, à la contemplation comme celui qui « s'exerce » à gravir une montagne ou à pénétrer dans le mystère de Dieu.

Ainsi donc, face à tous ces essais et à toutes ces techniques contemplatives, Thérèse adopte une position radicale, nettement chrétienne. Aucun effort humain, ni yogi, ni prométhéen, ni quiétiste n'est valable pour atteindre la contemplation chrétienne. L'expérience de Dieu est un pur don de son amour, absolument exempt des conditionnements humains. Dieu est imprévisible à l'extrême dans le don de son amour. Il peut l'octroyer subitement à Paul (c'est le thème du chapitre XVI) et il peut ne pas le donner à certains de ses vieux amis, pourtant admirables. Il peut le refuser tout au long de cette vie pour le donner « magnifiquement » dans l'autre.

Face à ce mystère de l'amour de Dieu, Thérèse répète une fois ou l'autre au priant et à tout lecteur du *Chemin*: notre tâche est de « nous disposer ». Nous disposer pour l'oraison, pour l'amour, pour la vie.

Parmi toutes les dispositions, il y en a une de premier ordre: l'humilité. C'est la dame du jeu d'échec. Elle joue à nouveau un rôle décisif. Voyons-le.

Humilité devant l'Amour pour atteindre la contemplation

Comme saint François canonisa pour toujours « dame pauvreté », ainsi Thérèse le fit pour « dame humilité ». Elle lui avait réservé le primat dans le trio des fortes vertus du *Chemin*: amour, détachement, humilité. « Ce point, auquel je ne donne que la dernière place, est cependant le principal et il embrasse tous les autres. » (c. 4, 4)

Elle ne l'a pas oublié. Elle ouvre maintenant ce chapitre en rappelant au lecteur qu'il est « très important », que l'humilité « est indispensable dans ce monastère ». En effet, pour le groupe de San José, « où l'on s'adonne tout particulièrement à l'oraison… il vous est utile d'apprendre à vous exercer sérieusement à l'humilité. Or le point dont il s'agit fait partie intégrante de cette vertu, et sa connaissance est très nécessaire à tous ceux qui s'adonnent à l'oraison » (n° 1).

Au fond, affleure à nouveau la consigne du chapitre antérieur : la dame qui fait capituler le roi de gloire est l'humilité. Étant donné que nous ne parvenons pas à la contemplation en escaladant, mais en étant élevés, l'humilité est la disposition fondamentale pour se laisser « conduire par ce chemin de la contemplation » (n° 1).

Et si le lecteur demande le pourquoi du rôle privilégié de l'humilité, voici la réponse de l'Auteur :

Simplement parce que l'humilité détermine l'attitude de l'esprit qui place le priant dans la vérité ; dans la vérité par rapport à lui-même et à sa vie ; dans la vérité de ses relations avec Dieu. En effet, « l'humilité c'est marcher dans la vérité », dira-t-elle catégoriquement dans les *Demeures* (VI, 10, 7). « Dieu est la vérité même », tandis que l'homme est menteur. Il en coûte au priant de se dépouiller des masques et des déguisements du mensonge avec lesquels il a enveloppé ce personnage qu'il prétend être devant les autres et devant Dieu !

Ce n'est qu'à partir de cette vérité, connue et reconnue, que l'homme peut adopter l'attitude de disponibilité absolue, dans une profonde ouverture réceptive devant Dieu, décidé à donner et à se donner. En effet, la contemplation va consister à recevoir, et non à faire, à écouter plus qu'à raisonner et à parler, dans l'expérience du don de Dieu…

Dans cette optique, Thérèse définit maintenant la fonction de l'humilité : « Qu'elles songent que la véritable humilité consiste, en grande partie, dans l'acceptation empressée de ce qu'il plaît au Seigneur d'ordonner de nous, et dans la conviction qu'on est indigne d'être appelés serviteurs. » (n° 6)

Ainsi serons-nous totalement disponibles, sans restrictions face à Dieu, sans le sommer de comparaître, sans alléguer des droits vis-à-vis du mystère de son amour ou de l'heure de ses dons, sans se munir d'un portefeuille d'actions et de titres pour se présenter à la distribution car, en définitive, « c'est une chose que Dieu donne ».

L'ultime paradoxe

Le paradoxe de fond se cache dans la trame même du chapitre. Thérèse est une contemplative. Elle est parvenue à la contemplation après plus de quatorze ans de bagarre. Maintenant elle dialogue avec son petit groupe de lectrices contemplatives et, à ces contemplatives, elle parle de la valeur de la non-contemplation, de la valeur de l'action, du service, du travail commun et ordinaire.

Elle leur rappelle que, même dans le groupe contemplatif d'un Carmel, « Dieu ne conduit pas toutes les âmes par le même chemin » (n° 2).

Il se peut que le chemin du service fraternel soit supérieur à celui de la contemplation savoureuse car « celui qui croit marcher par la voie la plus humble est peut-être le plus élevé aux yeux du Seigneur » (n° 2).

Thérèse ne peut faire moins que de rappeler aux lectrices les modèles classiques de contemplation et d'action, les deux sœurs de Béthanie qui donnent l'hospitalité à Jésus. Dans sa version des deux modèles, il est singulier que Thérèse, qui est une contemplative, s'inscrive ici en faveur de Marthe, la diligente maîtresse de maison et qu'elle fasse d'elle un portrait délicat : « Sainte Marthe était sainte, bien qu'on ne dise pas qu'elle était contemplative. Et que pouvez-vous désirer de plus que de ressembler à cette bienheureuse femme qui mérita de posséder tant de fois Jésus-Christ Notre-Seigneur dans sa maison, de lui préparer sa nourriture, de le servir, de manger à sa table ? Si elle était demeurée absorbée comme la Madeleine, il n'y aurait eu personne pour préparer le repas de cet Hôte divin. » (n° 5)

C'est pourquoi elle dira aux lectrices : « Qu'elles ne l'oublient pas, il faut quelqu'un pour préparer le repas du divin Maître, et qu'elles s'estiment heureuses de servir avec Marthe… Si contempler, faire oraison mentale ou vocale, soigner les malades, servir dans les emplois de la maison, se livrer aux travaux, même les plus vils, n'est autre chose que rendre ses devoirs à l'Hôte divin qui vient loger, manger et se délasser avec nous, que nous importe de le servir d'une manière ou d'une autre ? » (n° 6)

Elle terminera ce thème par un bilan global des deux chemins : action et contemplation. « Représentez-vous que cette communauté est la maison de sainte Marthe et qu'il doit y avoir divers offices. Celles que Dieu conduit par la vie active ne doivent pas murmurer contre celles qu'elles verront abîmées dans la contemplation. » (n° 5)

C'est, sans doute, une nouvelle clé de lecture pour le chapitre entier. La sainte a le souci d'exposer clairement l'engrenage action-oraison dans la vie quotidienne d'une communauté strictement contemplative, mais composée nécessairement de Marthe et de Marie. Aux Marie, très contemplatives, elle parlera des excellences du service : la grande chance de loger le Seigneur et de lui donner à manger. Aux Marthe, tentées par l'oisiveté contemplative de Marie, elle égrènera le chapelet des choses importantes :

– « Ne pas murmurer contre celles qu'elles verront abîmées dans la contemplation. »

– Le service fraternel a une valeur incalculable, c'est « servir l'Hôte divin ». « Que voulez-vous de plus ? »

– En servant… « une âme de manquera pas d'être très parfaite ».

– Quant à la grâce de la contemplation, peut-être que « Notre-Seigneur vous garde cette joie pour l'ajouter à toutes celles qui vous attendent dans le ciel » (n° 7).

– Mais, attention, que cela ne soit pas un prétexte pour faiblir dans la pratique de l'oraison, « vous devez vous exercer » ; « vous disposant à la contemplation par cette vie parfaite que nous avons indiquée » ; « qu'elle ne se décourage pas, qu'elle n'abandonne pas l'oraison et continue à faire tout ce que font les autres… »

Souvenons-nous. Quand Thérèse écrit ce chapitre elle est, comme prieure de San José, la première aux travaux de balayage, de cuisine et aux emplois les plus humbles. Expérience qu'elle résumera plus tard dans le fameux dicton : « Si c'est à la cuisine que l'obéissance vous emploie, comprenez bien que Notre-Seigneur est là, au milieu des marmites, qui vous aide et à l'intérieur et à l'extérieur » (*Fondations* 5, 8).

Contemplation et stratégie de Dieu
(*Chemin*, chapitre XVIII)

Le problème moderne formulé par le binôme « contemplation – service », ou bien « vie contemplative – activité apostolique » est exposé d'une manière un peu différente dans le *Chemin* de sainte Thérèse. Pour elle et dans l'optique de son Carmel de San José, la tension se crée bien davantage entre « orantes contemplatives » et « orantes en service actif ».

Thérèse elle-même se trouve prise dans la spirale de cette tension. Elle écrit, mi-polémiste, mi-conciliatrice, comme mère et maîtresse du groupe, s'efforçant de prendre une attitude neutre: « Je suis au courant de ce qui concerne les uns et les autres » (n° 1), experte qu'elle est en services manuels et en contemplation. Mais instinctivement elle se place du côté des contemplatifs. Ce sont eux les plus mal compris des autres et c'est aux autres qu'elle va précisément donner la leçon du chapitre XVIII du *Chemin*. « Ceux qui sont dans la vie active voient-ils ces âmes recevoir un peu de consolation, ils s'imaginent, je pense, que toute leur vie s'écoule ainsi. » (n° 3)

Eh bien, ils se trompent. Dès le début du livre, Thérèse s'est efforcée de leur assurer que l'oraison et la contemplation sont, en elles-mêmes, un haut service d'Église. Maintenant elle leur certifie que la contemplation n'est pas seulement béatitude, mais encore qu'elle apporte avec elle une forte charge de peines.

Ce sera le sujet du chapitre: « Les souffrances que Dieu envoie aux contemplatifs sont insupportables » (n° 1). Elles sont telles que si lui-même ne les accompagnait d'un fort assaisonnement de béatitude, « ils ne pourraient tenir ».

C'est pourquoi, à celui qu'il introduit dans les formes élevées de l'oraison chrétienne, « le Seigneur commence par donner du courage », il lui donne la force car ensuite il va lui donner la croix. Cela parce que « délicatesse et oraison ne vont pas ensemble » (c.4, 2) : « Se persuader qu'il admette dans son intimité des personnes qui mènent une vie douce et n'ont rien à supporter, ce serait absurde. » (n° 2)

Que cette thèse soit bien claire. Elle est comme une maxime thérésienne, la quintessence de son expérience personnelle. Du point de vue doctrinal, elle fait partie de son évangile de l'oraison. Elle le répétera constamment, jusque dans les dernières pages des *Demeures*. Elle est aussi valable pour le commençant que pour celui qui a pénétré dans l'ultime demeure du château de l'oraison.

Il faut savoir que la montagne de la contemplation est Thabor et Calvaire ; que l'escalade des formes élevées de l'oraison comporte, à un degré éminent, les deux choses : béatitude et croix.

Ainsi s'explique la coexistence des deux choses dans la vie du contemplatif. Pour que les priants purifiés soient capables de supporter les peines, Dieu leur donne, non plus de l'eau, mais « du vin, afin qu'en proie à l'ivresse ils perdent le sentiment de leurs souffrances et soient en état de les supporter » (n° 2).

Le jeu des images

« Eau vive » et « vin enivrant » sont deux images bibliques de prédilection de la sainte. Elles réapparaîtront dans le livre ; ici, elle les insinue sans les exploiter.

Pour le moment, afin de s'expliquer à son aise, Thérèse se retourne vers d'autres images, tout aussi réalistes et spirituelles. L'une est prise de la vie militaire, l'autre des subterfuges des économistes de son époque.

Avant de les lire dans le texte thérésien, rappelons la fonction que leur confie l'Auteur dans la trame de sa pédagogie spirituelle. Nous avons observé déjà, dans les chapitres précédents, que la pédagogie du *Chemin* vise deux buts : former pour la lutte de la vie et préparer les lectrices au repos savoureux de la contemplation. La trempe du priant doit tenir de l'acier, de la combativité ascétique, de la force évangélique. Mais elle doit avoir un second aspect fait d'amour, de douceur mystique, d'ouverture au mystère. Deux choses : ascèse et mystique. Une détermination déterminée et la grâce de l'eau vive.

Afin d'inculquer cette double composante dans la trempe que Thérèse veut pour elle et pour ses lectrices, elle a recours à une double imagerie fondamentale : des images de lutte et de guerre d'une part, et des images d'idylle et de mystère d'autre part. « Ici nous venons pour combattre », leur dira-t-elle. « Toutes cloîtrées que nous sommes, nous combattons » (c.3, 5). Et, en même temps : « cette maison est un ciel » (c.13, 7), « un petit coin de Dieu… paradis de délices », avait-elle écrit dans la *Vie* (35, 12). Verger et oasis.

Les deux séries d'images alterneront dans les chapitres centraux du livre. Ici, dans ce chapitre XVIII, il y a un croisement apparent d'images et de contenus. Elle veut souligner que la contemplation n'est pas seulement idylle et mystère, mais encore lutte et peine dans la bagarre.

Pour cela, elle introduit l'image unique de la stratégie de Dieu dans sa relation amoureuse avec les priants, contemplatifs ou actifs, comparable à celle du roi qui déploie son armée. Le roi, bon stratège, connaît chaque combattant et lui assigne le poste adéquat. Celui-ci, capitaine ; cet autre, porte-drapeau ; les autres, soldats.

Au passage, Thérèse a une parole de tendresse pour les pauvres soldats qui servent le roi de la terre : « ces malheureux meurent et ensuite, Dieu seul sait comment on les paie ! » (n° 3 de la première rédaction).

Nous…, porte-drapeaux à la manière divine

Mais dans ce cadre stratégique – du moins dans l'optique de Thérèse – la pièce qui l'intéresse est le porte-drapeau.

Dans les régiments de son temps, le porte-drapeau était responsable du drapeau. Un contemporain de la sainte, Cobarruvias, dans le *Tesoro de la Lengua Castellana o Española*, le décrivait longuement ainsi :

« Nous appelons communément porte-drapeau celui à qui le capitaine remet le drapeau que les hommes ont institué depuis bien des siècles afin que les compagnies se rassemblent et pour qu'accourent en un même lieu tous ceux qui combattent sous le même drapeau. Il incombait au capitaine de porter le drapeau, mais comme il devait faire face à diverses fonctions, il fut remplacé par celui que nous appelons porte-drapeau. Celui-ci est subordonné au capitaine et ne peut se déplacer sans son ordre et son commandement. Tous ceux qui combattent sous cette enseigne doivent la suivre et on donne au porte-drapeau les noms suivants : porte-insigne, porte-étendard, primipile, guide. Les romains eurent différentes enseignes auxquelles correspondent nos drapeaux. La principale était celle de l'aigle nous dirions maintenant la bannière ou étendard royal. Ceux qui portaient cette enseigne s'appelaient aquilifères. Il pourrait y avoir quelque ressemblance avec celui que la règle de la partie XVI, tit. 9, part. 2 appelle premier porte-drapeau et dont il est dit : le même doit porter l'insigne chaque fois que le roi est sur le champ de bataille, etc. »

Thérèse fait la synthèse de tout ce passage en deux traits : « Le porte drapeau… ne se bat pas mais il n'en court pas moins le plus grand danger ; portant l'étendard sans pouvoir se défendre, il doit se laisser mettre en pièces plutôt que de l'abandonner. » (n° 5)

Ainsi donc, dans les batailles spirituelles, le porte-drapeau est le contemplatif. « Il doit porter haut l'étendard de l'humilité et recevoir tous les coups qu'on lui porte sans en rendre aucun. Son office est de souffrir comme Jésus-Christ a souffert, de tenir la croix élevée sans l'abandonner jamais, si imminent que soit le danger. » (n° 5)

La sainte l'avertit avec un ton de capitaine en fonction : « Qu'ils prennent garde à eux. S'ils abandonnent l'étendard, la bataille est perdue ! » (n° 5)

Le contemplatif (ou plutôt, la contemplative) identifié au porte-drapeau, l'image devient un petit traité de combativité spirituelle. Le contemplatif n'est pas et ne peut être un évadé du champ de bataille de la vie, un installé dans l'oasis du confort. Il est chargé de dresser un signal dans la grande marée de la vie, au milieu de tous ceux qui luttent pour la vivre et la gagner. « Les chefs attirent tous les regards. » (n° 6)

Et... les finances de Dieu

L'autre image est, à première vue, déconcertante. Thérèse la prend au monde financier. Ce n'est pas pour rien qu'elle est la petite-fille de marchands tolédans.

Elle a rappelé, il y a un instant, le salaire du soldat et combien le paye mal le roi de la terre. Il n'en est pas ainsi du Roi du ciel que Thérèse voit toujours comme un magnifique payeur. « S'agit-il de rémunérer nos services, il est si exact que si vous avez levé les yeux vers le ciel avec un souvenir du cœur pour lui, il ne manquera pas... de vous en récompenser » (c.23, 3). Elle dira plus loin : « Oh ! quel bon payeur que notre Dieu ! et qu'il sait bien dépasser la mesure. » (c.37, 3)

Mais la générosité de Dieu suppose de notre part une petite liste de valeurs ou de services. Il importe de bien comprendre, de ne pas confondre la gangue avec le métal fin, de ne pas embrouiller les titres de paiement. Thérèse dira : de ne pas confondre les « rentes perpétuelles » avec les « redevances rachetables ».

Apparemment, il est facile, dans la vie spirituelle, de tomber dans cette inversion. Cela est aussi facile dans la vie d'oraison. Ainsi donc, il est bien clair que les « rentes perpétuelles » – valeurs incontestables – sont les vertus du priant. Elle les énumère : joie dans le service, humilité, mortification, obéissance, disponibilité et soumission au plan de Dieu. Les « redevances rachetables », c'est-à-dire les redevances de valeur caduque ou douteuse, sont les lampions et les jeux de lumière qui accompagnent l'oraison du contemplatif : les goûts, les ravissements, les visions et toutes les grâces semblables (n° 7).

La pierre de touche de la vie chrétienne et de l'oraison c'est, par conséquent, les vertus du quotidien, celles qui authentifient l'évangile de la vie.

Ce sont elles qui comptent sur la feuille de service, tant celle du priant contemplatif que celle de l'humble priant actif.

Le manuel de tout priant

Il est facile de descendre du langage des symboles à la vérité de la vie, l'unique qui puisse alimenter celui qui chemine et le maintenir dans l'entreprise du *Chemin*.

D'abord, le priant n'est pas un trafiquant de l'amitié de Dieu. Il n'exige rien et n'impose rien à l'Ami, mais il se fie en lui et lui laisse l'initiative: « laissons faire le Seigneur » (n° 6). « Il nous connaît mieux que nous-mêmes » (première rédaction). Celui qui entre dans le chemin de l'oraison doit s'éduquer à la disponibilité, jusqu'à l'abandon total.

Qu'il se livre, mais qu'il ne capitule pas; qu'il ne faiblisse pas. L'oraison doit lui forger une trempe pour la lutte et la persévérance. La sainte le répétera avec insistance aux deux types de priants avec lesquels elle dialogue: celui de l'oraison facile et élevée et celui de l'oraison exténuante, non contemplative: « Comprenez bien que nous devons toutes faire des efforts pour arriver au but qui nous est proposé, car nous ne sommes pas ici pour autre chose. Et ce n'est pas seulement pendant un an ou deux, ni même dix, que ces efforts doivent durer. Autrement nous aurions l'air de poltrons qui abandonnent l'entreprise. Il faut au contraire que le Seigneur voie bien que nous faisons ce qui dépend de nous. » (n° 3)

Autre trait de physionomie. Le priant doit acquérir la capacité de supporter et d'affronter les peines de la vie, y compris d'encaisser les coups. En effet, tant l'oraison que la vie chrétienne sont des entreprises contresignées par la croix. Le priant a de plus en plus conscience de la lutte inhérente à la vie. Plus il avance dans l'oraison, plus intense et moins violente sera son implication dans la bagarre. Sans armes défensives, il devra assumer plus pleinement les responsabilités et les revers des autres.

Enfin Thérèse a tracé quelques traits fondamentaux, nettement dessinés, qui doivent définir le visage du priant: allégresse, humilité, joie devant les succès des autres, service, mortification, obéissance.

L'eau vive de la contemplation
(*Chemin*, chapitre XIX)

Nous arrivons enfin à l'oraison. Au début du chapitre XIX, nous lisons dans l'épigraphe: « On commence à traiter de l'oraison ». « *On commence...* », presque à la moitié du *Chemin* !

Il est normal que le lecteur fasse une halte, fasse des rapprochements et entame un règlement de comptes avec l'Auteur. Le *Chemin* est, au fond, une pédagogie élémentaire de l'oraison et elle a consacré dix-huit chapitres à nous parler de la vie du priant, de ses comportements et de ses attitudes fondamentales : se situer en plein dans la houle de l'Église et du monde ; être béatifiquement pauvre ; être lutteur dans la bataille, presque bagarreur pour défendre les idéaux évangéliques. Il faudra cultiver l'amitié avec les frères afin de rendre possible l'amitié avec Dieu. Il faudra être libre et détaché: renonçant à tout pour se donner totalement au Tout. Il faudra être humble, c'est-à-dire capable de marcher en vérité ; être disponible aux plans de Dieu sur sa propre vie...

Tout cela et un assez grand nombre de choses supplémentaires comme provisions de route dans la besace du chercheur de la perle précieuse qu'est l'oraison.

De cette dernière – de l'oraison – elle n'a encore dit que peu de chose. Mais, sans que le lecteur l'ait à peine remarqué, une fois ou l'autre, Thérèse l'a déjà enrôlé dans l'oraison. Dès le premier chapitre, il sait parfaitement comment prie cette femme. Il a prié avec elle: « Ô mon Rédempteur... Que sont devenus aujourd'hui les chrétiens ? ». Il a assisté à ses soliloques et, peu à peu, il s'est aperçu qu'elle a une manière particulière de prier, par des exclamations qui jaillissent, par des attitudes étonnantes devant le mystère de Dieu présent dans les choses et dans l'histoire; et cela, soit qu'elle demande ou intercède, soit qu'elle loue, bénisse ou complimente son Seigneur.

C'est ainsi que prie une contemplative, et c'est précisément cette manière de prier qu'elle va maintenant expliquer au lecteur. Elle va commencer par l'oraison contemplative en se fondant sur le fait que beaucoup de lecteurs tiennent pour difficile l'autre forme d'oraison où il faut méditer et discourir. Elle va leur dire: pour vous, précisément, c'est la contemplation qui doit être votre oraison.

À la fin du chapitre elle éclairera la raison de cette mise au point: l'oraison contemplative est le but final de tout priant. C'est comme une source d'eau vive que l'on attend quand on se trouve en pleine route.

Une source... de l'eau ou du feu?

Le thème du chapitre se transforme. La contemplation est une source. Elle est l'eau vive, intarissable. Et elle est un feu inextinguible. Thérèse en parle par images, comme s'il était nécessaire de l'envelopper de poésie. Elle évolue entre les symboles et l'émotion lyrique, profondément religieuse. De fait, il en est ainsi: sans que Thérèse soit poète – elle le reconnaît elle-même – certains thèmes lui imposent le langage poétique et, avec lui, une extraordinaire pédagogie de l'oraison, remplie de poésie.

C'est ainsi. L'oraison contemplative est une eau vive pour la soif du priant. Une eau qui doit être captée à la source même, à partir d'efforts, de persévérance et d'une humble constance batailleuse, l'emportant sur les ennemis qui s'interposent au début, au milieu et à la fin du chemin.

Cet entrecroisement d'images – idylle de la source et militarisme du combat – augmente jusqu'aux extrêmes du paradoxe. La contemplation creuse chez le priant une extraordinaire soif de Dieu, jusqu'à provoquer une sorte de soif d'elle-même: la soif d'avoir soif. « Avec quelle soif désire-t-elle cette soif! ». « Elle dépasse de beaucoup tout ce que la soif naturelle peut nous faire concevoir » (n° 2). Plus encore:

c'est une soif d'eau et de feu. L'eau pour l'apaiser et le feu pour l'enflammer. Un feu de « goudron » qui a besoin d'eau pour brûler davantage...

Après ce ballet d'images, non seulement Thérèse s'est dénoncée elle-même – C'est elle qui s'écrie : « avec quelle soif désire-t-elle avoir cette soif ! » – mais encore elle envoie aux lectrices un double message de doctrine et de vie. Dans l'engrenage même de l'oraison chrétienne, il y a des ressorts puissants qui répondent à des motions de l'Esprit et qui sont capables de mouvoir en nous des couches profondes d'amours et de désirs insoupçonnés. Il n'y a pas d'oraison contemplative de vérités froides, mais l'entrée dans la contemplation éveille et entretient l'amour, les désirs, le sens de Dieu et l'élan vers l'infini qui sommeille, endormi, dans l'esprit de l'homme. La contemplation est un retournement de l'être du priant qui va se sentir appelé en présence de Dieu et requis pour l'amour.

Tout cela et encore davantage, Thérèse a besoin de le transmettre au lecteur sous le couvert de quelques images qui s'éclaireront peu à peu, non seulement au fil de la lecture, mais encore dans la mesure où il vivra et avancera plus avant dans l'oraison.

Le retour à l'expérience personnelle de la source...

Comme dans bien d'autres passages du *Chemin*, la pédagogie exige un peu d'autobiographie, c'est-à-dire une correspondance directe avec l'expérience de vie de celui qui écrit. Thérèse fait cette transposition sous le couvert de l'anonymat. « Je sais d'une personne que... », ou « je connais une personne qui... »

Dans ce chapitre : l'amour de Dieu et le désir de le posséder peuvent croître au point que la nature ne puisse les supporter : « J'en connais une à qui cela serait arrivé si Dieu ne l'avait rapidement secourue en lui prodiguant cette eau vive en grande abondance » (n° 8). La sainte décrit son ravissement avec tant de détails qu'ils permettent de voir en direct ce qu'est la flambée de la contemplation lorsqu'elle s'éprend, d'abord par le fait de « s'ouvrir à la vérité » (*Vie* 20, 29), et ensuite par la force de l'amour. Voici ces deux traits, dans la double ligne de la connaissance et de l'amour.

Dieu agit comme si l'âme s'approchait rapidement de lui et « en un instant, il lui enseigne plus de vérités, lui donne sur le néant de toutes choses plus de lumière qu'elle aurait pu en acquérir en bien des années » (n° 7).

Dans la spontanéité du premier récit, elle avait écrit : « Je connais une personne qui comprenait clairement qu'il était possible de mourir de soif et à qui cela serait arrivé, si Dieu ne l'avait pas secourue rapidement avec cette eau vive, en si grande abondance qu'elle la faisait entrer en extase. » (n° 8)

Que le lecteur suspende sa lecture du *Chemin* et revienne aux récits identiques de la *Vie* (20-21 et 38-40). Il y trouvera des confidences passionnées.

Le retour à la Bible

Les deux choses, le thème de l'oraison contemplative et sa propre expérience, n'ont pas dans la seule Bible leur source d'inspiration ; mais pour Thérèse, la Bible est la patrie d'origine des contemplatifs. Elle y lit les promesses de l'eau vive que Jésus offre à tous sans exception (n° 15). Elle trouve l'assurance de la fidélité de Dieu : « le Seigneur est fidèle » (n° 13) ; il ne laissera pas dans l'erreur celui qui cherche la vérité ni mourir de soif celui qui le désire de tout cœur.

Mais, par-dessus tout, c'est dans la Bible que la sainte trouve les grands types du priant contemplatif. La Samaritaine qui parle avec Jésus et qui soudain se sent pressée par la soif de l'eau vive qu'il lui promet. Plus spécialement saint Paul, pressé lui aussi par le désir de voir Dieu au point de ne pas savoir s'il choisit la mort pour « être avec le Christ », ou la vie pour le servir. Cette tension entre les désirs et les services appartient aussi, selon Thérèse, à l'essence de l'oraison contemplative. Elle-même s'identifie à l'Apôtre ; elle a si souvent évoqué les expériences pauliniennes pour expliquer la sienne propre : « si une créature telle que moi, dont la charité est si tiède… éprouve cependant, grâce à cette lumière dont Dieu l'a éclairée, une douleur si vive de se voir retenue dans l'exil, que ne devaient pas éprouver les saints ? que ne devait pas souffrir un saint Paul ? » (*Vie* 21, 7). Pressée par la soif de l'amour et par les désirs, « elle ne sait comment fuir ; elle se voit enchaînée, prisonnière. Comme elle sent vivement la captivité où nous tiennent le corps et la misère de cette vie! Comme elle comprend saint Paul suppliant Dieu de l'en délivrer! Elle joint ses clameurs aux siennes, elle implore de Dieu la liberté » (*Vie* 21, 6).

Les trois propriétés de l'eau vive: l'action de la contemplation chez le priant

Pour sainte Thérèse et pour le lecteur, il est clair que l'oraison façonne la vie, que le priant, s'il est cohérent, devient peu à peu semblable à l'Ami qui se donne à qui le suit.

La contemplation sculpte la personne du contemplatif avec des traits nouveaux car, avec la contemplation, entrent en jeu des forces nouvelles, supérieures, qui transforment profondément l'être.

Afin de dire cela au débutant contemplatif, Thérèse reprend le langage figuratif. Pédagogie enveloppée de poésie. Elle lui parle des propriétés de l'eau; trois propriétés particulières parmi les nombreuses qu'elle a remarquées. « J'ai un attrait particulier pour cet élément; aussi l'ai-je observé avec une attention spéciale », confessera-t-elle dans le *Château intérieur* (IV, 2, 2). À condition toutefois que les trois propriétés deviennent plus complexes en se transformant en caractéristiques de l'oraison contemplative. Thérèse les définira plus ou moins ainsi:

Premièrement, les propriétés de l'eau, observées par elle avec une attention toute féminine, sont: « de rafraîchir; quelque chaleur que nous ayons, le contact de l'eau nous l'enlève » (n° 3); « de purifier les choses souillées; si elle venait à nous manquer pour cet usage, en quel état serait le monde? » (n° 6); « d'étancher la soif et de la faire disparaître. La soif, me semble-t-il, c'est le désir d'une chose dont nous avons un pressant besoin, et dont nous ne saurions, sans mourir, rester entièrement privé » (n° 8).

Transposées à la contemplation, une seule des trois propriétés se maintient linéairement, la seconde. En effet, si l'oraison, parce qu'elle est relation d'amitié avec Dieu, nettoie et purifie, la contemplation, étant déjà « eau vive, eau céleste, eau limpide qui tombe du ciel », purifie et nettoie tout et laisse l'âme claire et pure « de la fange et de la misère où ses fautes l'avaient plongée » (n° 6).

Pour la simple raison qu'elle approche le priant du mystère de Dieu et l'unit à lui (n° 7).

Les deux autres propriétés deviennent complexes, presque paradoxales, comme le symbolisme même de l'eau. L'oraison contemplative est une eau qui rafraîchit et incendie. Elle est eau et feu fortement associés dans le but d'apaiser les passions et d'enflammer les désirs, l'amour, la faim et la soif de la vérité. Et à partir de la vérité, la liberté intérieure et la domination de toute la terre et de ses éléments. C'est une manière de souligner que la contemplation se nourrit de vérité et d'amour et qu'elle renouvelle les liens profonds qui unissent le priant, non seulement avec Dieu, mais encore avec toutes les réalités créées.

La troisième propriété est aussi double et paradoxale. La contemplation est eau et soif. Eau qui excite la soif et dilate le vase des désirs. Aspect dynamique de l'oraison contemplative. C'est elle qui fait naître une tension profonde entre l'esprit humain et sa radicale indigence devant Dieu. C'est elle qui cause une « soif impétueuse » comme celle de saint Paul, capable de conduire aux portes mêmes de la mort.

Ainsi, l'espace de la contemplation que Thérèse s'efforce de définir devant le commençant, comme un flot de désirs et un appel d'amour, est infiniment loin du cliché déformant et quelque peu répandu de la contemplation douillette et platonique, située aux antipodes des désirs ardents et des occupations humaines.

Le langage du groupe des priants
(*Chemin*, chapitre XX)

Style et langage sont des termes qui émaillent le lexique du *Chemin*. De plus, ce sont deux cibles de la pédagogie thérésienne de l'oraison.

Déjà dans les chapitres antérieurs (principalement en commentant le chapitre XIII du livre) nous avons trouvé la consigne du « style ». Le *style de la vie dans un groupe* contemplatif et érémitique, capable de modeler dès le départ la vie commune des lectrices du Carmel de San José. De là découlait ce que le grand maître de la langue, Ramón Menéndez Pidal définissait comme « volonté de style érémitique » dans la manière typique d'écrire qu'adopta sainte Thérèse, mais qui, en définitive, serait une résultante et un pur dérivé de ce qu'elle s'imposa comme manière d'être et de vivre et qu'elle décida, coûte que coûte, de transmettre au groupe des lectrices du *Chemin*. Nous l'avons déjà dit.

Maintenant, dans ce chapitre XX, elle leur parlera, avec une répétition intentionnelle dans le vocabulaire, du « langage » du groupe, de « votre relation et votre langage », « vos entretiens », « cette langue » que doivent parler ceux qui cheminent vers la source d'eau vive. Apprendre cette langue. L'enseigner. Ne pas se tromper de langage et ne pas s'arrêter à celui qu'on parle dans le monde. Ne pas confondre le « langage » de la maison et la « langue arabe » du dehors…

Passer du « style » au « langage » équivaut à passer de la forme au fond. Se préoccuper, non pas tant des manières et des modalités, mais des contenus. Les contenus de la relation et de la vie commune dans un groupe de contemplatives, comme le sont les lectrices immédiates du *Chemin*.

Ces contenus découlent comme des postulats impérieux du projet fondamental du groupe de priantes. Elle le leur dira en deux affirmations successives. Ainsi : « nous ne sommes pas ici pour autre chose » que pour marcher vers la source abondante de la contemplation ; et ce désir ardent de la source détermine notre langage : « ne parler que de Dieu ». Suivons le fil de ces deux consignes : celle de la source et celle du langage.

« Nous ne sommes pas ici pour autre chose »

Avec une cadence répétitive et intentionnelle, notre Auteur formule cette sorte de slogan. Tous les deux chapitres. Dans le chapitre XVI, 12 : « nous n'avons pas eu d'autre but en venant dans ce monastère, allons au travail ! ». Dans le chapitre XVIII, 3 : « Comprenez bien mes paroles : nous devons toutes faire des efforts pour arriver au but qui nous est proposé, car nous ne sommes pas ici pour autre chose. Et ce n'est pas seulement pendant un an ou deux, ni même dix, que ces efforts doivent durer ». Et de nouveau maintenant, dans le chapitre XX, 2 : « ce n'est que pour combattre que vous êtes venues ici… résolues à mourir plutôt que de renoncer à atteindre le but ».

Ainsi donc, ce grand projet pour lequel les lectrices sont ici, c'est de cheminer vers la source. Ou bien en images de croisades : elles sont ici pour combattre à cause de la source, du chemin qui conduit à la source et de l'eau vive de la source…

Nous savons déjà la signification thérésienne des deux images : « combattre » et « désirer ardemment la source ». Sans doute, le symbolisme le plus doctrinal et pédagogiquement le plus efficace est celui de la deuxième image. La source et l'eau sont polyvalentes : elles signifient l'oraison parfaite, la grâce de la contemplation, l'expérience de Dieu, l'union au Christ et, avec elle, la perfection chrétienne et la sainteté.

Dans la ligne de l'oraison, la source est, avant tout, la grâce de la contemplation. Comme objectif de la vie contemplative.

Dans ce sens précis, la source est-elle pour tous ? Toutes les lectrices sont-elles convoquées pour boire l'eau vive ? N'a-t-elle pas dit à ses lectrices : « parce que dans ce monastère toutes s'adonnent à l'oraison, il ne s'ensuit pas que toutes doivent être contemplatives » (17, 2)? Est-ce que maintenant elle se rétracte ou se contredit?

Non, elle ne se contredit pas. Elle tire au clair le thème compliqué de l'appel universel à la contemplation et elle le résout graduellement par des termes plus pratiques que théoriques.

Premièrement, avec une sorte de solution concrète et propre à sa maison. Ici, dans son propre carmel, toutes les lectrices sont contemplatives comme elle. Elles ne jouissent pas toutes – et ne jouiront pas – de sa formidable expérience mystique. Elles ne vont pas à la source par le même chemin que le sien, car nombreux sont les chemins, et même dans la vie contemplative, il y a « Marthe et Marie ». Mais attention! il y a d'autres chemins qui conduisent à l'eau vive; il n'y a aucun priant qui soit exclu de la source et de ses environs ou qui soit destiné par avance à une soif perpétuelle dans le désert de la vie. Il y a tant de manières d'arriver à l'eau vive de la contemplation: sources abondantes, rivières et ruisseaux, y compris les « petites mares pour enfants » en pleine prairie. C'est pourquoi elle insistera sur la consigne: que personne ne cesse de faire des efforts, que personne ne se dispense de combattre, « résolues à mourir plutôt que de renoncer à atteindre le but » si le cas se présente.

La *seconde* solution se situe sur un plan supérieur: la théologie de la contemplation. Oui, nous sommes tous appelés à la contemplation, sans exception. Appelés « publiquement et à grands cris » (n° 2), comme le faisait Jésus sur le seuil du temple: « que celui qui a soif vienne à moi et qu'il boive » (Jn 7, 37). Seulement il est également vrai que l'eau offerte par Jésus est « grâce », pur don de sa part, et, en tant que tel, distribué par lui sous le régime de l'amour. À celui-là plus, à cet autre moins; à l'un très tôt, à l'autre tardivement; tout au long d'une période qui embrasse cette vie et l'autre. De sorte que « le Seigneur pourra bien vous laisser endurer quelque soif en cette vie (y compris « sans arriver à la source », comme elle l'avait écrit dans le brouillon du livre), mais dans la vie qui ne finira pas il vous abreuvera de cette eau en abondance » (n° 2).

Mais que cela soit bien clair: quand réellement on chemine vers la source, personne ne meurt de soif (n° 2), bien que cette garantie ne doive pas diminuer la valeur de ce que l'Auteur vient d'écrire au chapitre précédent: sur ce chemin, avoir soif est déjà en soi une chose très importante.

L'autre consigne: « Ceci est votre conversation et votre langage... »

Il conviendrait de lire, crayon en main, cette deuxième partie du chapitre (n° 3-6), afin de souligner le refrain « conversation et langage » avec ses multiples variantes.

En récapitulant nous aurions ce résumé: les lectrices du *Chemin,* qu'elles désirent former un groupe de priantes ou qu'elles le soient réellement, doivent avoir un « langage » personnel. Un langage caractérisé, non par des règles de grammaire et de rhétorique, mais par un motif thématique: c'est un langage qui consiste à « parler de Dieu ». Non seulement « les sœurs dans leurs entretiens doivent revenir souvent sur cette vérité », comme le demande le titre du chapitre, mais encore elles doivent être attentives à l'apprendre et à ne pas le désapprendre dans l'échange dialogal avec ceux du dehors, ou avec ceux qui ne sont pas intéressés par l'eau de la source, afin que ceux-là aussi apprennent le langage du groupe.

À première vue ces quelques affirmations paraissent surprenantes. Par exemple celles-ci: « elles sont obligées à ne parler que de Dieu – Telle est la conversation, tel est le langage que vous devez avoir – Que ceux qui voudront traiter avec vous les apprennent – Gardez-vous d'apprendre les leurs: ce serait pour vous un enfer » (n° 4) – Votre conversation doit être l'oraison. C'est concluant.

Pour le lecteur attentif, la surprise va s'inverser. Parler de Dieu, c'est purement et simplement faire de la théologie, non pas académique et selon un manuel, mais d'une manière vivante: « la parole sur Dieu » à partir de la vie, de l'esprit et du cœur; au long de la route, tandis que nous l'attendons et le désirons, lui-même, objet véritable et central de notre désir de la source. « Parler de Dieu » est le prélude normal du « parler à Dieu ». En effet, si parler de lui est théologie, parler à lui est oraison et le chemin vers la source est fait des deux choses. L'une et l'autre marquent le pas du groupe priant et cisèlent son « langage ».

Ainsi, le langage propre créé par Thérèse pour le groupe priant s'articule sur cette double charnière : parler de Dieu et parler à Dieu.

À cette altitude du *Chemin*, ni cette consigne ni la pensée qui la sous-tend ne constituent un thème improvisé. Elles ont un enracinement profond et lointain dans l'expérience thérésienne. Il suffit de lire les premières pages de son autobiographie pour constater ses goûts : « Jamais je ne me lassais de parler de Dieu et d'entendre parler de lui » (*Vie* 8, 12). « J'aimais à traiter et à parler des choses de Dieu » (6, 4) ; « je parlais souvent de lui » (8, 3) ; « je ne trouve plus de plaisir qu'à m'entretenir de lui » (10, 5). Dès ce moment, en esquissant pour la première fois le visage du groupe réuni à San José, elle a défini ainsi leur langage de professionnelles de la contemplation : « Elles ne savent parler que de Dieu » (36, 26). Elle étend cette consigne au-delà du Carmel, à tout groupe d'oraison : « J'engagerais donc les personnes qui font oraison à rechercher, surtout dans les commencements, l'amitié et le commerce de celles qui s'y adonnent aussi » (7, 20).

De même que d'autres se procurent des amis pour des conversations et des affections humaines, même si elles ne sont pas très bonnes, « pourquoi interdirait-on à ceux qui se mettent sérieusement à aimer et à servir Dieu de prendre, eux aussi, des confidents de leurs joies et de leurs peines, car les unes et les autres se rencontrent dans les âmes qui s'adonnent à l'oraison » (7, 20).

Ainsi, comme dans le cas de la théologie académique, ce « parler de Dieu » est un anneau qui s'agrandit jusqu'à rendre possible de parler de tout et de tous, mais « en Dieu ».

Langue arabe et anti-arabe

Ce n'est pas la première fois que l'Auteur utilise ironie et humour dans les pages du *Chemin*. La langue arabe, c'est l'autre langage, celui que parlent ceux qui ne sont pas intéressés par l'eau vive de la source. Vous, lectrices, n'apprenez pas ce langage, qu'eux plutôt apprennent le vôtre. Vous y gagnerez et eux aussi y auront du bénéfice.

Au temps de la sainte, « langue arabe » avait une signification et des implications sociologiques héritées en grande partie de l'histoire récente. Dans la péninsule il y avait encore des morisques qui parlaient l'arabe. Était également encore très vivant le souvenir des chrétiens résidant en terre des Maures et qui parlaient l'espagnol. Le croisement des deux langues n'était pas seulement une juxtaposition de deux idiomes coexistants et irréductibles entre eux, c'était l'indice de deux cultures trop différentes pour se comprendre. Avec de grandes chances de s'engloutir l'une l'autre.

Dans ce contexte, « langue arabe » équivaut pour la sainte à un langage de non-chrétiens, difficilement intelligible et peut-être avec des éléments toxiques pour l'esprit. Ici, dans cette page du *Chemin*, c'est le langage du monde en contraste avec celui de son carmel. De là son ironie: « Il est impossible qu'une personne qui ne comprend pas l'arabe prenne plaisir à s'entretenir souvent avec une autre qui ne saurait pas d'autre langue… Il y aurait grand inconvénient à vous mettre à parler une langue nouvelle. Tout votre temps se passerait à cela et vous ne pouvez savoir comme moi qui en ai fait l'expérience, combien cela nuit à une âme. En voulant apprendre cette langue, on oublie l'autre; de là une inquiétude perpétuelle. » (n° 5)

Bien entendu, tout cela sans prétendre l'imposer. « Ne pas apprendre leur langue », c'est ne pas faire siens les contenus de la conversation mondaine. Faire que les gens du monde « apprennent le langage du groupe priant », c'est leur donner de l'intérêt pour les richesses qu'on peut gagner en apprenant l'oraison (n° 6). De plus, le faire en se basant sur l'amitié et la bonne nature des interlocuteurs, « avec bonté, avec affection et en y joignant vos prières » (n° 6). « Donc, mes filles, travaillez à supprimer chez les personnes qui viennent vous voir toute crainte de s'engager dans une entreprise si avantageuse. Faites-le du moins autant que leurs dispositions et votre intimité avec elles vous le permettront » (n° 3).

C'est dire que l'oraison est prosélyte. Elle possède une force expansive comme les langues fortes ou les grandes cultures; ou mieux, comme le bien lui-même qui se répand et élève, car « jamais le bien ne fait de mal », dira-t-elle (n° 3).

Elle effleure ainsi une autre grande idée du livre: tout groupe d'oraison doit prétendre à un apostolat de l'oraison. Il ne se referme pas sur lui-même. Il possède un « langage » communicatif et il sait que tous sont appelés à la source.

La polémique au sujet de l'oraison
(*Chemin*, chapitre XXI)

Nous arrivons au cœur du livre. Le chapitre XXI, à la moitié du livre, impose aux lectrices une sorte de passage de l'équateur, avec une mer déchaînée.

C'est ce qu'on a appelé la polémique de l'oraison. Théologiens et inquisiteurs contre contemplatifs et spirituels. On entrevoit en toile de fond les silhouettes de Melchor Cano, Fernando de Valdés, Granada, Carranza, Juan de Avila, Francisco de Borja...

Elles, les lectrices du *Chemin*, ne peuvent éviter cette situation conflictuelle. Elles doivent prendre position, avoir des idées claires sur la valeur de l'oraison et se déterminer à la commencer, sans crainte, hardiment.

Ainsi, de nouveau s'entrecroisent, dans le livre, oraison et lutte: « toutes cloîtrées que nous sommes, nous combattons » (3, 5). Mais cette fois c'est une lutte pour défendre des principes.

« Ne vous étonnez pas, mes filles »

Dans la première rédaction du *Chemin*, la sainte avait divisé le thème en deux petites parties: deux chapitres. Le premier commençait ainsi: « Ne vous étonnez pas, mes filles... », et le second: « Ne faites aucun cas ni des craintes qu'on voudra vous inspirer, ni des dangers que l'on vous peindra ».

Dans la rédaction définitive, elle réunit les deux parties en un seul chapitre, le XXIe. Mais elle continua à insister pour qu'il n'y ait aucune crainte. D'abord par des consignes théoriques et saines: « mes sœurs, défaites-vous de ces frayeurs... abandonnez les craintes là où il n'y a rien à craindre » (n° 10). Puis elle vise et tire à vue sur les opposants de chair et d'os: « il n'y a pas d'autre chemin que l'oraison et si l'on vous en indique un autre, on vous trompe » (n° 6); « si quelqu'un vient vous déclarer qu'il y a danger, regardez-le comme dangereux lui-même et fuyez sa compagnie » (n° 7). Elle va jusqu'à dresser un compte rendu de ce qu'on dit, devant les lectrices elles-mêmes: « Souvent l'on vient vous dire: cette voie est dangereuse; une telle s'y est perdue; celui-ci s'est égaré; cet autre qui priait si longuement est tombé; c'est ainsi que l'on fait tort à la vertu; cela ne convient pas aux femmes si sujettes aux illusions, elles feraient mieux de filer; qu'ont-elles à faire de ces raffinements? Le *Pater noster* et l'*Ave Maria*, voilà qui leur suffit... » (n° 2)

Elle leur répond, d'abord entre ironie et humour: « C'est bien mon opinion, comment donc si cela suffit! » (n° 3), puis radicalement: « C'est le démon sans doute qui a inventé toutes ces frayeurs » (n° 7). Quelques pages plus loin, elle ne dissimulera pas son envie de discuter familièrement avec ces théologiens ombrageux: « Je voudrais crier et discuter avec ceux qui disent que l'oraison mentale n'est pas nécessaire... afin de chasser de vous toute frayeur. Je sais où toutes ces choses peuvent mener et je ne voudrais pas que quelqu'un vous trompe » (22, 3 de la première rédaction). Il en sera ainsi jusqu'à la fin du livre. Elle n'hésitera pas à les appeler « faux prophètes » (42, 5 de la première rédaction). Preuve évidente que les adversaires de la vie contemplative ne sont pas des fantoches, mais qu'ils sont bien présents et font pression sur le groupe. Elle les aura à l'œil jusqu'à la dernière page du *Chemin*.

De quoi s'agit-il? Quel oiseau de mauvais augure a traversé soudain l'horizon doctrinal du livre et a si bien fait que l'Auteur a pris les armes?

Il ne s'agit pas d'un oiseau de passage mais d'une constante dans l'histoire de la spiritualité chrétienne; il s'agit de la tension conflictuelle entre action et contemplation; ou, bien plus, de la résistance de l'action par rapport à la contemplation; de la lutte et de l'incompréhension des hommes d'action face aux priants contemplatifs. Une tension qui, avec des alternatives pendulaires de plus ou moins grande aigreur, se répète depuis l'épisode évangélique de Marthe et de Marie jusqu'à nous et jusqu'à notre climat d'*aggiornamento* post-conciliaire.

Thérèse et son groupe vécurent un de ces moments pendulaires extrêmes. C'était l'heure de la réaction conciliaire tridentine: revendication nette de la valeur des œuvres face à la mystique de la « foi seule », visant d'un côté les luthériens – réels ou supposés – et de l'autre les contemplatifs qu'on ne supposait pas, eux non plus, champions de l'action et des œuvres. Un des théologiens les plus renommés de cette époque – M. Cano – écrivait: « dire que les vertus augmentent par l'exercice de l'oraison plus que par ses propres actes est une très grande tromperie... »

Cette page du *Chemin* intéresse le lecteur d'aujourd'hui précisément parce qu'elle touche un thème très délicat. Bien que de nos jours nous l'ayons baptisé d'une autre façon, « engagement et oraison », « incarnation et eschatologie », etc., le thème de fond l'intéresse qui est la tension bipolaire entre « action et oraison ». Et, en outre, cela l'intéresse de l'affronter à partir de l'optique, ou bien plus à partir de l'âme d'une contemplative aussi dynamique et engagée que l'est Thérèse de Jésus.

Commençons la lecture en mettant le projecteur sur son cas personnel et sur le drame de son temps.

Le cas personnel de la sainte et la raison de sa diatribe

Une fois de plus, l'exposé doctrinal du *Chemin* a un fondement autobiographique. Il a été vécu récemment par l'Auteur. Réduit à trois ou quatre traits essentiels, il se résume ainsi:

– Vers 40 ans, la vie spirituelle de Thérèse débouche sur l'océan de la contemplation: oraison intense, expérience de Dieu, grâces mystiques qui font d'elle une contemplative exceptionnelle et une priante convaincue et prosélyte. On dirait une incarnation de l'« *Ecclesia orans* ».

– Mais cette heure de grâce et de contemplation a lieu pour Thérèse dans un moment de crispation religieuse pour l'Église de son temps, en Castille et dans toute l'Espagne, sous le double prétexte de l'antiféminisme et de l'orthodoxie. À partir de la réaction contre des cas isolés de femmes fourbes et visionnaires, on passe hardiment à la prévention contre toutes les femmes sans exception (« une telle s'y est perdue », « cela ne convient pas aux femmes », « elles feraient mieux de filer »). Et devant la réalité expansionniste du luthéranisme, spécialement grâce à l'imprimerie, on en vient à suspecter tout livre écrit en langue vulgaire. Les responsables de cette double attitude sont un groupe de théologiens de l'Inquisition.

– Thérèse reçoit directement cette vague. Le décret de l'Inquisition de 1559 lui impose de se défaire des livres d'oraison d'un usage quotidien (*Vie* 26, 5). L'intervention des théologiens, nommés pour discerner ses grâces mystiques, lui interdit la communion et l'oraison et lui imposent des gestes grotesques (les fameuses niques). Ils réussissent à lui inspirer une crainte telle que cela aurait suffit à lui faire « perdre l'esprit », écrira-t-elle (*Vie* 28, 18).

– En résumé, trois choses: lui enlever les livres, lui interdire la communion et l'oraison et la remplir de craintes...

Au moment où Thérèse écrit le *Chemin*, tout cela a été surmonté, mais c'est encore récent. Le livre qu'elle vient d'écrire subit cette double pression. Ce lui sera douloureux que cette vague de préventions et de crainte se déverse sur le groupe des lectrices et que la crainte les opprime, ou bien qu'on leur inculque des préjugés contre la valeur de l'oraison et de la vie contemplative, ou contre la nécessité d'une sérieuse formation doctrinale à partir de livres compréhensibles, en « espagnol ».

La présente page est pensée et écrite surtout pour les lectrices. Thérèse leur dit comment, selon elle, la situation mérite d'être jugée:

– « Voyez un peu l'aveuglement du monde! » (n° 8)

– « Ce sont bien les séculiers! » (n° 5)

– « Les dangers qu'ils courent sont bien plus grands sans comparaison, seulement ils ne s'en rendent pas compte...! » (n° 6)

– « L'ennemi a semé la zizanie ». (n° 9)

– Elle condamne le tout dans une sentence péremptoire qui juge l'ensemble de cette situation: ceux qui retirent les livres et attaquent l'oraison et les contemplatifs « fuient le bien pour se garantir du mal. C'est la plus détestable invention que je connaisse, il est bien visible que le démon en est l'auteur » (n° 8).

Ainsi c'est clair. Chaque fois que dans l'Église la crainte du mal l'emporte sur l'amour du bien, cette fuite fatale se produit: fuir le bien pour se délivrer du mal. Évaluation qui a une portée beaucoup plus grande que Thérèse ne le pensait à ce moment-là.

La prise de position

Dans le chapitre suivant, la sainte n'hésitera pas à tenir tête à ses opposants et à les tancer vertement: « Et vous chrétiens, à quoi songez-vous quand vous dites que l'oraison mentale n'est pas nécessaire? Vous entendez-vous vous-mêmes? Vraiment, je pense que non, et c'est pour cela que vous voudriez nous voir tous divaguer avec vous... » (22, 2).

Actuellement, au contraire, elle se limite au dialogue avec ses lectrices. Elle le fait d'une manière grave, combative et en même temps maternelle: « Ô mes filles » (n° 1 et 6), mais en prenant nettement position. Elle argumentera ainsi:

– Avant tout, plus de craintes! « Ne faites aucun cas des craintes qu'on voudra vous inspirer » (n° 5). « Abandonnez les craintes là où il n'y a rien à craindre » (n° 10). Ni incertitude ni découragement. Thérèse sait que ces attitudes sont fatales à la psychologie du priant, ou simplement à celle du chrétien qui possède un idéal, ou encore à celle de la lectrice du *Chemin* pour qui l'Auteur désire des « pensées élevées ». « Ne laissez ni se resserrer votre âme ni se refroidir votre courage » dira-t-elle plus loin (41, 8).

– Plus catégorique encore: l'oraison est un *chemin royal*, chemin sûr qui fut celui de notre Roi (n° 5). L'oraison est un *voyage divin, un chemin royal* qui conduit au ciel, c'est le *chemin du trésor* et de l'eau vive de l'évangile (n° 1-2). « Croyez-moi, il n'y a pour y arriver d'autre chemin que l'oraison. » (n° 6)

– Commencez-le en vous fondant sur « les paroles de l'Évangile » (n° 4), spécialement sur la prière du *Notre Père*. Au moins ce sera un livre qu'on « ne pourra vous enlever… si vous étudiez cette divine prière… vous n'aurez plus besoin d'autre chose » (n° 3). Cela ne servira pas seulement aux débutants, mais aussi au début, au milieu et à la fin de toute oraison.

– Il ne suffit pas de commencer sans crainte, il faut de la vigueur. « Il est d'une importance capitale d'avoir une résolution ferme, une détermination absolue, inébranlable »: celle de ne pas s'arrêter avant d'arriver à l'eau vive, même si le monde s'effondre, aussi bien si j'arrive au but que si je meurs à mi-chemin (n° 2)

– Dernière consigne: se déterminer, oui, mais sans arrogance ni autosuffisance: « Efforcez-vous d'avoir une conscience pure, de l'humilité, du mépris pour toutes les choses de la terre, un attachement inébranlable aux enseignements de notre mère la sainte Église, et après cela, croyez fermement que vous êtes en bon chemin » (n° 10).

Malgré la polémique dont elle est entourée, Thérèse sait que, parmi les théologiens, ne manquent pas, et ne manqueront pas ceux qui sont de son parti. Il suffira d'un seul, amoureux de la vérité et qui conforme sa vie à celle du Christ, pour conjurer les craintes et ramener la confiance: « Un seul homme disant la vérité l'emporte sur beaucoup d'autres. » (n° 9)

De fait, il en fut ainsi dans son cas personnel.

Le sort de cette page du *Chemin*

La sainte savait pertinemment que ces pages polémiques devaient passer par le crible des théologiens. Elle savait que, sans leur approbation, le manuscrit du *Chemin* ne pourrait arriver pacifiquement aux mains des lectrices. Elle savait aussi que, depuis la récente décision de l'Inquisition, tout commentaire de l'évangile ou du *Notre Père* était obligatoirement censuré, et spécialement les manuscrits comme le sien. Un des passages du fameux *Index* de 1589 incluait dans la condamnation « tout sermon, lettre, traité, *prière ou toute écriture manuscrite* qui parlait ou traitait de la Sainte Écriture, ou des sacrements de la Sainte Mère Église et de la religion chrétienne, car ce sont des artifices dont se servent les hérétiques pour répandre leurs erreurs ».

C'est peut-être pour cela qu'elle s'empressa de noter que, dans son écrit, elle ne ferait pas de commentaires. « Mon intention n'est pas de vous proposer une explication de ces divines demandes, je n'oserais m'y risquer. Ces explications sont en grand nombre… ce serait folie de ma part de vouloir en donner une » (n° 4).

Mais quoiqu'elle fasse, restait dans ce chapitre sa ferme clameur contre ceux qui « enlèvent les livres », c'est-à-dire qui, non seulement les interdisent, mais encore les jettent au feu. Allusion peu voilée à la récente rafle de l'Inquisition.

Le théologien qui révisa le brouillon passa rapidement sur la première allusion forte: « on ne pourra vous enlever tous les livres que vous ne puissiez garder un si bon livre » (n° 4 du brouillon).

Par contre, en arrivant à la seconde allusion ironique, le censeur s'arrêta. L'allusion aux inquisiteurs était claire. Il en prit acte: premièrement, il ratura dans le manuscrit de la sainte toute l'incise: « quant à vous, mes filles, on ne pourra pas vous enlever le *Notre Père* et l'Ave Maria » (n° 8 du brouillon). Ensuite il ajouta en marge une remarque pour l'Auteur: « *il semble que vous réprimandiez les inquisiteurs qui interdisent les livres sur l'oraison* ».

Quelqu'un – probablement quelque admirateur de la sainte – s'empressa d'effacer avec soin cette annotation marginale qui pouvait être dangereuse et presque menaçante, mais Thérèse la prit en compte, il ne pouvait en être autrement, et l'incise censurée ne passa pas à la rédaction définitive du *Chemin*. Elle ne passa pas non plus dans les éditions du livre. Fray Luis de León, bon connaisseur de l'Inquisition et de ses méthodes, l'omit (p. 126 de son édition). Les éditeurs antérieurs: don Teutonio, Gracián, les éditeurs de Valence, l'avaient également omise.

De plus, ceux-ci, craignant que les allusions aux inquisiteurs n'attirent la malchance sur le livre, expurgèrent le texte plus radicalement. L'éditeur commissionné par la sainte ou par son mécène, don Teutonio, pour imprimer le livre la première fois, au Portugal, élimina à fond les allusions dangereuses, y compris la première allusion du n° 4, afin que le texte thérésien soit absolument aseptique. Et l'asepsie passa dans les éditions suivantes.

En conclusion, le petit incident éditorial a servi à mettre en évidence l'hypersensibilité de messieurs les théologiens amis de la sainte. Il nous informe, à la fois sur la sensibilité de celle-ci, différente de ses censeurs, et sur sa liberté d'esprit et de parole dans « les temps troublés » qui s'écoulaient pour elle et pour son livre.

Faire oraison, qu'est-ce que c'est?
(*Chemin*, chapitre XXII)

Le chapitre XXII du *Chemin* est l'acte crucial du livre. Une épigraphe très brève l'inaugure: « Ce qu'est l'oraison mentale ». Les huit numéros qui suivent ce titre commentent la fameuse définition thérésienne de l'oraison, celle qui est insérée dans la *Vie* (8, 5), comme une gemme enchâssée en plein récit autobiographique. L'oraison personnelle, c'est « une amitié intime… avec Celui dont nous nous savons aimés ». À savoir, entrer en relation avec Lui et se laisser fréquenter par Lui. Accueillant et cultivant la mystérieuse relation d'amour initiée et toujours maintenue par Lui.

Maintenant, dans ce chapitre du *Chemin*, l'Auteur parlera aux lectrices à partir de sa propre expérience. Expérience avec un double aspect, la vie avec Lui dans l'oraison elle-même et la souffrance dans la lutte au sein du contexte et de l'ambiance de l'époque.

Le premier aspect se reflète surtout dans les soliloques ou exclamations disséminés tout au long de l'exposé (voir les merveilleuses prières des numéros 2.b, 6 et 8). Cela, c'est faire oraison. « C'est faire oraison mentale, mes filles », écrira Thérèse après sa dernière oraison spontanée, celle du numéro 6.

Elle évoquera la seconde expérience plus superficiellement: « J'ai l'intention de vous prémunir… contre les craintes qu'on voudrait vous inspirer… J'ai eu moi-même assez à souffrir de cela. Je voudrais donc que personne ne vienne vous jeter dans l'inquiétude » (n° 3). Elle avait écrit dans le brouillon: « que personne ne vous leurre ». Et de nouveau, en concluant le chapitre: « Que personne ne vous effraie avec ces craintes » (première rédaction).

Les deux expériences étant bien dosées, c'est la seconde qui donne un fort ton polémique à l'exposé. Pour dire à ses lectrices « ce qu'est faire oraison », la sainte vise ceux qui la nient et s'y opposent: les théologiens et les théologies qui affirment que faire oraison ce n'est pas cela ; ou qui insistent sur le fait que ce mode de prier n'a pas d'intérêt; surtout pas d'intérêt pour des personnes comme les lectrices du livre... il suffit qu'elles prient et qu'elles filent (voir c. 21).

La polémique avec ces messieurs de la théologie et de l'Inquisition insuffle vigueur et vivacité à la leçon pédagogique du chapitre.

Atmosphère et déroulement de la leçon

Nous avons fait allusion à l'aspect pédagogique du chapitre. La mère Thérèse a un art très personnel pour enseigner. Elle l'exhibe en grande pompe quand vient l'heure des thèmes importants. Nous sommes à l'une de ces heures. Suivons de près son exposé.

Expliquer ou définir « ce qu'est l'oraison » exigerait une théorie sous forme d'exposé doctrinal.

Mais elle se passe rapidement de la théorie. Ce sont les personnes qui l'intéressent et la transmission des convictions. Que passent, à ses lecteurs, son expérience et ses convictions au sujet de l'oraison, sans détours intermédiaires.

C'est pourquoi le chapitre se peuple rapidement de personnes. Personnes bien réparties sur des plans différents, de sorte que l'exposé doctrinal devient un dialogue croisé entre l'Auteur et ces différentes personnes. Le tout sur un fond scénique bien dissimulé : dans le petit monde du chapitre, tous se meuvent comme dans une action dramatique spontanée. Thérèse écrit, parle et prie Dieu. Elle prend à parti les semi-théologiens de l'opposition et s'étonne de leurs dires. Elle va et vient entre opposants et lectrices.

La meilleure manière pour suivre le mouvement du chapitre, c'est d'utiliser son doigt et de lire en pointant, numéro après numéro, les changements de ton et de destinataires. Ou bien de noter en marge : maintenant Thérèse parle avec elle-même ; maintenant elle parle aux lecteurs ; maintenant elle s'adresse à Dieu, lecteur principal toujours présent ; maintenant elle parle au nom de ceux qui pensent comme elle et au nom de celles du groupe ; maintenant elle se retourne vers l'opposition et prend à parti les théologiens ombrageux...

n° 1.a – Le dialogue s'ouvre avec les lectrices : « Sachez, mes filles, que... ». – Puis rapidement, un monologue de Thérèse avec elle-même : « Si, en proférant des paroles, je suis toute pénétrée de cette pensée que je parle avec Dieu... » – Retour au dialogue avec le groupe : « Comment saurez-vous donner au roi ou à une altesse royale le titre qui leur convient... ? »

n° 1.b – Il a suffi de cette évocation de « l'Altesse royale » pour que Thérèse change sa partition. Elle se met à parler avec Lui : « Eh quoi ? mon tendre Maître ! Eh quoi ? mon Souverain !... Ne tolère pas, mon Maître... ! »

n° 2 – Dans le dialogue avec Lui, le souvenir de ceux qui ne parlent « que des lèvres » a refait surface. Thérèse leur coupe la route et les invective : « Et vous, chrétiens, à quoi songez-vous quand vous dites que l'oraison mentale n'est pas nécessaire ? Vous entendez-vous vous-mêmes ? ».

Ce rythme dialogal à trois temps – avec les lectrices, avec Dieu, avec ceux du dehors – reflète bien les flexions de l'âme de Thérèse. Nous les trouvons souvent dans les pages du *Chemin*. Dès le chapitre premier, presque dans les mêmes termes que dans ce chapitre XXII. Au chapitre premier, elle a commencé à parler avec les lectrices (n° 2) ; puis elle est passée subitement au dialogue avec le Seigneur : « Ô mon rédempteur ! » (n° 3) ; elle invective les chrétiens : « Que sont devenus aujourd'hui les chrétiens ? » (n° 3) et retourne à son dialogue avec les lectrices : « Ô mes sœurs en Jésus-Christ ! aidez-moi... le monde est en feu. » (n° 5)

Mais suivons, crayon en main, la marche du chapitre XXII.

n° 3 – Nous trouvons un « je » réitéré : « J'ai l'intention... ». « Je sais où ces craintes peuvent mener. ». Un « je » enveloppant qui englobe le groupe entier : « si nous commençons à prier... », jusqu'à presque imiter la formule de Jésus dans l'évangile : « je vous l'assure, mes sœurs... ».

n° 4 – Il contient un exposé, affirmation des convictions de l'Auteur, avant de revenir au dialogue croisé avec le monde, avec les sœurs, avec Dieu (n° 5 et 6.a).

n° 6.b – Elle répète le dialogue antérieur avec une légère inversion de plans: dialogue priant avec les lectrices, dialogue indirect avec ceux qui s'opposent à elle: « pourquoi... nous interdirait-on, avant le jour des noces, où notre Époux doit nous introduire en sa demeure, de nous informer de ce qu'il est? ». Et finalement, dans une prière émue, elle parle avec l'Époux.

De sorte que, dans ce chapitre, quelque chose s'est produit. Comme dans toute action dramatique, non seulement Thérèse est passée par une série d'états d'âme: émotion devant le Seigneur, intimité et tendresse avec les lectrices, arrêts dialectiques face au thème de l'oraison, colère et stupeur face aux demi-savants... etc. Le plus important, c'est qu'avec elle, les lectrices sont passées par divers stades pédagogiques: la conviction de Thérèse que l'oraison est un entretien avec Lui; sa prise de position face aux doctrines équivoques; et surtout ses moments d'oraison vécue en direct.

Tout cela avec une intention protectrice. Le lecteur est passé inévitablement par ces couches profondes de l'âme thérésienne où naissent ses convictions. Il a appris ce qu'est faire oraison, bien plus que par des théories et des définitions, en la voyant elle-même en oraison, une, deux et trois fois dans le cours du chapitre.

Alors, faire oraison qu'est-ce que c'est?

La surprise du lecteur est grande devant le contenu doctrinal du chapitre. C'est comme si Thérèse s'était proposée intentionnellement de réduire sa réponse à un seul fait. Comme si elle voulait viser, répéter et souligner à nouveau ce qui est fondamental, la quintessence de l'oraison.

Quand elle écrit cette page du *Chemin*, elle a certainement déjà des idées personnelles, claires, abondantes, sur l'oraison chrétienne et sur sa complexité. Pour les ordonner, elle a écrit un petit traité qu'elle a inséré dans le récit de sa vie. Elle a discerné ce qui est bien faire oraison et ce qui est la mal faire. Elle a pris soin alors de définir l'oraison à partir de son propre point de vue: « Selon moi, l'oraison mentale n'est pas autre chose qu'une amitié intime, un entretien fréquent, seul à seul, avec Celui dont nous nous savons aimés. » (*Vie* 8, 5)

Eh bien, de tout ceci elle ne va maintenant retenir qu'un seul fait. Dans la relation d'amitié qu'est l'oraison, le plus important ce sont les amis. Les deux. Beaucoup plus important que les paroles, plus que les rites et le protocole (« le cérémonial qui s'observe en parlant à un grand »), plus que les techniques de recueillement et d'intériorisation (dont elle parlera ensuite), plus que les variantes de l'oraison: vocale, mentale, contemplative…

Ce qui est premier et irremplaçable c'est la prise de conscience de « qui avec qui ». « Se demander à qui l'on va parler et qui l'on est soi-même » (n° 3). « Lorsqu'on fait bien tout ce qu'il faut pour approfondir *ces deux points* – les deux « qui » – on a consacré déjà un temps considérable à l'oraison » (n° 3) et l'oraison sera bonne.

Elle ne cessera de le répéter tout au long du chapitre. Ce qui importe c'est d'être « toute pénétrée de cette pensée, de cette vue, que je parle à Dieu… avec plus d'attention aux paroles que je prononce » (n° 1). L'âme de l'oraison réside dans cette mise en marche de la relation personnelle « homme-Dieu », beaucoup plus que dans les contenus de l'oraison elle-même: que méditer, que lui dire, que nous dirons-nous ?… En effet, « en présence d'un si grand Maître, il est bon que vous considériez qui il est et qui vous êtes » (n° 1). C'est à nouveau le « qui avec qui », les deux pôles qui soutiennent la relation religieuse « Dieu-homme/homme-Dieu ».

De nouveau: « En approchant de lui, mes filles, vous réfléchissez, vous vous demandez à qui vous allez parler, ou à qui vous parlez déjà » (n° 6). Cette fois avec une variante, la prise de conscience s'est concentrée sur un seul des deux pôles: « avec qui vous allez parler – avec qui vous parlez ». En effet, en réalité, c'est de cela qu'il s'agit: entrer dans la sphère du Seigneur ; il s'agit de sa présence, de sa personne, de son mystère. Celui qui prie n'a déjà que trop conscience de sa propre personne, peut-être jusqu'à l'hypertrophie de son propre moi. C'est pourquoi il s'agit d'éveiller à la conscience de l'Autre, d'entrer dans son orbite avec son moi propre, après s'être débarrassé des masques, des pesanteurs, des attaches d'orgueil, de suffisance, d'égocentrisme. « Ne serait-ce que pour le dédommager de l'infection que lui apporte l'approche d'une personne telle que moi, il est juste que nous nous efforcions de bien connaître sa noblesse et sa grandeur. » (n° 4)

Ainsi, selon elle, se produit dans l'oraison un retour à l'élémentaire de l'acte religieux : l'homme est devant Dieu ; l'homme est avec Lui... À partir de ce fait fondamental, la mère Thérèse construira la richesse de sa réponse. Il suffit d'en extraire les trois ou quatre concepts fondamentaux :

Le premier reprend la définition de l'oraison proposée dans la *Vie*. L'oraison c'est s'entretenir avec Lui, « nous entretenir », entrer dans la spirale de son amitié...

Le second est le « qui avec qui ». Il n'y a pas d'oraison sans ce nœud élémentaire des deux personnes. Même si je parviens seulement à atteindre le début d'une conscience ténue et fragile de sa présence, de la sortie de mon subjectivisme pour m'ouvrir à Lui. Sans cela, tout va échouer. Je vais retomber dans la capsule de moi-même, tourner en rond autour de mon moi, avec mes pensées, avec les images que je me forge et que je projette : mes petites idoles. L'oraison c'est « être avec Lui ».

Troisièmement : dans cet « être avec Lui ou entrer en Lui », Thérèse apporte de fines nuances. Il suffit de souligner les verbes qu'elle utilise pour le dire. Il faut être « pénétrée de cette pensée, de cette vue, que je parle à Dieu » (n° 1). Il faut « considérer qui il est... pour être à même de lui parler » (n° 1). Il faut « se demander à qui l'on va parler » (n° 3), « s'efforcer de bien connaître sa noblesse et sa grandeur » (n° 4). Il faut « réfléchir et vous demander à qui vous allez parler » car « mille vies comme les nôtres ne suffiront pas pour concevoir les égards que mérite un tel Seigneur » (n° 6).

Elle veut exprimer à tout prix que cette prise de conscience de l'Autre, cette entrée dans le halo de sa présence, est déterminante. Cette prise de conscience inaugure le processus sans fin d'une entrée de plus en plus profonde dans l'espace de Dieu et dans son mystère, rompant ainsi le cercle auquel nous astreint ordinairement notre moi pour nous enfermer dans notre petit monde. Se tenir devant Yahvé, n'est-ce pas, pour l'homme biblique, l'un des événements les plus forts ?

Quatrièmement : Encore un dernier fait, fortement souligné par l'Auteur. Tout cela... – penser, comprendre, considérer, entrer en sa présence – c'est pour réussir à « s'entretenir avec lui ». « Afin de voir comment on doit se comporter à son égard » (n° 3). Pour « concevoir les égards que mérite un tel Seigneur » (n° 6) et, dans le rapport même d'ami à ami, se laisser remodeler par Lui, ou, comme elle avait écrit dans la *Vie* (8, 5-6), avec un grand réalisme : pour nous rendre semblable à lui (c'est ce que dit le vieux proverbe : « dis-moi qui tu hantes, je te dirai qui tu es »). Thérèse réaffirme maintenant avec précision : rechercher « comment il faudra nous y prendre pour conformer notre humeur à la sienne ». Et cela est une tâche et un événement intérieur à l'oraison elle-même. Une amitié avec Dieu qui ne me transperce ni ne me transforme, qui ne me fait pas prendre conscience que c'est Lui l'ami principal serait-elle une relation d'amitié avec Dieu ?

Une relecture de ce chapitre pourrait être considérée maintenant comme une glose directe de la définition thérésienne de l'oraison (*Vie* 8, 5-6) pour le comparer ensuite avec les passages qui concernent l'oraison vécue, les soliloques dont elle émaille sa leçon : soliloque de la *Vie* (8, 6) et soliloques de ce chapitre du *Chemin* (n° 1, 6).

La musique de fond

Nous avons souvent appelé musique de fond cette symphonie d'images et de couleurs avec lesquelles Thérèse orchestre ses thèmes importants.

À partir de cette clé de lecture, nous pouvons parcourir à nouveau le présent chapitre.

Pour mettre en relief le thème central du livre – « faire oraison, qu'est-ce que c'est » – la sainte l'a escorté de trois images :

– celle des rapports sociaux,
– celle du chemin,
– celle de l'amour des époux.

Sans doute, la première est sous-jacente à tout le chapitre : l'oraison est une *relation d'amitié* avec Dieu, comme l'amitié est une relation d'amour entre les humains. Il suffit de considérer le second plan pour trouver la double composante de la « relation » et des « rapports »: relation et amour dans l'amitié; rapports conventionnels dans la vie sociale.

La mère Thérèse joue un peu avec les deux termes. Le conventionnel, les rapports protocolaires, l'échec social de qui les ignore ou les bouleverse, tout cela lui sert de toile de fond. Cela lui sert pour donner au lecteur l'image facile du pauvre rôle que nous tenons devant le Seigneur des Seigneurs quand nous entretenons avec lui des rapports au lieu de « l'entretenir » en direct. L'Auteur oppose deux priants extrêmes: le petit pâtre avec sa rusticité et le savant lettré avec ses « théologies » et ses raisonnements raffinés, celui-là, « un petit berger bien humble » et ceux-ci à qui « l'humilité manque » (n° 4). Il est clair que le Roi apprécie plus cette rudesse du berger que toute l'élégance du lettré. Version quelque peu originale de la parabole du publicain et du pharisien.

L'image du *chemin* est plus simple. Combien de fois nos méditations, avec leurs élégants raisonnements ou en nous efforçant de « penser beaucoup » (*Fondations* 5, 2), deviennent un chemin long et tortueux qui ne conduit pas au but. Au contraire, « être avec lui » ou « entrer en Lui » est un chemin direct (cf. n° 3).

Enfin l'image culminante, celle de *l'amour des époux*. Thérèse et ses lectrices et nous tous « les baptisés », nous sommes fiancés au Christ et nous aspirons aux noces de la rencontre définitive. L'oraison est pour l'entre-temps. Comme dans la parabole des vierges, déjà « épousés » mais dans l'attente des « noces », le premier objectif des pensées et de l'amour est simplement Lui: le connaître, le contenter, faire que ma manière d'être soit conforme à la sienne, l'atteindre en personne… La plume de la sainte ne peut toucher à ce thème sans tresser les deux lignes de force de sa leçon: la polémique et l'idylle amoureuse.

« Pourquoi, à nous qui sommes fiancées aussi, nous interdirait-on, avant le jour des noces, où notre Époux doit nous introduire dans sa demeure, de nous informer de ce qu'il est: quel est son père, quel est le pays où il doit nous emmener, quels sont les biens qu'il nous promet, quelles sont ses inclinations, de quelle manière nous pourrons le contenter et lui plaire… Faut-il donc, ô mon

Époux, que sur tous les points, nous ayons moins d'égards pour toi que pour les hommes ? Si ce que je dis leur déplaît, qu'ils te laissent tes épouses puisque c'est avec toi qu'elles doivent passer leur vie. » (n° 6)

« C'est faire oraison mentale, mes filles, que de comprendre ces vérités. » (n° 6)

Détermination déterminée
(*Chemin*, chapitre XXIII)

Il faut se déterminer « à être les esclaves de l'amour » (*Vie* 11, 1). Dieu « aime les âmes courageuses » (*Vie* 13, 2). « Il est d'une importance majeure d'avoir une détermination absolue, inébranlable, de ne pas s'arrêter avant d'avoir atteint la source » (*Chemin* 21, 2). Slogan de l'ascèse thérésienne qui semble un écho de la parole évangélique: « le Royaume appartient aux vaillants ».

Ici, dans le *Chemin*, la consigne couronne le programme ascétique du livre. Après avoir exposé les trois vertus de base (amour, détachement, humilité), et avant d'entrer à fond dans le thème de l'oraison (c. 24). Pour Thérèse, une chose est claire: il n'y a pas d'oraison authentique sans vie chrétienne, et celle-ci s'incarne et s'exprime dans des vertus évangéliques nettes, pratiques, claires. Avec un enracinement mystique dans l'humus de la grâce et de l'amour, mais avec un besoin absolu de prendre appui et soutien sur la volonté humaine. C'est là, au plus profond de la personne, que l'homme joue les grands atouts de sa vie. Les « oui » et les « non » définitifs et irréversibles.

C'est cette profonde enclave que vise maintenant la mère Thérèse quand elle résume l'ascèse de la volonté par l'expression « détermination déterminée ».

Ce slogan de la détermination déterminée, quand bien même le monde devrait s'effondrer, elle l'a formulé deux chapitres plus haut (21, 2). En réalité, elle l'énonce et le reformule à partir des premiers chapitres du livre. C'est qu'il ne s'agit pas d'un épisode remarquable, comme un bouleversement de vie ou un arrachement à la force du poignet, ou un passage d'équateur. Il s'agit d'une constante de la volonté, comme la nervure même de la conduite chrétienne, et de la vie d'oraison.

Ce qu'est « une détermination déterminée »

Quelque chose d'aussi simple que le « oui, oui » de l'évangile. Déjà dans son premier traité de l'oraison, à l'intérieur du livre de sa *Vie* (c.11), au moment où l'Auteur commence à exposer son programme d'oraison aux commençants, elle s'arrête un moment pour exposer le problème de la détermination. Elle pense qu'on ne persévérera pas sur le chemin si on ne l'entreprend pas avec détermination, c'est-à-dire si le priant n'est pas réellement déterminé à « être l'esclave de l'amour ». Mais le vif du problème se présente dans le cas personnel de Thérèse. Elle a commencé fermement déterminée, avec la nette résolution d'une femme aussi volontaire qu'elle l'est. Cependant, ses déterminations en série sont jalonnées de toute une série de fléchissements et d'échecs. Pourquoi ? C'est ce qu'elle demande à Dieu : « Seigneur de mon âme ! mon Bien ! Pourquoi n'as-tu pas voulu qu'au moment où une âme se décide à t'aimer et, dans la mesure où elle le peut, renonce à tout pour mieux s'appliquer à ton divin amour, elle ait sans plus de délai le bonheur de s'élever à la perfection de cet amour ? » (*Vie* 11, 1)

Mais elle n'attend pas que Dieu lui réponde. Elle-même prend conscience qu'il y a en nous des déterminations sincères de notre volonté qui ne parviennent pas à pénétrer dans les couches profondes de la personne, que cette dernière a des strates d'une épaisseur inattendue, difficiles à perforer par un acte de volonté. Parfois aussi, la volonté nous présente des semblants de détermination au lieu d'authentiques prises de position (cf. c.16, 10).

Elle sait, surtout, que le mystère de la vie d'oraison consiste à mettre sur le tapis, sans ménagements, notre relation personnelle avec Dieu, et que tout le problème consiste « à nous donner à lui aussi pleinement qu'il se donne à nous ». Elle l'a rappelé en expliquant la parabole de l'échec et mat au Roi de gloire (16, 9).

Elle reviendra sur ce thème en commentant la demande du *Pater* : « que ta volonté soit faite » (c.32). Dire cela au Père, avec le Christ et comme le Christ, équivaut à « lui donner la nôtre », ce qui est toute une entreprise qui implique la remise de notre personne. C'est pourquoi nous avons besoin de répéter, une fois ou l'autre, la même supplique insistante : « que ta volonté soit faite ».

Dans sa typique pédagogie de l'oraison, la sainte préfère concrétiser. Pour faire plier la volonté et l'amener à « la détermination déterminée », elle lui propose deux objectifs concrets. Ils seront décisifs pour qui commence sur le chemin de l'oraison.

Le premier qui est absolu est la détermination de « ne pas retourner en arrière ». Entreprendre le chemin de la relation personnelle avec Dieu, décidé à ne l'abandonner jamais (titre du chapitre et n° 1).

Le second est moins catégorique mais plus précis : la décision de réserver chaque jour un temps pour l'oraison. Et réserver ce temps pour le donner à Dieu. Mais le donner totalement, « avec un esprit libre et désoccupé de tout le reste ». Le donner « avec une ferme résolution de ne jamais le lui reprendre » (n° 2).

Bien entendu « donner à Dieu notre temps » n'est pas pour elle une métaphore. Il ne s'agit pas tant d'une durée d'horloge que d'une petite partie de notre propre vie. Sans ce réalisme ou cette réduction finale à l'essentiel, les décisions de la volonté restent vaines. D'où cette remise à Dieu d'une petite partie de notre temps devient un acte obligatoire de la pédagogie thérésienne de l'oraison.

Les trois « pourquoi » de la détermination déterminée

C'est une des rares occasions où l'Auteur du *Chemin* s'arrête à raisonner soigneusement sur son point de vue. Elle le cautionne par trois raisons.

Nous pourrions les étiqueter ainsi: il y a une première raison d'amour (l'exigence de l'amour que nous recevons); une seconde raison relève de la stratégie ascétique (autodéfense); la troisième raison est du domaine de l'efficacité psychologique.

Avant tout, l'exigence de l'amour : à qui nous aime et nous donne tant et sans cesse, il n'est pas raisonnable que nous lui donnions ou que nous nous donnions à moitié. Ce serait « prêter », et prêter n'est pas donner. Donner c'est se déposséder et se livrer, par un geste irrévocable. Prêter, au contraire, est du donnant donnant ; c'est une remise incomplète et conditionnelle. Prêter à Dieu quelque chose de notre temps, avec la secrète espérance de se dédire, c'est « une mesquinerie et un manque d'affection » (n° 1). Il y a là des traces de moquerie : « nous nous moquons de lui, en reprenant un rien dont nous lui avons fait présent » (n° 2).

Cette subtile sensation de moquerie – d'amour bafoué – Thérèse l'approfondira quand elle reviendra sur le thème en utilisant, comme ici, l'image du bijou donné en cadeau : donner et reprendre la bague de la volonté (32, 7) : « Ce ne sont pas là des moqueries à infliger à celui qui en a été abreuvé pour notre amour » (32, 8). Ainsi, le premier motif est fortement rehaussé par la relation personnelle avec le Christ. Lui se donne lui-même, il se donne à nous... Comment lui répondre par un misérable prêt ?

La deuxième raison est du domaine de la stratégie défensive dans la lutte ascétique (n° 4). Un esprit décidé est moins vulnérable. Il se situe psychologiquement à l'abri des attaques du démon. Du démon véritable, sans doute, comme elle le rappelle expressément dans les Deuxièmes Demeures : « Si le démon le voit fermement résolu à perdre la vie, le repos et tout ce qu'il lui présente de séduisant plutôt que de retourner en arrière, il lâchera prise beaucoup plus vite ». Mais la consigne est aussi valable contre le démon de la lâcheté, contre le démon des craintes personnelles. La détermination est une cuirasse contre sa propre fragilité. L'intrépidité s'accroît et le démon « redoute singulièrement les âmes résolues » (n° 4).

La troisième raison est l'efficacité du combat. Celui qui est déterminé « combat avec plus de courage » (n° 5). Pour la sainte, cette motivation « est d'un grand poids ». Elle a de la vie une vision guerrière, comme saint Paul, ou comme la Règle du Carmel qui recueille les consignes militantes de l'apôtre. Le Carmel lui-même est une oasis et un champ de bataille. Certes, il est *idylle, paradis*, un *ciel* autant qu'il est possible de l'avoir sur la terre. Mais il est aussi le *château* des combattants choisis et l'Auteur du *Chemin* ne se lassera pas de répéter qu' «ici, on combat », que nous ne sommes pas venus pour autre chose que pour combattre « combattez en personnes de cœur, prêtes à mourir à la tâche » (20, 2).

Ainsi donc, la sainte connaît la psychologie du soldat. S'il n'est pas décidé à tout donner pour obtenir la victoire, la crainte peut s'emparer de lui. Lorsque, au contraire, il prend conscience qu' « il y va de sa vie » (n° 5), il est décidé à tout. Ainsi, l'ascèse de la volonté devient force pour la vie.

La voix de l'expérience

Le lecteur du *Chemin* le sait déjà : cette grande conviction thérésienne a sa source dans une vive expérience personnelle. Avoir à se déterminer avec une détermination totale fut, dans sa vie, un drame aux actes nombreux. Elle les a racontés dans la première partie de son autobiographie, avec de fortes touches de lumières et d'ombres.

Expérience de craintes et de faiblesses devant l'appel à « se donner totalement à Dieu ». Crainte de perdre les amis, de perdre la santé, crainte de la mort, crainte « des larmes… comme pouvant rendre aveugle ». « Jusqu'au jour où j'ai pris la résolution de ne plus me soucier ni de mon corps ni de ma santé » (*Vie* 13, 7). Le souvenir de cette expérience négative est présent aussi dans la leçon du *Chemin*. C'est comme l'envers de la « détermination ». « Je ne le sais que trop par ma propre expérience, et c'est pour cela que je suis en mesure d'en parler. Non, personne ne peut savoir à quel point cette fermeté est importante. » (n° 4)

Mais, surtout, sous les affirmations du chapitre, court une vague de souvenirs positifs. Elle sait d'expérience que notre détermination profonde a une composante de grâce. En définitive, Dieu l'obligea pour qu'elle fasse l'effort : « Il sut me forcer… à me faire violence à moi-même » (*Vie* 3, 4). « Grâce à Dieu… je me décidai à me faire violence » (*Vie* 3, 5). « Dieu l'aida à se vaincre » (*Vie* 4, titre). Assaut de force entre lui et elle qui fut la clé de la vocation et de la détermination thérésienne.

Cette composante de foi affleure à nouveau dans le *Chemin*. Une sorte de *certitude* dans la remise totale requise pour la détermination déterminée. Dieu ne manque pas. Il faut avancer avec une sécurité absolue. Dieu est fidèle à la parole donnée. Non seulement il la ratifie avec le cent pour un en cette vie, mais il fait presque tous les frais du chemin qui précède et qui suit la détermination. « C'est un grand avantage d'avoir éprouvé... » comment Dieu agit avec ceux qui se déterminent (n° 5-6).

Savoir tout cela par expérience est totalement différent de le connaître par un froid raisonnement ou par les pages d'un manuel. L'Auteur veut à tout prix faire partager sa conviction au lecteur et lui inoculer quelque chose de sa propre expérience. Pour cela elle conclut le chapitre par un formidable plaidoyer qui sert de lien avec l'expérience commençante des lectrices du *Chemin*. Nous transcrivons ces dernières lignes qui résument le tout :

« *Cela est immanquable, je le sais. D'ailleurs, je peux produire comme témoins de ce que j'avance celles d'entre vous qui, par la bonté de Dieu, en ont déjà fait l'expérience.* »

Prier vocalement est-ce faire oraison ?
(*Chemin*, chapitre XXIV)

« Renouons à présent notre entretien... » au sujet de la *prière vocale*. Parlons d'elle à ceux qui ne peuvent, ou croient ne pas pouvoir s'initier à l'oraison mentale.

La sainte commence ainsi ce nouveau chapitre du *Chemin* ; en étant bien consciente qu'elle se répète. Elle parle de l'oraison intérieure – en esprit et en vérité – comme d'un échelon préalable à la contemplation, devant un groupe de lectrices contemplatives. Cependant, elle revient sur la prière « récitée » : « Ce qu'il faut faire pour bien prier vocalement », annonce le titre du chapitre.

Le thème nous intéresse. Il est pour nous très utile d'entendre une mystique comme elle parler de l'humble prière vocale, celle des prières récitées. Dès le titre, sa prise de position nous surprend : « combien la prière mentale est intimement liée à la prière vocale ».

De fait, le chapitre entier réaffirmera catégoriquement que la ligne de partage entre oraison mentale et oraison vocale est mince, presque inexistante ; qu'il n'y a pas d'oraison vocale sans contenu mental et que les prières de base du chrétien – le *Notre Père*, l'*Ave Maria* et le *Credo* – sont un premier échelon excellent sur l'échelle de l'oraison et pour son apprentissage.

Mais voyons comment elle expose au lecteur le problème de la prière vocale dans le contexte polémique de son temps.

Le problème

Nous sommes loin des subtilités et des ambiguïtés. Au contraire, pour le lecteur d'aujourd'hui il s'agit presque d'un problème sans problème, du moins à première vue, tel que le formule la sainte. Voici ses paroles, dans les deux rédactions successives du chapitre :

a) Dans le brouillon, elle l'énonce ainsi : « est-ce suffisant ou non de dire les paroles sans les comprendre, pour que ce soit une oraison ? »

b) En rédigeant à nouveau le texte pour passer du brouillon au livre, elle retoucha sa formulation : « suffit-il de suivre la coutume et de prononcer seulement les paroles ? », c'est-à-dire, les paroles suffisent-elles pour que la prière se convertisse en oraison ?

Le problème ainsi exposé, il est évident que pour les lectrices novices du *Chemin*, de même que pour nous qui avons une connaissance élémentaire de l'oraison comme « fait intérieur » produit « en esprit et en vérité », expression de « l'amitié avec celui qui nous aime », cette prière machinale, résultant de la « coutume » et faite « avec seulement l'articulation des paroles », n'est pas et ne peut être une oraison. Et pourtant, peut-être avec un peu de honte, jetons un regard sur l'histoire de notre oraison, et rappelons-nous la forme de tant de prières faites à haute voix, avec une très correcte prononciation des paroles, une exacte exécution des formules et des rites, y compris pour ces merveilles que sont les psaumes et les sacrements.

À ce problème, les pages antérieures du *Chemin* ont donné une réponse catégorique. L'Auteur disait à son Seigneur : « Ne tolère pas, mon Maître, qu'en t'adressant la parole on se croie permis de ne le faire que des lèvres » (22, 1). Elle répétait à ses lectrices : « N'allez pas tout à la fois parler à Dieu et penser à autre chose » (22, 6). Elle insistera une fois ou l'autre dans le présent chapitre.

Mais, en réalité, le problème n'est pas si élémentaire. Il se complique de deux côtés. Premièrement, du côté de la polémique sous-jacente tout au long du *Chemin* et qui maintient Thérèse en alerte face aux positions des théologiens. Puis du côté des lectrices et de leur situation concrète dans le cadre de la vie contemplative de leur temps.

Thérèse ne peut laisser de côté le type de prière liturgique que font quotidiennement ses lectrices. Des novices de deux ou trois ans se débattent avec le bréviaire, à peu près comme elle-même le fit dans ses jeunes années. De grandes difficultés pour lire et prier ; des difficultés pour déchiffrer les abréviations et les caractères gothiques resserrés des livres de chœur ; difficultés surtout pour réciter les psaumes, cantiques et hymnes dans un latin qu'aucune d'elles ne comprenait. N'est-ce pas prier que de prononcer seulement les paroles ? et ne peut-on pas dire de nous que nous parlons et que nous ne comprenons pas ?

Eh bien, c'est ce que les théologiens de service assurent à Thérèse : « cela suffit ! », la récitation chorale suffit car, de plus, c'est une prière ecclésiale qui unit automatiquement les lèvres du priant à l'âme de l'*Ecclesia orans*.

Il est évident que si Thérèse avait pu jeter par-dessus bord ce latin et se rallier à des liturgies en espagnol, elle aurait tranché net la question. Elle n'en eut pas la possibilité. Elle ne put se décharger du problème qu'en le remettant à des savants. Elle le fait une première fois dans le brouillon, non sans une certaine pointe d'ironie : « si cela suffit ou non, je ne m'en mêle pas, c'est l'affaire des théologiens ; ils répondront aux personnes à qui Dieu inspirera d'aller les consulter ». Dans la rédaction définitive du texte, elle éliminera l'ironie et se limitera à remettre sèchement le problème aux théologiens : « Si cela suffit ou non (de réciter sans comprendre), je ne me mêle pas d'en décider, je laisse cela aux théologiens. » (n° 2)

En réalité, la solution qu'elle donnera par la suite sera valable aussi pour la situation paradoxale de sa communauté contemplative et, en général, pour toutes les communautés féminines de son temps.

La seconde complication provient d'un autre facteur plus positif, plus réel et psychologique, soigneusement observé par la sainte. Le voici : il y a des personnes qui « ne peuvent pas se recueillir », qui ne peuvent pas « fixer leur esprit » pour le concentrer sur les paroles qu'elles prononcent. Ce sont, au fond, des personnes qui ne peuvent faire oraison sans prier vocalement ; elles sont incapables de faire ce genre d'oraison pure qui se formule avec des paroles intérieures provenant de l'intelligence ou du cœur.

Pour Thérèse l'existence de ce type de priants est indiscutable. Elle-même s'est trouvée devant des cas flagrants. Elle connaît « une personne avancée en âge, très vertueuse, très pénitente, grande servante de Dieu, qui depuis bien des années emploie plusieurs heures chaque jour à l'oraison vocale. Faire l'oraison mentale lui est impossible. Tout au plus peut-elle s'arrêter un peu en récitant ses prières vocales. Il y a bien des personnes semblables » (17, 3).

Un autre cas: « Je connais une personne qui n'avait jamais pu prier que vocalement et qui, en priant ainsi, avait tout à la fois. Voulait-elle abandonner la prière vocale, son esprit s'égarait d'une manière insupportable. Mais plaise à Dieu que nous fassions toutes l'oraison mentale comme elle faisait la vocale ! Elle passait plusieurs heures à dire un certain nombre de *Pater noster*, en l'honneur des mystères où Notre-Seigneur a versé son sang, et à réciter quelques autres prières. Elle vint me trouver un jour tout affligée et me dit que, ne sachant pas faire l'oraison mentale et se sentant incapable de contempler, elle ne pouvait que prier vocalement. Je lui demandai quelles prières elle récitait ; je vis alors qu'en s'attachant au *Pater noster*, elle était favorisée de la pure contemplation. » (30, 7)

Il ne s'agit pas de cas isolés. La sainte touchait probablement une des composantes profondes de l'acte religieux. Cette nécessité étrange que ressent le priant de toutes les religions de recourir au rite, au geste, au sacrement, à la parole extérieure, y compris à la parole sacrée, pour donner un contenu au moment où il tente de s'adresser à Dieu. Tout cela se résume dans la nécessité de la prière vocale. Mais le fait est – dira Thérèse – qu'il y a des personnes qui ne peuvent se passer de la prière extérieure…

Par touches rapides, elle présentera plusieurs situations concrètes. Elle tient à ce qu'elles aient leur place dans sa pédagogie de l'oraison. :

– Il y a des personnes qui ont une réelle difficulté psychologique pour se lancer dans une oraison purement mentale.

– « Il y a bien des personnes pour qui le seul mot d'oraison mentale ou contemplation semble un épouvantail » (n° 1). Ce sont sans doute celles qui ont succombé aux craintes que diffusent certains théologiens ombrageux.

– Il y a des situations d'épuisement mental ou d'absolue impuissance momentanée pour l'oraison intérieure (n° 4-5).

– Enfin, d'un point de vue plus élevé, il faut bien penser que Dieu ne nous conduit pas tous par un même chemin. C'est pourquoi le petit groupe réuni à San José peut inclure des personnes submergées par cette impuissance intérieure, passagère ou non.

A tous, la sainte va suggérer un chemin possible ou quelques solutions au problème. Voyons-les.

Comment prier vocalement

Avant tout, une *consigne fondamentale*: ne jamais se contenter de prier avec les seules paroles. « Ce que je souhaite, mes filles, c'est que vous ne vous en contentiez pas » (n° 2). La prière machinale, la prière « par habitude », la surcharge de formules de prières, ce n'est pas l'oraison. C'est une autre chose à laquelle il est ici sans intérêt de donner un nom.

La sainte le répétera de manière catégorique et incomparable dans les premières pages de son *Château intérieur*, pages destinées au débutant dans l'oraison:

« La porte par où l'on entre dans ce château, c'est l'oraison et la considération. Ici, je ne distingue pas l'oraison mentale de l'oraison vocale, car, pour qu'il y ait oraison, il faut qu'il y ait considération. En effet, une prière où l'on ne considère pas à qui l'on s'adresse, ce que l'on demande, ce que l'on est et la dignité de celui à qui l'on parle, ne peut, à mon avis, s'appeler oraison, bien qu'on y remue beaucoup les lèvres. Quelquefois cependant, l'oraison sera réelle sans que l'on s'applique à ces réflexions; cela viendra de ce que l'on s'y sera appliqué d'autres fois. Mais si quelqu'un avait l'habitude de parler au Dieu de Majesté comme il parlerait à son esclave, sans prendre garde s'il dit bien ou mal, et se contentant d'articuler ce qui lui vient à la bouche ou ce qu'il a fini par retenir par cœur, je n'appelle pas cela une oraison » (*Demeures* I, 1, 7).

Seconde consigne: au-delà de l'attention aux contenus de l'oraison, il importe d'aviver l'attention à l'Autre, au destinataire même de l'oraison. La sainte classe ainsi les deux consignes : « Quand je dis le *Credo*, la raison demande, me semble-t-il que je comprenne et que je sache ce que je crois ; et quand je dis *Notre Père*, l'amour exige que je comprenne quel est ce Père, quel est aussi le Maître qui nous a enseigné cette prière » (n° 2). Alternance de « raison » et d'« amour », pour comprendre ce *que* nous disons et à *qui* nous parlons.

Quelques chapitres plus loin, elle soulignera l'importance de la « relation avec le Père » en priant dans le Christ. Maintenant, elle insiste bien plus sur le second fait : l'attention au Maître de toute prière chrétienne. « Lorsqu'il s'agit d'un maître comme celui qui nous a enseigné cette prière, et qui nous l'a enseignée avec tant d'amour, tant de désir de nous voir en profiter, à Dieu ne plaise qu'en la récitant nous ne nous souvenions pas très souvent de lui ! Et si notre faiblesse n'était si grande, nous devrions nous en souvenir toujours ! » (n° 3)

Il s'agit d'un fait de réel intérêt pour la sainte. Toute oraison vocale doit s'appuyer sur cette base de l'attention au Christ, fondée sur le présupposé réaliste que c'est le maître de la prière qui prie avec chaque chrétien. Le maître qui « n'est jamais loin », qui se « place tout près » du priant. De sorte qu'il n'y a pas besoin « d'élever la voix ». « Bien que nous ne l'entendions pas, pensez-vous qu'il se taise ? Non certes, il nous parle au cœur, quand c'est de cœur que nous le prions » (n° 5).

C'est pourquoi « il nous est très avantageux de nous représenter que c'est à chacun de nous que Notre-Seigneur a enseigné cette prière et qu'actuellement encore il nous apprend à la dire » (n° 5).

Il serait difficile de souligner plus fermement le sens personnel et relationnel de l'oraison, de l'oraison vocale elle-même. Son intérêt n'est pas tant de concentrer l'attention sur les paroles (ce qui a aussi de l'intérêt) que d'ouvrir et de maintenir une attitude d'attention envers la Personne que nous prions. Permettre qu'entre elle et le priant flue et reflue cette communion de sentiments, d'affections et d'intentions qui a sa source irradiante dans le Christ, mystérieusement présent et priant à notre côté. Et cela, bien que pour notre part le flux et le reflux des contenus « personnels » restent toujours affaiblis et dégénérés par toute une accumulation de limites et de conditionnements : « car nous sommes faibles », dira la sainte.

L'idée de base de Thérèse revient ainsi une nouvelle fois: l'important dans l'oraison mentale c'est le « qui avec qui » (c.22). Cet enchaînement ne peut manquer au sujet de la prière vocale: « Je voudrais que vous sachiez qu'un excellent moyen de bien réciter le *Pater noster*, c'est de rester ainsi à côté du Maître qui vous l'a enseigné » (n° 5). « Le meilleur moyen que j'ai trouvé, c'est d'arrêter ma pensée sur Celui auquel j'adresse ma prière. » (n° 6)

Troisième consigne: Thérèse la condense dans sa devise de prédilection: « en tête à tête ». Que cette dimension religieuse de la relation personnelle avec le Christ ou avec Dieu ne manque pas non plus.

Elle en donne une motivation religieuse précise: « Notre-Seigneur, vous le savez bien, veut que nous priions dans l'intimité. Lui-même priait toujours ainsi, non par nécessité, mais pour notre instruction » (n° 4).

Il est évident que ce « tête à tête », la sainte l'entend ici comme une exclusion de pensées et d'occupations profanes. « Parler à la fois à Dieu et au monde, c'est inacceptable. Pourtant ils ne font pas autre chose ceux qui récitent des prières en même temps qu'ils écoutent ce qui se dit autour d'eux » (n° 4). Mais l'essentiel est que la prière vocale parvienne à nous mettre « devant Lui », en relation « avec Lui ».

Ce genre de *solitude en compagnie* – « en tête à tête », mais « avec Lui » – sera possible et faisable au milieu d'une prière de groupe, dans la mesure où l'attention aux autres n'interceptera pas ni n'assombrira le primat de l'attention portée à Dieu. Attention à Lui qui doit tisser la toile de fond de l'oraison vocale afin qu'elle aussi nous permette de comprendre « en présence de qui nous sommes et d'entendre les réponses que le Seigneur fait à nos demandes » (n° 5). En effet, « pour peu que les prières vocales soient bien faites, (on doit comprendre) à qui on les adresse » (n° 6).

Quatrième consigne: tout cela demande à être travaillé. C'est pourquoi l'oraison vocale implique une série de tâches d'autoéducation. Avec constance et persévérance, en s'imposant une discipline intérieure. « Les personnes impatientes, ennemies de tout effort... qui n'ont pas l'habitude du recueillement » (n° 6) ne s'imposent pas l'effort de recueillir leur esprit pour prier. C'est donc à elles que s'adressent ces consignes de maîtrise de soi donnés par la sainte dans le présent chapitre.

Mais... n'y a-t-il pas des exceptions ?

Si. Il y a une exception à ces consignes. Principalement à cette consigne finale de travailler avec fermeté à prier intérieurement, en intériorisant les paroles, en éduquant l'esprit et le cœur à « demeurer avec Lui ».

Il est curieux que la sainte ait laissé un témoignage écrit de cette exception, précisément en parlant de l'oraison vocale et de son indispensable ancrage intérieur. Cette exception se rapporte aux temps et aux situations de complète apathie intérieure. Accès d'abattement de l'esprit où l'intelligence se refuse à suivre, accueillir ou avaliser les paroles récitées par les lèvres.

Il ne s'agit pas d'élucubrations théoriques ou psychologiques. Thérèse elle-même a vécu cette expérience et elle ose le dire au lecteur, apprenti dans l'oraison, afin qu'il ne se décourage pas dans de telles situations : « qu'il ne prie pas » et attende des jours meilleurs.

Par le livre de sa *Vie*, nous connaissons bien ces périodes opaques vécues par la sainte. C'est comme si, subitement et sans savoir pourquoi, un esprit aussi vif que le sien devenait obtus et stupide, sans possibilité de s'ouvrir. Il suffit de lire les confidences faites dans le chapitre XXX de *l'Autobiographie* (n° 11, 15, 16, 18...) ou dans la première *Relation*. Dans ces situations, dit-elle, « je me trouve dans l'impossibilité d'avoir une bonne pensée ou le désir d'une bonne action : corps et âme, je suis inutile à tout et un pesant fardeau à moi-même » (*Vie* 30, 15). « En d'autres temps, impossible d'avoir une pensée suivie et arrêtée ni de Dieu ni d'un bien quelconque ; impossible aussi, même en solitude, de faire oraison... Le mal vient de l'entendement... on dirait un fou furieux que nul ne peut enchaîner ; pour ma part, je suis hors d'état de l'arrêter l'espace seulement d'un *Credo* » (*Vie* 30, 16). « Parfois je me trouve dans une sorte de stupidité d'âme... Je ne fais, semble-t-il, ni bien ni mal ; je marche, comme l'on dit, à la suite des autres... L'âme, selon moi, est alors comme le petit ânon qui va paissant. Il se sustente grâce à la pâture qu'on lui fournit; mais s'il mange, c'est en quelque sorte sans s'en apercevoir. » (*Vie* 30, 18)

Ce sont les jours gris. L'Auteur du *Chemin* sait que nous en avons tous et pas seulement elle. Elle les décrit aux lectrices en quatre traits peints de main de maître: accès de mauvaise humeur et de mélancolie (tristesse, dépression); trouble et ennui; ne pouvoir « se soustraire aux distractions, quoi qu'on fasse »; pensées sans suite, sans aucun sens, déraisonnables; esprit atteint d'une espèce de frénésie intérieure et surtout d'impuissance; impuissance pour penser, désirer, prier... Tout cela accompagné de la peine de ne rien pouvoir.

Pour cette situation d'exception, la mère Thérèse a une parole de compassion et d'humanité. Ne pas en être accablé, ne pas s'entêter à « vouloir rendre le bon sens à celui qui pour le moment en est privé (l'esprit)... *Qu'elles ne prient pas; qu'elles traitent leur âme comme une malade et lui accordent un peu de soulagement; enfin qu'elles s'appliquent à quelque autre bonne œuvre* » (n° 5).

Elle sait que la peine soufferte à cause de cet accès d'impuissance est un cri tacite qui s'élève de notre misère vers Dieu. Mais, bien entendu, elle précise: il ne s'agit pas ici des accès typiques de dégoût et de négligence qui importunent le débutant. À celui-ci et face à ces passages rétrécis faciles à franchir, elle continuera à répéter la consigne de la *détermination déterminée*: ne pas délaisser l'oraison, coûte que coûte, même si le monde s'écroulait...

Prier, méditer, contempler
(*Chemin*, chapitre XXV)

Thérèse nous l'a déjà dit maintes fois, « prier avec des formules » ce n'est pas l'oraison du sous-développement. Ce n'est pas un infime échelon de l'échelle de l'oraison. L'oraison vocale bien faite, faite avec humilité, est une douce plate-forme élévatrice qui met le priant à portée de la contemplation. Elle nous a déjà dit dans le chapitre précédent, à propos de la prière du *Pater noster*: l'oraison du Seigneur est comme un lac immense et accueillant, capable d'immerger le priant dans le profond paysage de la contemplation. Elle le redira avec plus de force de la célébration de l'Eucharistie, dans les chapitres consacrés au recueillement. C'est dire la portée intériorisante de toute oraison vocale et de toute liturgie eucharistique (c. 26-29 et 33-35).

Maintenant, après le titre du chapitre, cette potentialité de l'oraison vocale, quand on prie « avec perfection », est formulée en termes explicites.

L'épigraphe du chapitre XXV est ainsi formulée: « Des grands avantages que l'âme retire de la prière vocale bien faite, et comment par cette prière Dieu élève quelquefois une âme aux faveurs surnaturelles. »

Et l'épigraphe reçoit ensuite une confirmation catégorique dans les premières affirmations du chapitre: « De crainte que vous ne pensiez qu'on retire peu de fruit de la prière vocale bien faite, je tiens à vous dire que tandis que vous récitez le *Pater noster* ou toute autre prière vocale, le Seigneur peut très bien vous mettre en contemplation parfaite. »

Un pas imperceptible... de la prière à la contemplation

Rapidement, très doucement et très simplement, l'apprenti en oraison qui, dans le *Chemin*, se prépare à la « prière » correcte du *Pater noster* (c.27) peut recevoir une brève mais forte dose de contemplation. Il peut aussi lui arriver à l'improviste ce secret glissement de la prière à la contemplation. Cela est arrivé à Thérèse, et cela lui arrive encore. Il est à peu près certain qu'elle décrira les phases de ce passage savoureux à partir de sa propre expérience de priante contemplative, attachée aux paroles du *Pater noster*.

Cela se produit ainsi : tandis que les lèvres continuent d'égrener les paroles tant de fois répétées, d'une certaine manière dont il a le secret, Dieu montre alors « qu'il prête l'oreille à celui qui lui parle » (n° 1) et que lui-même parle de sa grandeur sans avoir besoin de notre intelligence, de notre pensée, de nos paroles. La sainte le dit d'une manière plus expressive : « L'âme reconnaît que le Maître divin l'instruit sans bruit de paroles et tient ses facultés suspendues, parce que leur opération lui serait à ce moment plus nuisible qu'utile. Les facultés jouissent sans comprendre de quelle manière elles jouissent. L'âme s'embrase d'amour, mais elle ne sait comment elle aime. Elle comprend qu'elle jouit de l'objet de son amour, mais elle ne sait comment elle en jouit... La volonté se plonge dans cette jouissance, mais sans savoir de quelle manière elle le fait » (n° 2). C'est une oraison reçue, versée en nous-mêmes par l'esprit qui nous a été donné. « C'est un don du Maître de la terre et du ciel qui, disons-le, donne d'une manière digne de lui. Cela mes filles, c'est de la contemplation parfaite. » (n° 2-3)

Plus loin, elle reviendra sur ce thème pour le centrer doctrinalement. Pour le moment ce soulèvement rapide du voile du mystère a suffi pour donner un aperçu de ce qu'est l'oraison infuse du priant contemplatif. Plus exactement, de ce qu'est l'oraison contemplative de l'Auteur : une autre manière de comprendre et de se comprendre avec Lui ; une autre manière de parler sans bruit de paroles ; une autre manière de jouir et d'introduire dans l'oraison tous les ressorts de sa propre vie, sans avoir besoin de passer par le canal resserré de nos pensées rationnelles.

Les trois anneaux de la chaîne

« Maintenant vous pouvez voir en quoi elle diffère... » (n° 3). Oui, il faut dire clairement à l'apprenti en oraison que:

– Une chose est de prier avec des paroles, une autre est « l'oraison mentale », et une autre très différente est la « contemplation parfaite ».

– Qu'il n'y a pas d'oraison si l'on récite seulement des paroles car des « paroles » sans intériorité, « quelle triste musique cela ferait » (n° 3). Même si ce sont les paroles de la prière par excellence, celle que Jésus a enseignée.

– Que l'« oraison mentale » est avant tout « bien comprendre ce que nous disons, à qui nous parlons, et qui nous sommes pour oser adresser la parole à un Souverain si auguste... le peu que nous avons fait pour lui et l'obligation où nous sommes de le servir » (n° 3).

– Que la contemplation parfaite est au-delà de tout cela, au-delà de ce que nous pensons et que nous décidons, au-delà des paroles, des pensées et des désirs « produits » par nos efforts. La contemplation est une oraison due à l'initiative de Dieu dans le priant. C'est « un don du Seigneur ». C'est un bien tel que « toutes les souffrances qu'on pourrait endurer sur la terre en vue de l'acquérir... ne sauraient aucunement le mériter » (n° 2).

Trois anneaux de la chaîne de l'oraison. Mais étroitement assemblés l'un dans l'autre. Ne parlons-nous pas actuellement d'une contemplation parfaite qui jaillit de la semence même de la prière récitée et qui s'y épanouit?

Le problème: comment apprendre cela?

Les théologiens des dernières décades ont parlé à nouveau – comme les Pères des premiers siècles – de pédagogie et de mystagogie de l'oraison. Une chose serait d'apprendre à faire ce petit peu de notre part pour apprendre à prier et à entrer en relation personnelle avec Dieu. Une autre, très différente, de s'initier au mystère, de se laisser introduire dans l'expérience de Dieu.

Thérèse est une initiée de cette dernière. Elle est aussi une initiatrice. Elle part d'une intense expérience du Dieu vivant dans l'oraison. Elle dispose de certains détails très personnels pour communiquer au lecteur quelque chose de son feu intérieur. Mais elle a écrit un livre qui est expressément mystagogique. C'est le livre de sa *Vie*. Elle y a raconté comment lui a été donné, à elle, ce don de la « contemplation infuse ». Et elle l'a raconté – entre autres choses – pour contaminer le lecteur par ce mal d'amour qui l'a blessée.

C'est pourquoi, depuis qu'elle a commencé à écrire le *Chemin de Perfection* il y a dans sa plume une espèce de balancement entre ce qu'elle écrit dans ce livre et ce qu'elle a écrit dans l'autre. Ce qu'elle dit ici, dans le *Chemin* est pour le petit groupe des novices et des moniales de San José, somme toute des apprenties dans l'oraison. Ce qu'elle a écrit dans l'autre livre est pour ceux qui sont déjà initiés à une forte expérience de Dieu : au don précieux de la contemplation. Elle sait que, dans le groupe des lectrices, il y en a qui sont « dans l'état de contemplation car, comme je l'ai dit, quelques-unes y sont parvenues » (n° 4 du brouillon).

À ces lectrices, Thérèse donnera la consigne de se procurer l'autre livre, celui de sa *Vie*, mais pas tout de suite : « il faut vous le procurer – car c'est très important pour vous – *après ma mort* » (n° 4 du brouillon). La raison en est simple : « là je dis tout ce que je sais » (*ibid.*). Dans le fond, la sainte est convaincue de l'efficacité initiatique de ces pages.

Mais quand elle recommande aux lectrices du *Chemin* la lecture de cet autre livre, elle le fait presque toujours avec une certaine réticence et en sourdine. Cela vient de ce que ce livre, elle ne l'a pas, il est entre les mains de son confesseur, le père Báñez. Il faudra donc le demander à Báñez. La consigne de se le « procurer » est pour le temps qui suivra la mort de l'Auteur. Alors « il se pourra que mon confesseur ne le veuille pas » (prologue n° 4 du brouillon).

Eh bien, non, le père Báñez ne veut pas que ce livre passe dans les mains de nouvelles lectrices et quand il se rend compte que quelqu'un a retranscrit plus d'une copie de l'autographe thérésien, il se fâche sérieusement. Cela s'est fait « contre la volonté expresse de celui qui explique – ce sont les paroles de Báñez – combien il se fâcha contre la dite Thérèse de Jésus, même s'il comprenait que la faute ne lui incombait pas, mais à celui à qui elle avait confié le manuscrit. Il dit qu'il fallait brûler l'original car il ne convenait pas qu'un écrit de femme passe au public ; elle répondit qu'il devait bien l'examiner et le brûler s'il le jugeait bon… Il le regarda avec attention et n'osa pas le brûler… » (*BMC*, tome XVIII, 10).

De là, sans doute, les hésitations de la sainte. Surtout en rédigeant le *Chemin* pour la seconde fois. Non seulement elle hésita à insister auprès de ses lectrices pour qu'elles se procurent le mystérieux livre, bien qu'elle soit convaincue que « quelques indications et avis dans lesquels Notre-Seigneur m'a fait la grâce de parler exactement les consoleront beaucoup et leur seront utiles… C'est aussi la pensée de plusieurs personnes qui ont vu cet écrit et lui accordent quelque estime » (n° 4). Non seulement cela, mais encore en terminant l'épilogue du *Chemin*, alors qu'affleure à nouveau la silhouette de Báñez, elle opte pour retrancher intégralement l'invitation à « se procurer » le manuscrit de la *Vie* dans le but de poursuivre cette formation initiale du *Chemin*.

Nous transcrivons ce passage final afin de connaître la première intention pédagogique de l'Auteur et quelle fut sa rétractation devant la résistance du théologien :

« … Ainsi le Seigneur vous a enseigné le chemin tout comme à moi qui, dans le livre que j'ai déjà écrit, ai mis comment on devait agir une fois arrivée à cette source d'eau vive, ce que l'âme ressentait alors et comment Dieu la rassasiait, lui retirait la soif des choses d'ici-bas et la faisait grandir dans les choses du service de Dieu. Pour celles qui seraient arrivées à cette source, ce livre serait d'un grand profit et il leur donnerait beaucoup de lumière. Il faut vous le procurer ; c'est le père frère Domingo Báñez… mon confesseur, qui a ce livre et à qui je donnerai celui-ci. S'il juge bon que vous lisiez celui-ci (le *Chemin*) et qu'il vous le donne, il vous donnera aussi l'autre. » (épilogue du brouillon)

Ce passage est omis dans le livre. Il est vraisemblable que Báñez n'aurait pas été d'accord.

Le pourquoi de ces hésitations et de ces rétractations

Ce petit incident rédactionnel nous dévoile tout un pan des intentions de la mère Thérèse sur la pédagogie de l'oraison.

Il était clair que, pour elle, la formation à l'oraison ne devait pas se terminer à l'apprentissage de la « prière faite avec perfection », ni de la seule oraison mentale (méditative), mais que l'on devait viser la grande maturité de l'oraison chrétienne dans sa force et sa gratuité : la contemplation.

De là son plan en deux temps : dans le *Chemin*, pour les novices et les apprentis, elle parlera surtout de l'oraison vocale, de l'oraison mentale et du recueillement. Quant à la « contemplation parfaite » (ou mystique), elle ne la proposera qu'en passant ou par allusion : « je ne ferai qu'effleurer le sujet » (n° 4 ; elle le répétera presque littéralement dans le chapitre 32, 13 du brouillon). Pour ce deuxième temps important de formation, elle renvoie le lecteur au livre de sa *Vie*.

Ainsi donc, *Chemin* et *Vie* forment un diptyque complet de sa pédagogie de l'oraison. Il faudra les lire dans l'ordre inverse de celui de leur composition.

Seulement ce plan de la sainte se trouve partiellement perturbé par les interrogations et les difficultés surgies rapidement autour de la lecture de la *Vie*. Après l'opposition de Báñez, à peine un an plus tard, le grand maître des spirituels, saint Jean d'Avila, confirmera les mêmes réserves : « Le livre (la *Vie*) n'est pas à mettre dans les mains d'un grand nombre » écrivait le saint à l'Auteur, le 12 septembre 1568.

Mais la position doctrinale de Thérèse reste ferme. Elle la redira définitivement en composant un nouveau livre de formation, le *Château intérieur*. Celui-ci formera un diptyque parfait avec le *Chemin*.

À l'école de Thérèse, l'apprenti en oraison commencera par apprendre à *faire oraison* dans les pages de ce livre et il parachèvera son apprentissage en étant invité à *la contemplation* dans les cinquièmes, sixièmes et septièmes demeures du *Château intérieur*.

Le recueillement pour intérioriser l'oraison
(*Chemin*, chapitre XXVI)

Nous lisons en groupe le chapitre XXVI

Nous sommes un groupe de quatorze jeunes réunis autour du *Chemin* de la mère Thérèse dans le but de lire le chapitre XXVI du livre : comment recueillir son esprit pour intérioriser l'oraison. Quatorze jeunes, plus un qui l'est moins : celui qui développe et commente.

Le groupe, très thérésien, se compose en majeure partie de lectrices déjà entraînées à la lecture du livre. Les moins initiées au texte thérésien se chargeront de glaner les paroles et les « passages-pièges », ceux qui pourraient rendre difficile, pour un jeune lecteur débutant, la totale compréhension des pages classiques de la sainte.

Pour une lecture préalable et personnelle du texte, un guide de pistes possibles nous a servi :

– Bien centrer le thème du chapitre qui est de « recueillir l'esprit » dans l'oraison.

– Suivre pas à pas la pédagogie intériorisante de la sainte : s'éduquer à la présence, éduquer le regard, l'écoute, la parole, l'attitude fondamentale du priant, etc.

– Recueillir les consignes pratiques de l'Auteur, noter ses confidences personnelles et, en arrivant au numéro 6, s'arrêter et observer comment elle prie, comment se réalise sa relation personnelle avec Dieu.

– Souligner encore les « images » plastiques utilisées par la sainte et s'interroger sur leur rôle pédagogique.

Mais, attention : il s'agit de simples pistes possibles pour pénétrer profondément dans le texte. Le plus important est ceci : suivre le texte thérésien en lui-même, en faire une lecture compréhensive et non pas superficielle, orientée vers sa propre oraison.

Le lieu de la rencontre est, lui aussi, très thérésien. Ici, dans ce même cadre nous a précédé, pour la lecture partagée du *Chemin* un thérésianiste remarquable, saint Enrique de Ossó, un homme du siècle dernier qui pourrait bien être le maître de la « lecture en groupe » pour les thérésiens et les thérésiennes d'aujourd'hui.

La présentation du texte

Comme toujours, avant de lire à haute voix, nous faisons une pause pour nous remémorer le texte thérésien que nous avons choisi ; cette fois le chapitre XXVI. Quelques indications nous suffisent. Les voici :

a) Avant tout, le titre du chapitre nous offre une bonne piste. Il nous indique qu'à ce moment du livre on aborde le thème du « recueillement ». Comment « recueillir son esprit » dans l'oraison soit vocale soit mentale. Ce qui importe c'est d'intérioriser l'oraison, la rendre plus simple et plus contemplative. C'est pour cela que la sainte a d'abord parlé de l'entraînement de l'oraison vocale pour approfondir l'oraison mentale, en vue de l'oraison contemplative.

b) Mais, en réalité, le thème déborde les limites du présent chapitre. Thérèse lui en consacrera au moins trois autres, du chapitre XXVI au chapitre XXIX (il suffit de lire l'épigraphe du chapitre XXVIII). Ces quatre chapitres développent la leçon du « recueillement » dans une sorte de diptyque. Dans les deux premiers chapitres (26 et 27), la sainte dira que le principal pour recueillir l'esprit dans l'oraison est *de centrer le regard sur le Christ*. Se recueillir, c'est l'accueillir, accueillir sa présence, sa compagnie. Le recueillement, comme l'oraison elle-même, doit être résolument christologique.

Dans les deux chapitres suivants (28 et 29) elle insistera sur l'aspect psychologique : il y a recueillement, dira-t-elle, quand

« *l'âme recueille toutes ses puissances et se retire au-dedans d'elle-même avec son Dieu* » (c.28, 4), quand elle redécouvre son propre château intérieur.

c) Est-ce en ceci que consiste le yoga thérésien ? Je ne sais s'il est très correct de baptiser par cette expression à la mode la pédagogie de l'oraison de la sainte. Quoi qu'il en soit, le sien serait un « yoga » absolument original. Une sorte de processus éducatif de l'esprit en quatre temps :

– Centrer l'attention sur le Christ.

– S'intérioriser : convoquer ce qui extériorise aux demeures de son propre château intérieur.

– Mais, ces deux attitudes seront précédées d'une bonne base de vertus pratiques afin que l'oraison ne reste pas déconnectée de la vie.

– Et suivies d'une grande ouverture et d'une grande disponibilité à l'action de Dieu sur nous et sur notre oraison, car c'est à Lui qu'il revient d'approfondir notre recueillement et de le rendre contemplatif.

d) Finalement, un simple schéma qui dessine le tracé du chapitre. Celui qui accompagne le présent résumé.

Maintenant, nous lisons… et commentons les points les plus saillants contenus dans la pédagogie thérésienne du chapitre, à savoir :

Premièrement : s'éduquer à la présence du Seigneur

Nous l'avons noté déjà plusieurs fois dans les chapitres antérieurs du *Chemin*. Pour la sainte, l'oraison chrétienne est une « chose à deux », « l'amitié de deux amis ». Absolument relationnelle (le problème de « qui avec qui ») et dialogale, délicat entrecroisement d'écoute et de parole.

À cause de tout cela, l'élément fondamental est que le priant ne se retrouve pas seul avec lui-même pour se plonger dans ses propres pensées, mais pour « avoir une compagnie » : « *Puisque vous êtes seules, mes filles, cherchez sans délai une compagnie* » (n° 1). Ici la sainte ne parle pas de la compagnie du groupe des priants, mais de celle du Seigneur.

Il s'agit d'un acte de foi en sa présence. Mais une foi qui soit réaliste et dynamique, ressort et plate-forme élévatrice, qui fasse entrer mon esprit en sa présence. Cette présence réelle et enveloppante qui entoure et transperce ma vie, mais qui nécessite de ma part une nette prise de conscience pour que ma foi théologale passe au tissu psychologique de ma vie, de mes pensées et de mes sentiments. De plus, cette présence est une présence amie. Pour le moment, nous restons avec cette dernière consigne de la sainte: « Séparez-vous le moins possible d'un si excellent ami. » (n° 1)

Deuxièmement: éduquer le regard

À partir du regard extérieur, éduquer le regard intérieur.

Là, nous avons pu constater à quel point l'Auteur du *Chemin* est maître de sa plume. Nous avons souligné dans les numéros 3, 4 et 5 la répétition intentionnelle, le martèlement doux et persuasif du verbe « regarder », Le regarder, poser les yeux sur Lui, tourner les yeux pour Le regarder… jusqu'à ce qu'« Il tourne vers vous ses yeux si beaux, si compatissants… uniquement… parce que vous tournez la tête de son côté pour Le regarder » (n° 5).

Mais il ne s'agit pas (ou pas seulement) des yeux du visage. Il s'agit de « tourner les yeux de votre âme vers ce divin Maître » (n° 3). Commencer, peut-être, avec le regard sensible pour éveiller et attirer vers Lui le regard intérieur: l'attention, l'esprit lui-même rééduquant les sens, aiguisant la pointe pénétrante de la foi et de l'amour.

Éduquer ainsi le regard, ou les yeux de l'âme, nécessitera un entraînement et un exercice faits de pratiques modulées et facilitées par l'Évangile de Jésus, par les épisodes de sa Passion, par ses paroles et ses sentiments; et aussi par les hauts et les bas de l'esprit personnel. Mais en visant toujours cette douce, paisible et profonde attention intérieure qui permet à quelqu'un de s'installer en sa présence et d'entrer en communion avec ses sentiments; et en même temps de rester enraciné dans les couches profondes de soi-même afin de dire en vérité : « Faisons route ensemble, Seigneur. » (n° 6)

Troisièmement : éduquer l'écoute et la parole

La sainte a bien compris qu'il n'y a pas d'amitié sans communication. Elle le réaffirmera ici en termes d'allure aristotélicienne :

« Vous parlez bien aux créatures : pourquoi ne trouveriez-vous pas de paroles pour parler à Dieu ? Non, cela n'arrivera pas, j'en suis persuadée, si vous avez soin de vous y exercer. Sinon, rien d'étonnant. Le manque de relations avec une personne fait qu'on est embarrassé en sa présence et qu'on ne sait quoi lui dire. Nous est-elle unie par les liens du sang, elle nous devient comme étrangère, tant il est vrai que la parenté et l'amitié disparaissent quand les relations font défaut. » (n° 9)

Au fond, elle aussi n'ignore pas notre difficulté à trouver ce langage et vaincre l'extraordinaire mutisme ou le bégaiement de l'esprit qui nous saisit quand nous nous mettons à parler à Dieu. C'est pourquoi elle nous assure : « Il vous fournira lui-même ce que vous devrez lui dire. » (n° 9)

Dans cette tentative de la sainte pour éduquer la relation expressive du priant à agir devant Dieu en « parole et en écoute », il est intéressant que, une fois de plus, elle ait recours à son style pédagogique particulier : ne pas dire sans faire ! Ici même, devant le lecteur, elle se met à dire des choses à Dieu. Paroles pleines d'émotion qui s'écoulent dans un de ses irrépressibles flots d'oraison écrite et qu'elle introduit avec une sorte de trucage impliquant hardiment le lecteur : « Ô Seigneur du monde... *pourrez-vous lui dire...* » (n° 6). Mais, de fait, c'est elle qui le lui dit, stimulant et provoquant les sentiments du lecteur.

Quatrièmement : « s'habituer, s'accoutumer »

Intérioriser l'oraison n'est pas un exercice de gymnastique, ni une technique de l'esprit. Ce n'est pas non plus une chose faite en un jour. Il faut éduquer l'intelligence et faire fléchir l'esprit. Éduquer la foi et l'amour. Éduquer le sens de Dieu. Franchir la barrière de la superficialité et atterrir dans le puits de l'humilité et de l'entière disponibilité à Dieu.

La fidélité à l'oraison requiert donc fermeté et espérance théologale ; assiduité amoureuse et désintéressée dans l'attente. Thérèse ne se lassera pas de répéter que si un an ne suffit pas… c'est qu'il en faut davantage. On n'arrive à ce but qu'en prenant le chemin de la lutte et de l'attente.

Enfin : l'imagerie du recueillement

Décrire l'intérieur avec des images exquises a toujours été l'un des objectifs pédagogiques de la sainte. Ici également, en parlant de cette chose délicate et mystérieuse qu'est la recherche de la parole et du silence intérieurs. En réalité, elle apportera les images les plus belles dans les chapitres suivants. Pour le moment, nous en avons recueilli et souligné trois :

– La belle image de la femme mariée et amoureuse qui est toute attention, prévenance et empressement pour son époux. Ici, l'épousée, c'est l'âme ; l'époux, c'est Dieu. Le recueillement intériorisant est la recherche des sentiments profonds de l'autre, pour entrer en pleine syntonie avec eux.

– L'image de l'âme égarée, hors d'elle-même et prisonnière d'une extériorisation aberrante, contrainte par l'angoisse à revenir dans sa propre maison pour reprendre vie.

– Et l'image du Maître ami, joyeux d'accueillir et de communiquer : « Avoir à son côté un tel ami, pensez-vous que ce soit un mince avantage ? » (n° 1)

Les difficultés de lecture

La première difficulté a été perçue et dénoncée par la sainte elle-même. Cet apprentissage du silence et de la parole n'est-il pas réellement difficile, face au mystérieux interlocuteur de notre oraison ? « Vous me demanderez, mes sœurs, comment cela peut se pratiquer, et vous me direz que si vous aviez vu Notre-

Seigneur avec les yeux du corps, du temps où il était de ce monde, de grand cœur vous auriez tenu les yeux constamment fixés sur lui. » (n° 8)

Acceptons sa solution : « Se contraindre aujourd'hui quelque peu et retenir du moins sa vue pour regarder Notre-Seigneur au-dedans de soi ! ». Acceptons, y compris la fine ironie qui accompagne sa réponse.

Quant aux petites difficultés sur lesquelles trébuche le lecteur de la sainte, elles sont d'un autre ordre. En voici quelques-unes :

– « *Vous le trouverez sous l'aspect où vous voudrez le considérer* » (n° 3). Rappelons-nous le contexte de cette affirmation. La condescendance et la disponibilité du Christ sont telles qu'il se plie aux indigences et aux désirs du priant. De sorte que vous le trouverez sous quelque forme dont vous avez besoin et que vous lui demanderez.

– « *Le Seigneur ne nous laisse pas si abandonnés...* » (n° 2). Si dépourvus et si désolés...

– « *Ne vous souciez de rien* » (n° 7). Que rien n'ait d'importance pour vous, ni les difficultés ni l'opposition d'autrui (les brimades), à condition de le suivre Lui.

– « *Avec tant soit peu d'attention* » (n° 8). La phrase entière se déroule ainsi : « celui qui maintenant ne veut pas faire le moindre effort..., alors qu'on lui demande seulement un tant soit peu d'attention » : ce petit peu d'attention...

– « *Il se fait le sujet* » (n° 4). Dans la ligne de la condescendance de l'Ami, c'est lui qui se fait le serviteur pour traiter l'ami comme un seigneur.

– « *Prenez un bon livre en langue usuelle* » (n° 10). Un livre en espagnol ou dans la langue courante.

Nous fermons le livre, mais nous savons que la leçon sur le recueillement est à peine commencée. Il reste à la porte des chapitres forts (27 à 29), y compris la dernière partie du *Chemin* qui développera ce thème. Les chapitres consacrés à intérioriser l'oraison eucharistique (33 à 35) seront une reprise ou une prolongation du même thème.

Prier c'est dire « Père »
(*Chemin*, chapitre XXVII)

Avant de lire le chapitre XXVII

Avant d'aborder la lecture du chapitre XXVII du *Chemin*, il convient de rappeler deux ou trois choses.

Premièrement : que le présent chapitre reprend le thème du recueillement commencé au chapitre précédent et que vont compléter les chapitres suivants, 28 et 29. Nous avons déjà dit que Thérèse entend par *recueillement* l'intériorisation de l'oraison, en passant doucement de la prière vocale ou de la méditation à la contemplation. Elle articule son explication en deux temps : attention au Christ (c. 26-27) et entrée dans le temple de son propre esprit (c. 28-29).

Ici, dans le chapitre XXVII, elle continue à développer le premier aspect christologique : prier avec le Christ, dire « Notre Père » avec Jésus. À partir de Jésus-Fils, contempler le mystère du Père jusqu'à nous sentir fils avec le Fils.

Deuxièmement : la composition du chapitre. Il suffit de rappeler son processus rédactionnel. Dans le brouillon, Thérèse a divisé ce chapitre en deux chapitres distincts. Le premier (n° 1-4) commentait seulement le mot « Père », la paternité de Dieu, notre filiation en Christ. Le second (n° 5-7) parlait, par contraste, des paternités humaines, de leur possible détérioration déformante à l'intérieur de la famille priante qu'est le Carmel.

Dans la rédaction définitive elle a uni les deux thèmes en un seul chapitre. Dans l'oraison nous vivons la paternité de Dieu au-delà des détériorations et des déformations de n'importe quelle forme de paternité ou de fraternité humaine.

En tout cas, l'important est la première partie du thème: dire « Père » à partir du mystère du Fils et de nos entrailles filiales, c'est-à-dire à partir du cœur même de l'Évangile de Jésus et de la théologie de saint Paul.

Troisièmement: le traitement thérésien du thème. Thérèse ne fait pas de théologie, elle n'expose pas le thème de la paternité divine ou celui de notre filiation, mais elle le prie. Le chapitre est, dans sa majeure partie, une oraison. Le lecteur ne peut qu'entrer dans l'oraison de l'Auteur, ou rester sur le seuil de sa leçon sur le recueillement.

Voici donc une page de la sainte, écrite pour être lue dans l'oraison.

Qui prier: le Père ou Jésus?

La liturgie, expression parfaite de la prière chrétienne, prie le Père, par le Fils, dans l'Esprit Saint.

Appliquer au texte de la sainte une question à partir de ce schéma, c'est peut-être projeter sur elle nos préoccupations doctrinales. Si à un moment Thérèse s'abandonne à son instinct de liberté, ou à la liberté de l'Esprit, c'est bien dans l'oraison. Elle-même le conseillera aux lectrices un peu plus loin: « Traitez avec Dieu comme avec un père, comme avec un frère, comme avec un maître et comme avec un époux; choisissant tantôt l'une, tantôt l'autre de ces qualités. Lui-même vous apprendra celle qui lui plaira le plus. Ne faites pas les naïves, sommez-le de tenir sa parole. Il est votre Époux, demandez-lui de vous traiter comme ses épouses. » (c.28, 3)

C'est ainsi.

Avec cela, le cours sur l'oraison thérésienne reflète tout au long du chapitre le schéma trinitaire qui caractérise nécessairement toute oraison chrétienne authentique. Thérèse commence en s'adressant au Père: « Ô mon Dieu, comme il se voit bien que tu es le Père d'un tel Fils... » (n° 1). Puis elle passe rapidement au dialogue avec le Fils: « Ô Fils de Dieu! mon tendre Maître! »

(n° 2). Et elle termine avec la conviction que l'Esprit Saint est impliqué dans ces invocations car elles ne peuvent jaillir en nous que si nous sommes mus par l'Esprit: « Entre un tel Fils et un tel Père, vous rencontrerez nécessairement le Saint-Esprit qui enflammera votre volonté. Ce très puissant Amour la tiendra enchaînée, dans le cas où le grand intérêt que vous y avez n'y suffirait pas. » (n° 7)

Dans le déroulement même de l'oraison thérésienne il y a une orientation intentionnelle – une sorte de centre focal de l'oraison –qui surprend le lecteur. Au fond, Thérèse prie le Père pour le Fils. Dans le sens de le supplier « pour Lui », « en faveur de Lui ». Elle entreprend d'éveiller ou d'émouvoir ses entrailles de Père devant le mystère du Fils fait homme, avant que d'attirer son regard sur nos difficultés et sur nos besoins, nous les autres fils.

Ce n'est pas la première fois que la sainte propose au lecteur ce genre d'oraison, et ce ne sera pas la dernière dans le *Chemin*. Si le lecteur revient en arrière et relit la belle prière au Père éternel dans les derniers numéros du troisième chapitre, il y trouvera la vive émotion de la sainte et du groupe de ses filles, priant le Père pour le Christ, c'est-à-dire pour le Christ mystiquement impliqué dans les avatars de l'Église: « Ô Père éternel, considère que tant de coups de fouet, tant d'outrages, tant de tourments atroces, ne sont pas à mettre en oubli! Comment, ô mon Créateur, des entrailles aussi tendres que les tiennes peuvent-elles supporter... » (c.3, 8)

Et si le lecteur poursuit sa lecture pendant quelques chapitres, il trouvera, dans le commentaire de la demande « le pain de chaque jour » (c. 35), une autre prière, presque déchirante, adressée à nouveau au Père pour le Fils qui continue à être extrêmement humilié par nous dans l'Eucharistie et profondément associé aux besoins et à la destinée du monde et des hommes.

Pour entrer plus avant dans le sens profondément chrétien de cette oraison de la sainte, il faudrait peut-être ordonner en triptyque ces trois passages: c. 3, 27 et 35, et y prendre les pulsations de l'oraison thérésienne qui est à la fois contemplation du mystère « Père-Fils » et supplication sacerdotale pour le mystère des fils adoptifs que nous sommes.

Pour le moment, laissons le triptyque et approchons-nous de l'oraison du présent chapitre.

Ainsi priait Thérèse

Dire « Notre Père » est la meilleure manière – pense la sainte – pour que l'âme entre « en elle-même », s'élève « au-dessus d'elle-même » et parvienne à la « contemplation parfaite ».

De fait, c'est le chemin parcouru par elle dès que sa plume a écrit la phrase « Notre Père qui es aux cieux ». Elle explose rapidement dans un « Ô » de stupéfaction: « Ô mon Dieu... ! ». C'est le « Ô » révélateur de l'étonnement contemplatif devant le mystère. Le chapitre entier sera jalonné par cette attitude d'étonnement amoureux: « Ô mon Dieu ! » (n° 1); « Ô mes filles » (n° 1); « Ô Fils de Dieu ! » (n° 2); « Ô bon Jésus ! » (n° 4); « Ô collège des apôtres de Jésus-Christ ! » (n° 6).

Ce déploiement d'étonnement marque, d'une certaine manière, le va-et-vient de l'oraison de la sainte, son mouvement intérieur: du Père au Fils; de Jésus aux lecteurs et à l'humanité; de la prière récitée à la contemplation.

Suivons de près ce processus:

a) *Prier c'est dire « Père »*. D'abord Thérèse porte son attention sur ce mot. Dire *Père* c'est le grand bonheur de celui qui prie. C'est le don premier et définitif qui lui est fait. Pouvoir le dire « avec Jésus », en partageant ses sentiments de Fils, sa propre relation personnelle avec le Père. Par conséquent, c'est une invitation à dire cette parole à partir de son propre sentiment filial, entre étonnement et amour, entre audace et tendresse.

b) « *Sois béni, Père* ». L'oraison de la sainte pénètre profondément dans le mystère du Père. Le mystère de sa volonté. Principalement dans son dessein de nous donner le Fils. Don qui nous comble, qui devrait « remplir notre esprit » jusqu'à occuper « notre volonté » afin « qu'il nous devienne impossible de proférer une parole », dans le silence de sa présence.

c) Le mystère du Fils. « Ô fils de Dieu ! Mon tendre Maître ! Comment, dès les premiers mots, nous donnes-tu tant de biens à la fois ? ». Le priant qui, avec Jésus, dit « Notre Père » reçoit et partage avec Jésus des sentiments de fils. Il s'associe à la prière du Fils et, pas à pas, se joint au mystère de ce Jésus qui « est sur la terre » comme nous, « revêtu d'une chair terrestre » comme nous, partageant notre nature, obstiné pour « s'intéresser à nous », engageant, en notre faveur et à ses dépens, la mystérieuse volonté de Dieu.

Un Jésus qui « s'offre au déshonneur pour l'amour de nous » et qui conditionne sa mystérieuse relation avec le Père en tenant compte de cette série d'implications que nous allons imposer à son Humanité.

d) Et, enfin, *notre propre mystère*. C'est là que débouche inévitablement toute cette contemplation profonde du mystère de la paternité de Dieu et de notre fraternité avec le Christ. En nous qui non seulement nous empêtrons dans de misérables rivalités (comme les douze… Pierre… Barthélemy…) mais qui de plus nous perdons dans l'enchevêtrement mesquin de pseudo-paternités humaines, c'est-à-dire dans l'oubli de notre dignité de fils de Dieu, appelés à partager avec le Christ le nouveau sentiment filial. La sainte ne peut éviter l'évocation de « Judas entre les apôtres » (n° 6). De là sa recommandation finale : « Quel excellent Père vous avez, mes filles, en celui que vous donne le bon Jésus ! Qu'on n'en connaisse pas d'autre dans ce monastère, du moins pour s'en entretenir. Efforcez-vous d'être telles que vous méritiez de trouver vos délices auprès de lui et de vous jeter entre ses bras. Vous savez bien que si vous êtes de bonnes filles, il ne vous repoussera pas. Qui ne fera tous ses efforts pour ne pas perdre un tel Père ? » (n° 6)

À partir de la source secrète de l'expérience filiale

Pour l'apprenti en oraison à qui Thérèse destine son livre, tout cela n'est-il pas un mets trop fort ? N'est-ce pas viser trop haut que lui demander dès le début d'affiner son sentiment filial et de s'enfoncer dans le mystère extraordinaire de Jésus, à la fois homme et Dieu, revêtu de notre chair terrestre, comme elle le dit, mais établi dans la volonté du Père ?

Comme en d'autres occasions, Thérèse, en celle-ci, revient de la zone brûlante qu'est son expérience de Dieu. Et là certaines choses sont devenues incandescentes. L'apprenti en oraison, comme la masse des croyants chrétiens, est habitué à accueillir et à conceptualiser à froid les énoncés catéchétiques qui lui affirment sa filiation divine, sa condition de fils de Dieu en Christ, son incorporation à Jésus, à partir du baptême.

Pour Thérèse, comme pour les mystiques et les prophètes, ces énoncés sont sapés et dépassés par une expérience émouvante. Expérience qui émerge, irrépressible au moment de l'oraison, quand il faut, en vérité, appeler Dieu « Père ». Thérèse l'exposera (ou mieux, elle le priera) dans une de ses *Exclamations*. Elle restera médusée et hors d'elle-même en considérant la complaisance qu'a le Père pour le Fils, le fait que c'est en Lui qu'il « prend ses délices ». Mais, ensuite, ce fait que Dieu prenne ses délices en nous, les fils des hommes, la remplit de stupeur : « Ô Maître du ciel et de la terre, après une telle parole qui pourrait désespérer ? » (Excl. 7)

Il faudrait placer, dans une sorte de diptyque, cette septième Exclamation et ce chapitre XXVII du *Chemin*.

Mais il est plus intéressant, pour la compréhension de la présente leçon de la sainte, de remarquer qu'elle-même a expérimenté dans son esprit et avec tout son être, cette intime complaisance paternelle de Dieu (cf. *Vie* 14, 10).

Nous pourrions recueillir un *test* très bref de l'impact produit en elle par l'empreinte de la paternité de Dieu sur son âme à travers les confidences qu'elle nous fait dans ses *Relations*. Rappelons seulement deux passages remarquables par leur langage expressif et par leur concision, bien qu'ils soient postérieurs à la rédaction du *Chemin*. Les voici :

– Dans l'intime de son être, lui est révélée cette parole « biblique » qui l'assure de l'amour du Père : « Fais ce qui est en ton pouvoir, abandonne-toi à moi… Jouis du bien qui t'a été accordé… Mon Père prend ses délices en toi et tu es aimée de l'Esprit-Saint. » (Rel. 13)

– Elle accueille dans la profondeur de son être le don par excellence que le Père fait à tous ceux qui sont renés dans le Christ : « Je t'ai donné mon Fils, l'Esprit-Saint et la Vierge. Et toi, que peux-tu me donner ? » (Rel.25)

L'art de se recueillir
(*Chemin*, chapitre XXVIII)

Comment entrer en soi

Nous sommes en face du thème central du *Chemin*. Rappelons-le. Dans la pédagogie thérésienne, l'art de se recueillir et d'entrer en soi est une espèce d'échelon intermédiaire entre la simple prière récitée et l'oraison de pure contemplation. Un degré pour passer de l'une à l'autre.

Le titre du chapitre dit ainsi : « Ce qu'est l'oraison de recueillement, et de quelques moyens de s'y habituer ». Un titre qui promet trois choses : nous dire ce qu'est l'oraison de recueillement, les moyens disponibles et comment s'habituer ou s'entraîner à cet art.

Le titre est une nette reprise de celui du chapitre XXVI. Là aussi il s'agissait de savoir « comment recueillir son esprit » et « des moyens pour y parvenir ».

Cela nous rappelle que la sainte a dédoublé le thème du recueillement dans un diptyque et que, en tête de chaque partie elle a voulu, intentionnellement, que figure le même avis : l'apprentissage et l'avancée dans le chemin de l'oraison passent par une phase d'intériorisation qui rend l'oraison plus personnelle, plus profonde, plus simple et plus contemplative.

La première partie du diptyque (c. 26-27) a insisté sur le fait que le recueillement ne consiste pas à s'absorber dans ses pensées, ni à se replier sur soi, ni à gratter le fond de son propre puits. Dans l'oraison chrétienne, « se recueillir » consiste avant tout à se centrer sur l'Autre, sur le Christ, à concentrer esprit et cœur sur Lui. En effet, il serait désolant d'entrer en soi et de se trouver soi-même, sans Lui. Ne jamais oublier que faire oraison chrétienne, c'est une chose à deux.

Après cela vient, maintenant, le second temps du processus de recueillement (c.28-29): avec Lui, entrer en soi. C'est le thème de notre chapitre.

Un présupposé de base

Il est possible que la formule « entrer en soi-même » soit une formule réaliste, peut-être même avec une forte nuance psychologique, comme le « connais-toi toi-même » de Socrate. Mais il est possible qu'elle reste une consigne vague et quelque peu abstraite, comme lorsque nous parlons de notre intériorité (terme que notre Auteur n'a pas connu ni employé).

Comprenons bien qu'« entrer en soi » n'a rien de commun avec le typique moment de concentration que s'impose l'athlète avant la course ou le saut; ni ne se réduit à la technique yoga qui passe par des moments d'attention et de concentration pour finalement se libérer de soi-même. Ni l'un ni l'autre, même si le recueillement peut s'appuyer sur les deux choses: sur la technique de l'athlète et sur le yoga du bouddhiste christianisé.

La sainte a préféré, comme point de départ, une autre formule magique: la seconde parole du *Notre Père*. Celle qui vient immédiatement après l'invocation initiale du Père: « Toi qui es aux cieux ». Bien entendu, non pas dans les cieux étoilés, mais dans les cieux de mon âme ou de ma vie, les cieux vastes et larges de mon esprit ou bien « ce petit ciel de notre âme » (n° 5).

D'un seul trait de plume, la sainte a écarté le rôle simplement psychologique du recueillement et lui a donné une trempe théologique, une profondeur de foi. Pour elle et pour le priant, le présupposé de base est le fait biblique qui définit l'intériorité de l'homme comme « demeure » ou comme « temple de l'Esprit ». Thérèse elle-même s'est tant de fois arrêtée, étonnée, à en prendre conscience, plus étonnée encore en comprenant que Dieu prend ses délices en demeurant au-dedans de nous.

C'est pourquoi, au début du chapitre, elle le redit au lecteur. Il ne suffit pas au priant de le savoir pour l'avoir entendu ou de faire la sourde oreille. Il est important (« d'une très grande importance ») « non seulement de le croire, mais encore d'en faire *l'expérience* ».

Elle fera ensuite remarquer au lecteur que l'expérimenter (avoir l'expérience de sa propre profondeur et l'expérience que nous sommes demeure de Dieu) n'est pas chose facile quand une âme commence à prier. « Il ne se découvre pas tout d'abord; mais peu à peu il va l'élargissant à la mesure des dons qu'il se propose de placer en elle » (n° 12).

Sur cette base s'égrène un premier chapelet de consignes:

– Là, dans mon espace intérieur, « Dieu est si près », qu'il suffit de lui parler tout bas (n° 2).

– Il suffit « d'entrer en solitude, de regarder au-dedans de soi-même et de ne pas s'éloigner d'un hôte si excellent » (solitude et compagnie mutuelle) (n° 2).

– Apprendre à lui parler, « comme on parle à un père; comme à un père aussi, lui adresser ses demandes » (n° 2).

– Se libérer des entraves: communiquer avec Lui « sans fausse modestie » (n° 3).

– Oser l'audace de l'oraison chrétienne: « traiter avec Lui », « traitez avec Dieu comme avec un père, comme avec un frère, comme avec un maître, comme avec un époux, choisissant tantôt l'une, tantôt l'autre de ces qualités. Lui-même vous apprendra celle qui lui plaira le plus. Ne faites pas les naïves, sommez-le de tenir sa parole. Il est votre Époux, demandez-lui de vous traiter comme ses épouses » (n° 3).

Ainsi le présupposé de base se réduit à deux consignes: « Considérez qu'il est très important pour vous d'avoir compris cette vérité: le Seigneur est au-dedans de vous et là nous demeurons avec lui. » (première rédaction n° 3)

Cette présence mutuelle – Il est au-dedans de nous et nous demeurons avec lui – est une sorte de plate-forme ouverte à la communion mutuelle: en silence et avec des paroles, en solitude et en compagnie, en audace et en humilité.

Très exactement... se recueillir qu'est-ce que c'est?

Thérèse répond à cette question au milieu du chapitre (n° 4-7). Elle le fait en deux temps: d'abord par une sorte de définition, ciselée à sa manière; puis avec une avalanche d'images plastiques.

La définition (n° 4-5)

Elle commence ainsi: « On l'appelle *oraison de recueillement* parce que l'âme y recueille toutes ses facultés... » Elle conclut en assurant que pour se recueillir il faut s'habituer à ne pas laisser « distraire les sens extérieurs » (n° 5).

Point par point, le jeu des pièces dans l'art de se recueillir s'ordonne ainsi:

– Se recueillir est une chose de *l'âme*, c'est-à-dire une chose qui concerne l'intérieur de la personne.

– C'est *elle* qui doit convoquer à ce centre les sens et les facultés: éduquer les sens, les accoutumer à ne pas « se distraire », ni distraire à leur suite le centre de la personne, et convoquer les facultés vers ce centre intérieur comme vers leur centre de gravité.

– L'âme alors « se retire au-dedans d'elle-même avec son Dieu ». L'essence de l'oraison qui – pour la sainte – consiste dans ce « qui avec qui » afin de pouvoir « s'entretenir », a maintenant un arsenal énorme de possibilités dans cette présence du priant devant Dieu.

– Car Dieu agit ici: « Par cette voie, plus rapidement que par aucune autre, son divin Maître l'instruira ». Le recueillement éveille et alerte à l'immédiateté de la présence mutuelle, il détruit obstacles et bagatelles, rend propice le primat absolu de Lui en moi.

– L'ultime échelon de cette descente dans la profondeur de soi comporte tout un éventail de possibilités: ou la quiétude contemplative; ou le défilé de tout ce qui a été vécu par le Christ, sa Passion et tout son Évangile; ou ce qui a été vécu par le priant, mes problèmes et toute mon histoire de salut, mais revécus ici à une profondeur nouvelle et avec des sentiments nouveaux, dans ce nouveau monde d'intériorité.

L'avalanche d'images plastiques

Elles ne définissent pas, mais elles insinuent et ouvrent des pistes provocatrices. La sainte les fait surgir dans sa leçon sous une forme inattendue et elle les énumère sans ordre, sans leur donner la dernière touche, en les ébauchant à peine:

– Le recueillement c'est presque « réussir à s'abreuver à la source » (n° 5).

– C'est un chemin rapide: « beaucoup de chemin en peu de temps » (n° 5).

– C'est comme un voyage par mer: « Celui qui est monté sur un navire, pour peu que le vent lui soit favorable, arrive en quelques jours au but de son voyage. » (n° 5 et 8)

– C'est « se lever à l'improviste et quitter ce jeu que sont les choses du monde » (n° 6).

– C'est entrer dans la ruche, comme les abeilles « pour faire le miel » (n° 7).

– C'est disposer d'une étincelle afin que, en soufflant sur elle, le feu de l'amour puisse prendre et tout embraser (n° 8).

Une dernière image va servir de point culminant à la leçon du recueillement, celle de la « citadelle » (n° 6) ou du « palais d'or et de pierres précieuses » (n° 9).

La pratique: comment s'accoutumer?

« Parlons un peu des moyens de nous habituer à une si excellente manière de procéder. » (n° 8)

En réalité, la description du recueillement et les images qui le symbolisent sont, en elles-mêmes, d'ordre pratique, susceptibles d'être appliquées comme entraînement. La sainte n'y revient pas.

Dans cette partie qui conclut le chapitre, elle va proposer une seule ligne d'exercices « pour s'habituer » et acquérir de l'expérience. Elle complétera le thème dans la deuxième partie du chapitre suivant.

Ici elle propose seulement une manière d'intériorisation, sur la base du présupposé initial du « ciel de notre âme » (n° 9-12).

La voici, ébauchée très schématiquement en cinq points:

1° « Représentons-nous que nous avons au-dedans de nous un palais d'un prix inestimable. »

C'est une image qui nous permet d'approcher la réalité, de « réaliser » ou de récupérer dans une simple prise de conscience quelque chose d'important qui se situe aux confins du subconscient et que, par incurie, nous avons relégué dans cette espèce de débarras intérieur où gisent les souvenirs gênants ou les bagatelles inutilisables. L'insistance avec laquelle la sainte présente l'image du palais s'efforce de démontrer son importance pratique.

Dans son cas personnel, elle est parvenue à avoir réellement, en elle-même, tout un « château intérieur »; elle le découvrira dans un autre livre qui porte ce titre.

À partir de son expérience, elle se propose d'éveiller la conscience du priant. Celui-ci doit aussi le réaliser en lui-même, le comprendre et l'expérimenter.

2° Mais le « palais » n'est pas une fin en soi; il est une demeure pour quelqu'un. Ou cette demeure est vide et dépossédée, ou elle est habitée. De là deux affirmations catégoriques et pratiques:

– « Ne vous imaginez pas qu'il n'y ait que du vide au-dedans de nous. » (n° 10)

– « Dans ce palais réside ce grand roi… » (n° 9)

Dans la consigne de « s'accoutumer » entrent donc deux nouveaux points :

a) Passer de la sensation de vacuité intérieure à la densité intérieure avec une épaisseur de contenus. Ou je suis rempli de bagatelles, ou je suis « habité ».

b) Mon intériorité a une sorte de dimension religieuse et sacrée : elle est faite pour être capacité de Dieu, demeure pour Lui.

Réaliser cette double conviction dans la perception de moi-même : je dois passer d'une attitude simplement psychologique à une attitude religieuse et priante.

3° Entrer au-dedans de soi… requiert toujours le passage d'une mystérieuse barrière, celle qui sépare en nous l'extériorité de l'intériorité ; balancier entre le monde du sens et le monde de l'esprit. Non pour emprisonner le premier, mais pour le centrer sur le second, afin de réussir l'unité intérieure de la personne et pour ne pas avoir l'âme ou l'intelligence dispersées.

4°. Être sensibles à l'action de Dieu. Il ne nous habite pas comme l'idole est dans son temple. Il est dans le palais intérieur pour la communion des personnes. Le palais aussi est une personne. Dans cette communion, Dieu a toujours et mystérieusement l'initiative :

– Il agrandit le palais.

– Il le dilate et l'élargit peu à peu.

– Il apporte avec lui la liberté.

– Enfin, il se donne à connaître (n° 12). (Quand Thérèse reviendra sur ce thème au chapitre XXXIV, elle assurera qu'Il a bien des manières pour se faire connaître, c'est-à-dire, pour enrichir l'expérience intérieure du priant).

5°. Le recueillement n'est pas une pratique supplémentaire, ou une pratique qui se réduit au temps restreint de l'oraison. Il exige la vie entière et toute la personne. C'est le point final de l'art de « se recueillir ». Pour que Dieu inonde par sa présence tout le palais, il faut que celui-ci soit débarrassé des obstacles et des complications ; il faut le nettoyer : « lui en faire un abandon complet », « pour qu'il puisse mettre et ôter à son gré, comme dans une demeure qui lui appartient » ; se donner à lui en oblation volontaire et amoureuse car « Il ne veut pas forcer notre volonté » mais « lui ne se donne entièrement que lorsque nous nous donnons entièrement nous-mêmes ».

Ainsi l'oraison de recueillement débouche sur des formes d'oraison profonde, de communion et de contemplation, d'oraison oblative et adorante. Cette oraison engage les couches profondes du priant et toute sa vie.

La recherche de l'intériorité
(*Chemin*, chapitre XXIX)

Nous sommes parvenus au chapitre XXIX du *Chemin*. Il conclut la section consacrée à l'« oraison de recueillement » et le titre du chapitre nous surprend : « Autres moyens de parvenir à l'oraison de recueillement ».

L'insistance sur ce thème nous étonne. Par trois fois, dans ces pages centrales du livre, l'Auteur se propose d'offrir au priant des « moyens » pratiques pour intérioriser son oraison (on peut comparer avec les épigraphes des chapitres XXVI et XXVIII).

C'est l'indice très net que la pédagogie thérésienne met la pratique au-dessus de la théorie. L'apprenti en oraison ne désire pas tant posséder une théorie parfaite (philosophie et psychologie du recueillement, yoga et oraison profonde, etc.) que l'exercice humble et concret, c'est-à-dire la mise en route de quelques orientations qui acheminent sa prière vocale ou sa méditation vers l'oraison de l'intériorité qu'on lui enseigne. Alors, dès les premiers instants, la personne du priant, en utilisant les ressorts profonds de son être, pourra commencer à entrevoir quelques lueurs qui lui permettront de ne pas rester dans la prière faite uniquement de paroles ou seulement de pensées et de désirs, mais d'être convoqué devant Dieu, le centre de l'âme.

Pour communiquer ces consignes, la mère Thérèse laisse de côté toute gravité professorale. Elle oublie presque qu'elle est en train d'écrire et elle s'abandonne à la manière dialogale qu'elle pratique pour s'adresser aux lectrices du *Chemin* : « mes sœurs… mes amies… mes filles » ; elle égrène ses consignes sans avoir prévu de schéma quadrillé et académique. Bien plus, elle répète et nuance ce qu'elle veut le plus inculquer.

Nous nous bornerons à suivre son colloque, glanant et extrayant quelques-uns de ces avis.

Une précaution préalable: non, pas ainsi!

Avant d'entrer dans le thème, réapparaît encore une fois la crainte thérésienne au sujet de l'extraversion du priant: le danger de s'éparpiller non pas tant au moment de la prière que dans la vie. Il est évident que nous pouvons avoir des centres d'intérêt en dehors de nous, mais celui qui place son centre de gravité dans « les faubourgs » aura du mal à conduire son oraison dans les profondeurs de son intériorité.

La sainte illustre cette situation par un cas concret, celui-là même qu'elle a utilisé plusieurs fois au long du *Chemin*: le souci obsessionnel d'accaparer l'estime des autres, principalement l'estime des supérieurs.

Quelque chose capable de catalyser l'affectivité et l'auto-estime du priant. Quelque chose qui, peu à peu, se constitue dans le foyer excentré de l'attention psychologique, capable de monopoliser pensées, affections et projets; capable d'entraîner la personne vers un centre de gravité psychologique extérieur, extérieur et inconsistant – « non durable », dira-t-elle – et, par conséquent exposé à tous les va-et-vient de l'instable et du provisoire.

La sainte a conscience de parler à des lectrices carmélites qui vivent dans un espace claustral limité. Elle sait que, dans son optique religieuse d'obéissance sans palliatifs et avec des relations interpersonnelles limitées, cet exemple est hypothétique, mais réaliste et d'une grande transparence pédagogique. Il sert à mettre en évidence un présupposé absolu: celui qui dans sa propre vie a, en dehors de lui, un quelconque centre de gravité, s'interdit toute entrée dans l'oraison de recueillement. Il ne pourra s'établir en lui-même, dans son espace intérieur, et il gardera une intériorité fragmentaire et décentrée.

Par conséquent, première consigne : veiller à ce que sa vie soit en cohérence avec sa propre intériorité. Ne pas la dessécher ; ne pas l'attirer hors d'elle-même.

«... Entrer au-dedans de soi »

La sainte est consciente de se répéter. Elle reprend sciemment le thème de l'intériorisation, non seulement parce qu'il s'agit d'un filon doctrinal inépuisable qu'elle exploitera jusque dans les dernières pages du *Château intérieur*, mais encore parce qu'il est la plate-forme de lancement de l'oraison contemplative, c'est-à-dire vers les formes remarquables de l'oraison profonde.

« Entrer au-dedans de soi », c'est un objectif envisageable pour toute prière, y compris pour la prière vocale du *Notre Père*. Mais c'est surtout une *attitude* du priant chrétien. Celui-ci peut se mettre à parler avec Dieu à des niveaux extrêmement divers de son être propre. Comme il le fait dans sa relation avec d'autres personnes, amis, personnes connues ou inconnues, il peut établir une relation à partir de zones superficielles, à partir de niveaux d'indifférence qui n'engagent pas ses affections ni ses raisons de vie. Ou bien, il peut entrer en relation avec eux à partir des couches profondes de son esprit qui non seulement engagent le cœur, mais qui font basculer toute sa personne dans une nouvelle direction.

Dans l'oraison, au commencement de cette relation spéciale avec Dieu, il est normal de « le traiter » comme une personne de plus, de celles qui ne parviennent pas à pénétrer dans les couches profondes du « moi ». Normal, certes, mais déformant. L'entrée en présence de Dieu réclame la présence la plus profonde et la plus décisive de moi-même. Descendre jusqu'à ces replis profonds de sa personne peut être quelque chose de simple et d'élémentaire pour qui se met à prier mais cela requiert un refus de l'esprit face à lui-même ; en aucun cas, ce ne sera la somme de quelques attitudes improvisées ou de quelques pensées-sentiments superficiels.

La sainte est convaincue que le priant qui réussit à plonger dans cette profondeur de son âme, immanquablement rencontre Dieu. Elle est convaincue qu'« au-dedans » se dresse la meilleure tour de guet ou la véritable « tente de la rencontre », le « temple de l'Esprit ».

Pour parcourir le chemin qui conduit à cette profondeur, elle « donnera des moyens », c'est-à-dire elle jalonnera le parcours avec de simples consignes :

a) « Tournez vos regards en vous-même et jetez les yeux en votre intérieur… vous y trouverez votre Maître qui vous sera toujours fidèle » (n° 2). Éduquer le regard dans la ligne de la foi. En définitive, « entrer en soi » c'est s'approcher de la présence de Dieu et commencer à le connaître d'une autre manière :

b) « Ô mon cher Maître ! *Si nous te connaissions véritablement*, rien ne serait capable de nous troubler. Tu es si libéral envers ceux qui se confient pleinement à toi ! Croyez-moi, mes amies, être bien persuadé de cela est d'une grande importance. » (n° 3)

c) « *Solitude en compagnie* » : en effet, là, dans le fond de l'esprit, Dieu est une sainte compagnie, « le compagnon de notre âme, le Saint des saints » (n° 4). En dernière instance, l'oraison se résume à « être devant Lui et avec Lui ».

d) Enfin, *« goûter » le don de sa présence* : « nous devons nous habituer peu à peu à faire la douce expérience qu'il n'est pas nécessaire d'élever beaucoup la voix pour parler à Dieu. Notre-Seigneur nous fera sentir lui-même qu'il est là » (n° 5). La sainte a la conviction que, à cette profondeur, l'oraison ouvre l'esprit à l'expérience de Dieu. Expérience de sa présence, de son passage dans notre vie, de sa manière d'agir : un Dieu qui « nous entend par signes », qui « ne se plaît nullement à ce que l'on se casse la tête à lui faire de longs discours », un Dieu « qui désire nous accorder » beaucoup et qui « trouve sa satisfaction en notre compagnie » (n° 6). Réapparaît ainsi la conviction que, à cette profondeur, on expérimente sa propre intériorité comme un « paradis de Dieu » (n° 4).

Le risque d'introversion

En plus d'une occasion, l'Auteur alerte le priant contre le danger de passer de la distraction à la stupidité…

Une des plus faciles déformations de l'oraison est l'interversion des rôles : remplacer Dieu par l'idole subtile de soi-même, ou par le plus profond et le plus déguisé de sa propre intériorité. Et, à partir de cette inversion, se replier sur soi, se contempler et s'adorer soi-même.

Double risque d'introversion et d'aliénation. Se perdre dans ses propres pensées et méconnaître la réalité extérieure et la vie des autres ou s'en détacher.

La sainte exprimera sa pensée en deux ou trois consignes expressives, formulées dans son langage typiquement dialogal: « se dégager de tout », mais rester ferme « dans les occupations ». « Devenir maître de soi », se perdre pour se gagner « soi-même pour son propre avantage ».

– Nous devons « nous dégager de tout pour nous approcher intérieurement de Dieu » (n° 5). Elle nous avait déjà dit que si nous emplissions le palais intérieur de bagatelles, il n'y aurait plus de place pour nous-mêmes. Vide intérieur et liberté intérieure coïncident.

– Mais, en même temps, les « occupations » extérieures doivent nous servir de tremplin pour passer à l'intérieur: nous devons « au milieu même de nos occupations, nous retirer au-dedans de nous. Le souvenir de cette compagnie que nous avons en nous ne durerait-il qu'un instant, il serait déjà pour nous d'un immense profit » (n° 5). Ce qui veut dire: ne pas se dégager de l'écheveau de la vie avec ses « occupations » et ses responsabilités, au contraire, à partir de ce même enchevêtrement de tâches quotidiennes, il est possible de nourrir de réalisme le passage au rivage de l'intériorité.

– « Peu à peu devenir maître de soi ». C'est la consigne de la domination intérieure. Dans les pages précédentes, la sainte a parlé à ses moniales de la grande domination extérieure de celui qui se fait pauvre en esprit, qui n'est esclave de rien mais qui est spirituellement maître de tout. Maintenant, elle parle de la domination intérieure qui consiste à « devenir maître de soi ». Cela ne peut se réaliser qu'à partir de ce centre intérieur qui unifie, qui nous associe à « notre accompagnateur », qui finalement nous libère de la tyrannie des passions et des sens et permet « de se conquérir soi-même pour son propre avantage... : faire servir ses sens à son bien spirituel » (n° 7).

– Enfin, établir une sorte de pont permettant de passer de l'extérieur à l'intérieur, en éduquant le regard, la parole, l'écoute, la relation avec Dieu: « Si l'on parle, il faut se souvenir que l'on a en soi quelqu'un à qui parler; si l'on entend parler, il faut se rappeler que l'on a quelqu'un à écouter qui parle de plus près... il dépend de soi de ne jamais s'éloigner d'une si excellente compagnie. » (n° 7)

Mais... « rien ne s'apprend sans un peu de travail »

Non, la sainte n'a pas erré par inadvertance dans les dédales de la théorie. Le chemin qui conduit à l'intérieur a un tracé inévitable. Il requiert effort et engagement: « que nous nous fassions violence pour rester auprès de notre divin Maître... » (n° 6)

Il requiert une assiduité prolongée, sans l'illusion de pouvoir brûler les étapes « Celle qui voudra acquérir cette habitude... ne doit pas cesser d'y travailler » (n° 7)

« Puisque rien ne s'apprend sans quelque difficulté, pour l'amour de Dieu, mes sœurs, regardez comme bien employée l'application que vous y mettrez. » (n° 8)

Comme toujours, la pédagogie thérésienne ne repose pas sur une base théorique. Elle l'affirme au lecteur, elle part de sa propre expérience. « Pour moi, avant qu'il ait daigné me l'apprendre, je n'ai jamais su, je vous l'assure, ce que c'était que de prier avec plaisir. Ce sont les grands avantages que j'ai retirés de ce recueillement intérieur, qui m'ont portée à m'étendre autant sur ce sujet. » (n° 7)

D'où la dernière assurance: l'initiation au recueillement n'est pas un rodage sans fin. Il est certain qu'il ne peut se programmer à échéance fixe, mais la sainte assure à l'apprenti en oraison que « selon qu'on en prendra plus ou moins vite l'habitude, on en tirera plus ou moins vite l'avantage » (n° 7). « Si cette application est réelle, je suis sûre qu'avec l'aide de Dieu, vous en viendrez à bout en un an et peut-être en six mois. C'est bien peu, n'est-ce pas, pour un profit si considérable? » (n° 8)

Le recueillement est-il naturel ou surnaturel?

Peu avant d'écrire ces pages centrales du *Chemin*, la sainte avait rédigé, pour la seconde fois, son œuvre maîtresse: le livre de sa *Vie*.

Plus d'une fois elle insinuera aux lectrices du *Chemin* la possibilité de jeter un coup d'œil à cet autre livre.

Elle y a aussi parlé d'oraison et de recueillement. Elle y pense. C'était une des manières d'arroser le jardin. Mais le recueillement dont il s'agissait, en diptyque avec l'oraison de quiétude (c. 14-15), se situait déjà au-delà du seuil de l'oraison mystique. C'était, comme elle le disait: un « recueillement surnaturel » ou infus, pur don de Dieu, comme les différents degrés de l'oraison mystique, (les dernières manières d'arroser le jardin). Le priant peut « s'y disposer », mais il ne pourra jamais l'atteindre par son seul effort.

Eh bien, ce n'est pas de ce recueillement qu'elle parle maintenant dans le *Chemin*. Elle le dira avec insistance aux lectrices dans deux affirmations catégoriques:

– La *première*, en leur redisant que le « recueillement » est le terme normal et accessible de notre effort pour intérioriser l'oraison: « comprenez-le bien, ce n'est pas ici quelque chose de surnaturel, cela dépend de notre volonté. Nous pouvons y arriver avec la grâce de Dieu sans laquelle évidemment rien n'est possible… » (n° 4)

En marge de ces lignes de l'autographe thérésien, l'un des théologiens censeurs de son écrit a souligné la signification du terme « surnaturel » employé par la sainte: « *surnaturel* veut dire ce qui n'est pas mis dans notre libre arbitre avec les faveurs ordinaires de Dieu. »

C'est dire que, dans le lexique thérésien, « surnaturel » équivaut à mystique et, par conséquent, le recueillement que, dans le *Chemin*, la sainte enseigne à l'apprenti en oraison n'est pas mystique, mais commun et courant.

Presque à la ligne suivante, elle ajoute sa *seconde observation*: le recueillement est la meilleure disposition pour être introduit dans ces autres formes ou niveaux d'oraison qu'elle a appelés « surnaturels ». Ce sera la dernière affirmation du chapitre: « Vous posez là un solide fondement; et s'il plaît au Seigneur de vous élever à de grandes choses, il vous y trouvera disposées parce que vous vous tiendrez toutes proches de lui. » (n° 8)

Déjà, dans des pages antérieures, elle avait anticipé pour les lectrices du *Chemin* : le recueillement est une préparation normale pour l'oraison mystique. Rappelons quelques-uns de ces passages.

« On l'appelle oraison de recueillement parce que l'âme y recueille toutes ses facultés et se retire au-dedans d'elle-même avec son Dieu. *Par cette voie, plus rapidement que par aucune autre, son divin Maître l'instruira et lui accordera l'oraison de quiétude.* » (28, 4)

Le recueillement est comme la ruche où les abeilles se rassemblent pour travailler le miel. Il convoque sens et facultés pour goûter ce miel exquis, dans le secret de la ruche : « Il est vrai qu'ils pourront en sortir ensuite, mais c'est déjà beaucoup qu'ils se soient soumis une première fois… La volonté les appelle-t-elle de nouveau, ils accourent avec une rapidité plus grande. Enfin, quand ils sont ainsi rentrés à diverses reprises, le Seigneur veut bien *les fixer par la contemplation parfaite.* » (28, 7)

Les prochains chapitres du *Chemin* traiteront du premier degré de cette « contemplation parfaite ».

Devant les hautes demandes du *Notre Père*
(*Chemin*, chapitre XXX)

Nous commençons la prière du *Notre Père*. Nous entrons dans l'espace mystérieux des « demandes ». « Hautes demandes » dira la sainte. Le porche d'entrée a été le mot « Père », suivi de l'invocation « Toi qui es aux cieux ».

Dans l'oraison de Thérèse et dans la pédagogie du *Chemin*, ces deux paroles initiales ont été stimulantes et chargées d'émotion. Le fait de dire « Père » doit réveiller et émouvoir jusqu'aux entrailles le sens filial du priant et le faire entrer dans le déroulement des sentiments filiaux de Jésus. Lui dire: « *Toi, qui es aux cieux* » attire d'une manière irrépressible l'attention de Thérèse vers le fond de sa propre intériorité, demeure et ciel de Dieu.

Cette double motivation initiale marque, dès le premier instant, l'orientation du priant dans la récitation du *Notre Père*. La meilleure manière de dire « Père » sera de le faire dans une contemplation profonde (c.27). Vocaliser les paroles enseignées par Jésus n'est en rien une simple prière matérielle. La sainte a commencé son chapitre en insistant sur le fait que « prier une oraison vocale avec perfection » implique toujours l'oraison mentale (c.24, titre). Cette dernière – l'oraison mentale – est l'âme de toute oraison vocale.

Il y a plus. Presque à la suite (c.25, 1), elle a assuré à l'apprenti que l'oraison vocale est une excellente plate-forme pour le passage normal à la contemplation profonde: « Je tiens à vous dire que tandis que vous récitez le *Pater noster* ou toute autre prière vocale, le Seigneur peut très bien vous mettre en contemplation parfaite. » (25, 1)

Cette dernière affirmation va servir de base à la lecture du présent chapitre. Les premières demandes du *Notre Père,* de même que le mot « Père », sont semence et amorce de contemplation. Bien les réciter est quelque chose qui dépasse le mouvement des lèvres : il y a résonance et attraits dans les couches profondes de l'esprit. Ces paroles incitent l'esprit à « s'arrêter » et à rester en « quiétude contemplative ». Elles le font osciller à nouveau, avec le même mouvement pendulaire que celui qui était produit par les deux paroles initiales : « Père » et « qui es dans les cieux » (de l'âme). Ici, en le faisant passer de la simple demande que « soit béni son nom de Père » à l'établissement de son « royaume dans les cieux ».

Claire orientation de base pour le priant qui se laisse éduquer par le *Notre Père* : *prier* et *contempler. Prier* pour *contempler.*

C'est pourquoi la sainte rappellera d'abord la nécessité d'éviter la récitation mécanique. Elle rappellera l'importance de l'attention : « il est important de comprendre ce que l'on demande » (titre), de songer « aux termes à employer pour se faire bien voir et ne pas froisser » (n° 1).

Une fois de plus, la sainte redit au lecteur, apprenti dans l'oraison, que l'attention n'est pas un simple exercice d'intelligence, mais beaucoup plus : c'est une sensibilisation interpersonnelle qui alerte l'esprit à la présence de l'autre Personne et réalise la communion avec elle.

Déjà dans les chapitres antérieurs elle avait bien souligné la double composante de cette « attention » : le « quoi » et le « qui » de notre oraison : « que nous comprenions bien en présence de qui nous sommes » (24, 5). « Que vous sachiez ce que vous dites » (24, 2). « Que l'on comprenne à qui l'on s'adresse » (24, 6). « Penser et bien comprendre ce que nous disons, à qui nous parlons » (25, 3), etc.

Affiner cette sensibilité et l'éduquer, c'est la condition indispensable pour que les premières demandes du *Notre Père* soient la charnière entre la prière vocale et la contemplation dans la profondeur de l'esprit. C'est-à-dire pour que les paroles récitées et répétées aient profondeur et rythme intérieur, qu'elles soient pénétrantes et capables de nous faire communiquer avec le Père, capables de nous introduire dans son royaume.

Tout cela a été dit et redit dans le *Chemin*, avec une insistance voulue, parce que l'esprit humain a l'habitude de laisser glisser les paroles et qu'il est atrophié et vicié : « Nous sommes si aveugles ! Nous nous montrons dégoûtés au point de repousser les aliments propres à nous donner la vie. » (n° 3)

Les deux premières demandes

Dès le début, la sainte unit les deux premières demandes de l'oraison dominicale. Elle les énonce sous la double forme verbale avec laquelle elle a l'habitude de les réciter : d'abord dans le latin de sa prière liturgique ; ensuite dans l'espagnol de sa prière personnelle : « que ton nom soit sanctifié, que ton règne vienne en nous » (*sic*).

Dès le titre, elle avertit le lecteur qu'elle les comprend et va les commenter dans le registre de l'oraison contemplative : « application à l'oraison de quiétude ». Dans la même épigraphe, elle souligne : « on commence à les expliquer ». Effectivement, le présent chapitre, très bref, n'est qu'une ébauche de ce qu'elle exposera beaucoup plus longuement dans le chapitre suivant. Dans celui-là (c.31), elle parlera longuement des prémices de l'oraison contemplative.

Maintenant, en commençant son « explication », la sainte a clairement conscience de le faire sous un jour strictement personnel : « Je vous dirai sur ce point ma pensée ; si elle ne vous satisfait pas, vous pouvez vous arrêter à d'autres considérations. » (n° 4)

Il lui suffit d'un simple coup d'aile pour élever le lecteur à ce qu'elle comprend. Les deux premières demandes du *Notre Père* évoquent instinctivement, pour elle, l'oraison qui se fait dans « le royaume du ciel ». Là, ceux qui sont entrés dans son royaume bénissent et sanctifient pour de bon le nom du Seigneur. Dans une sorte de flash très rapide, la sainte esquisse le paysage de cette oraison céleste. Il faut reproduire ses paroles. Elles sont irremplaçables :

« À mon avis, l'un des grands biens que renferme le royaume du ciel, c'est qu'on y est dégagé de toutes les choses de la terre, qu'on y goûte un repos, une béatitude intimes, qu'on s'y réjouit de la joie de tous, dans une paix perpétuelle, dans un bonheur profond de voir tous les élus sanctifier et louer le Seigneur, bénir son nom, sans qu'il se trouve personne pour l'offenser. Tous l'aiment, et l'âme n'a d'autre occupation que de l'aimer, et elle ne peut cesser de l'aimer parce qu'elle le connaît… » (n° 5)

Eh bien, cette manière de prier de ceux qui sont dans le royaume est un modèle authentique de l'oraison contemplative de la terre. Modèle proposé précisément à ceux qui récitent, comme de modestes débutants, le *Notre Père*. Mais à condition de « comprendre » et de demander réellement que son royaume entre en nous car ce n'est qu'ainsi que nous pourrons louer et sanctifier son nom dans notre oraison de la terre.

Ainsi, les deux demandes qui s'enchaînaient en arrivent à se confondre : *nous demandons*, pour pouvoir *donner*. Nous lui demandons son royaume, qu'il l'instaure en notre monde intérieur, afin de pouvoir lui donner louange et glorification comme dans le ciel.

Prier en attitude contemplative

Il convient de s'arrêter un instant devant l'insistance de la sainte à nous inculquer cet extraordinaire binôme « prière-contemplation ». Pour elle, il ne fait aucun doute que les « pauvres de moyens » ont, dans le *Notre Père*, comme un havre de sérénité accueillante, ou comme un ressort qui élève doucement vers le mystère du Père.

Il est clair que pour entrer dans ce havre de sérénité profonde, Thérèse exige du priant un supplément d'attention. La prière machinale est la mort de la semence contemplative présente en chaque parole. L'attention au contenu de ce que les lèvres prononcent est une petite bouée de sauvetage pour nous qui « naviguons encore sur la mer » (n° 6). Mais au-delà de l'attention aux contenus, le priant doit pouvoir fixer son attention sur le « Destinataire » ou sur « la présence du Maître ». Attention qui ouvre à la communion des personnes, car l'oraison est l'affaire de deux personnes…

C'est là que le va-et-vient interpersonnel ouvre à l'action de l'Autre. Lui laisser le commandement de nos ressorts intérieurs. Il sera celui qui « met toutes nos puissances dans le calme et notre âme dans la quiétude » (n° 6).

La sainte insinue que ce doux glissement qui conduit des paroles récitées au repos contemplatif, « n'est possible qu'avec la grâce de Dieu » (n° 6), mais on ne peut l'obtenir « aussi parfaitement que les âmes affranchies de la prison du corps » (n° 6). À ceux d'ici-bas, cela n'est donné qu'à petites bouchées, « par intervalles », comme gage et présage de la contemplation dont jouissent « d'une manière continue » ceux qui sont déjà dans le Royaume.

En donnant pour certain ce doux passage de la prière vocale à la profondeur contemplative, Thérèse, en répétant une fois ou l'autre la première et la seconde demandes, n'a rien insinué qui ressemble, par exemple, à la technique des *mantras*. Pour elle, le passage à la contemplation n'est pas le résultat de nos techniques mais l'intervention normale, gratuite et amoureuse de Celui qui a été le centre de l'attention du priant; ce passage est dû aussi à la puissance élévatrice, très efficace, contenue dans les paroles du *Notre Père*.

Le couronnement de toutes ces affirmations est, comme toujours, le refrain de l'expérience. Dans le chapitre précédent, en enseignant le « recueillement », la sainte concluait en alléguant le témoignage de sa propre expérience: « Pour moi, avant qu'il ait daigné me l'apprendre, je n'ai jamais su, je vous l'assure, ce que c'était que de prier avec plaisir. » (c.29, 7)

Maintenant, elle préfère évoquer le cas d'une personne amie qui lui a produit une forte impression. Elle l'a déjà rappelé dans les pages antérieures, en développant la même thèse: la possibilité d'entrer en contemplation tandis que l'on prie vocalement. C'est un cas taillé à la mesure de la thèse. C'était une personne âgée, pauvre en moyens. « Elle n'avait jamais pu prier que vocalement », et cependant, « elle passait plusieurs heures à dire un certain nombre de *Pater noster*, en l'honneur des mystères où Notre-Seigneur a versé son sang... Je vis alors qu'en s'attachant au *Pater noster*, elle était favorisée de la pure contemplation... Je louai le Seigneur et j'enviai une telle oraison vocale. » (n° 7)

Ainsi se termine la leçon du présent chapitre. L'expérience de cette amie est le contrepoint de l'oraison-modèle des bienheureux. L'initiation à l'oraison contemplative, ayant pour base l'humble récitation du *Notre Père*, est encadrée par ces deux modèles extrêmes : la doxologie de ceux qui sont déjà dans le Royaume et la manière particulière de cette pauvre femme « bien vieille » qui n'avait jamais pu prier que vocalement.

La clé secrète

La sainte nous l'a déjà donnée en faisant le lien entre les paroles récitées (les deux demandes) et les « bouchées » de contemplation, c'est l'attention du priant : une attention plus grande au Père qu'à ce que nous lui demandons.

Mais ce qui réalise la jonction entre ces deux extrêmes, c'est le recours à « la compagnie du Maître » qui nous a enseigné cette prière. Compagnie priante, c'est-à-dire sollicitée en prononçant et en répétant les paroles du *Notre Père* en communion avec les sentiments du Maître qui nous les a enseignées. De sorte qu'« apprendre » à réciter l'oraison dominicale d'une manière contemplative ne consiste pas à nous approprier les paroles et leur contenu, pour les reproduire devant le Père, mais, bien plus, dans une secrète osmose, à entrer en communion avec les paroles et les sentiments intérieurs de Jésus. Lui aussi les a priées quand il les a enseignées, et il continue à les prier en nous.

Du point de vue théologique, il est clair que c'est le sens de toute oraison vocale qui utilise des formules, des psaumes ou des cantiques, que ce soit les psaumes de David ou le *Magnificat* de la Vierge ; et c'est là que réside la force de toute prière vocale. Que les sentiments premiers de ce priant biblique soient maintenant mes propres sentiments.

Mais ce transfert d'intériorités est beaucoup plus réel, plus en communion, quand il s'agit de Jésus et de sa prière, quand il s'agit du *Notre Père*. Le Maître est réellement impliqué et présent dans cette prière. Le sacerdoce du priant chrétien agit dans son sacerdoce. Ses sentiments filiaux et les nôtres se fondent dans son sacerdoce. C'est pourquoi Thérèse appliquera cette clé secrète à chacune des demandes du *Notre Père*. D'abord, un simple désir ardent d'explorer quel fut l'état d'esprit, quels furent les sentiments qui affleurèrent à l'âme de Jésus quand il dit « Père », ou quand il dit « que ta volonté se fasse », et même quand il dit: « délivre-nous du mal ». S'approcher de cette merveilleuse symphonie des sentiments filiaux de la prière du Seigneur, c'est la grande porte d'entrée dans l'oraison contemplative, profondément chrétienne. C'est là que tend la pédagogie de la sainte quand elle parle du pont tendu entre « prier vocalement » et « contempler ».

Nous aurons l'occasion de le vérifier et de suivre cette ligne pédagogique, à mesure que nous avancerons dans la prière du *Notre Père* et que nous en redirons une à une les « demandes ».

L'eau vive dans l'expérience de Dieu
(*Chemin*, chapitre XXXI)

Un chapitre suspect, pourquoi ?

En terminant le chapitre précédent, Thérèse promettait de « dire quelque chose de ce commencement de contemplation » (c.30, 7). Maintenant elle fait ce qu'elle a promis. Nous nous approchons, avec elle, de l'eau vive de l'oraison contemplative. Le chapitre XXXI poursuit le commentaire des deux premières demandes du *Notre Père*: « que ton nom soit sanctifié » et « que ton règne vienne ». Être introduits par Dieu dans l'oraison contemplative, c'est constater qu'il « entend notre prière » et commence « à nous accorder son royaume, afin que nous puissions véritablement le bénir et sanctifier son nom, et que nous incitions tous les hommes à faire de même » (n° 1). Stupéfiant.

Et cependant, le chapitre ainsi programmé se heurta à certains écueils de l'époque et ne fut pas publié dans la première édition du livre. Nous ne savons pourquoi. Résumons ce premier contretemps.

Il se trouva que l'épigraphe du chapitre parlait d'« oraison de quiétude ». Ce n'était pas l'époque du « quiétisme », mais celle des « illuminés ». Parler de quiétude dans l'oraison pouvait paraître suspect. De fait, le théologien chargé de préparer le texte du *Chemin* pour son impression, du vivant de l'Auteur, opta pour supprimer ce mot initial dans le titre. Il transcrivit seulement: «... explique ce qu'est l'oraison » (mais elle avait déjà traité cette question au chapitre XXII).

Ainsi retouché, le texte du *Chemin* avait été envoyé à un grand ami de Thérèse, l'archevêque d'Evora, don Teutonio de Braganza, en lui confiant l'édition. Don Teutonio soumit le manuscrit à l'Inquisition de Lisbonne et finalement le chapitre entier dut être supprimé. Le livre fut publié ainsi quelques mois après la mort de la sainte: au commencement de 1583 et, sans cette partie importante, il continua d'être édité les années suivantes (à Salamanque en 1585 et à Valence en 1587) jusqu'à ce que, enfin, fray Luis de León avec tous les honneurs ,restitue ce chapitre au texte thérésien dans l'édition de Salamanque (1588). Nous ignorons si l'Auteur avait eu connaissance du sort réservé à ce chapitre.

Pages écrites consciencieusement

Pourtant, elle avait élaboré et revu soigneusement cette partie du *Chemin*. En réalité, c'était le seul chapitre consacré expressément et intégralement à la contemplation. Dans un livre traitant de la pédagogie de l'oraison, il se devait d'y avoir une initiation élémentaire à l'oraison mystique. Parmi les lectrices immédiates, certaines étaient déjà initiées à cette forme d'expérience de Dieu: elle-même en fera la remarque dans ce chapitre (n° 6). Les pages centrales de l'œuvre visent dans cette direction, au sujet de l'oraison de recueillement: chapitres XXVI-XXIX. Maintenant elle affronte le thème.

Dans un premier temps, elle se propose de dire seulement « quelque chose » de la contemplation (c. 30, 7), et elle agit ainsi. De fait, dans le « brouillon » (première rédaction), le chapitre XXXI est très bref, à peine la moitié du texte actuel. Mais en révisant cette première rédaction, elle-même l'a trouvée insuffisante et a opté pour le compléter: dans une sorte d'appendice, en fin du brouillon, elle a ajouté plus de quatre pages.

Elle commençait ainsi: « En traitant de l'oraison de quiétude, j'ai oublié de dire... » (corrigé par elle-même en « j'ai omis de dire ») et suivent les quatre pages qui passeront ensuite dans la rédaction définitive (autographe de Valladolid) et qui correspondent aux numéros 8, 9 et 10 de notre chapitre XXXI. Cette sorte d'inclusion apportait au chapitre une série d'« avis » pratiques donnés au priant contemplatif et introduisait dans l'exposé la belle image de « l'enfant qui tête encore... »

Même ainsi, la sainte le jugea trop bref et opta pour développer largement le thème primitif du chapitre: *en quoi consiste l'oraison de quiétude*. Elle introduisit, par conséquent, deux ou trois pages supplémentaires dans le nouveau manuscrit.

Quelques années plus tard survinrent de nouvelles retouches. En préparant son livre pour la première édition, l'Auteur voulut réviser soigneusement ces pages, nuançant la phrase et ajoutant quelque fait nouveau. Le plus remarquable de tous est la mention explicite de saint François de Borgia pour justifier son exposé. Dans les précédentes rédactions (première et deuxième) du *Chemin* elle s'était bornée à mentionner l'expérience du saint, mais dans un anonymat absolu (n° 5). Maintenant qu'il est mort à Rome (30 septembre 1572), elle peut mentionner nom et prénom. Elle le fait dans une note marginale du manuscrit qu'elle est en train de réviser: « le grand contemplatif *qu'était le père François, de la Compagnie de Jésus, qui avait été duc de Gandie, le savait bien par expérience* » (manuscrit de Tolède). Ce fut peut-être la dernière retouche: introduire dans le chapitre l'autorité et l'expérience d'un grand serviteur de Dieu.

Nous sommes donc devant des pages importantes, écrites consciencieusement. Quelle est la leçon qu'elles contiennent?

Parlons de contemplation: qu'est-ce que l'oraison de quiétude?

Thérèse va parler de contemplation aux lectrices du *Chemin*, non comme une théologienne doctrinaire, mais comme une mystique contemplative. Pour elle l'oraison de quiétude est le « commencement de la contemplation » et, par le fait même, l'entrée dans le Royaume que nous demandons dans le *Notre Père*. C'est que déjà, « le Seigneur commence à nous montrer qu'il entend notre prière et nous accorde son royaume, afin que nous puissions véritablement le bénir et sanctifier son nom, et que nous incitions tous les hommes à faire de même » (n° 1). Elle le répétera très souvent: le priant comprend qu'enfin « il se trouve à l'intérieur du palais, tout près du Roi qui commence à lui donner son royaume » (n° 3).

Ce ne sont pas des éléments complètement nouveaux. Le lecteur du livre sait, pour avoir lu les pages antérieures, que l'oraison est une œuvre d'amitié, c'est-à-dire, une œuvre à deux – Dieu et l'homme – et que si, dans les premiers pas de la prière et de la méditation, le priant a l'impression d'être celui qui a l'initiative dans le dialogue, maintenant dans « l'oraison de quiétude » se produisent comme un changement, une rupture dans son agir et une irruption ou communication du mystérieux Interlocuteur de toute oraison chrétienne.

Pour exposer cet événement mystérieux – l'entrée dans la quiétude contemplative –, la sainte laissera paisiblement courir sa plume sur trois plans. Suivant notre perspective de lecteur, nous pourrions les désigner ainsi :

1°. Il y a un premier plan *théologal*, fondamental et décisif : Dieu intervient dans notre oraison par sa grâce.

2°. Il y a un second plan *psychologique* : la grâce de la contemplation bouleverse et transforme l'intériorité du priant, sa parole, son amour, son psychisme tout entier, afin que, « pour de bon », il loue et glorifie…

3°. Enfin, il y a un troisième plan *existentiel* : la vie ordinaire du priant, celle de tous les jours. La contemplation est comme une onde qui se répand et atteint l'agir, envahit toute tâche et imprègne le quotidien. Thérèse a déjà insinué cela dans le texte cité plus haut : le priant entre dans le royaume non seulement pour « louer et glorifier » (simple doxologie), mais encore pour « inciter tous les hommes à faire de même ». Il suffit de parcourir sommairement ces trois plans.

Le plan théologal

Voici le fait fondamental : c'est le commencement de l'expérience de Dieu, de sa présence, de son action. Le Priant et Lui « sont alors si près l'un de l'autre qu'ils peuvent se comprendre par signes » (n° 3). « L'âme se plonge dans la paix, ou mieux, le Seigneur l'y plonge par sa présence » (n° 2). Le priant « comprend, par un mode de compréhension très différent de celui des sens, qu'il est tout près de son Dieu » (n° 2). Ce n'est pas lui qui se met lui-même en paix, mais c'est le Seigneur qui le met en paix par sa présence.

De là une claire impression de la *gratuité absolue* de son oraison : la « quiétude » est l'œuvre de Dieu dans le priant. C'est, comme le souligne la Sainte, une chose « éminemment surnaturelle » (n° 10). « Ce n'est pas ici notre œuvre, c'est quelque chose de surnaturel, d'entièrement hors de notre portée. » (n° 6)

Grâce spéciale, gratuité absolue, pur don de l'amour de Dieu. Mais qui devient une vie suprêmement personnelle de la part du priant. C'est le second plan :

Quiétude sur le plan psychologique

« Elle ne comprend pas encore comment elle comprend », mais « elle se rend compte qu'elle se trouve dans le royaume ». Et « l'âme comprend par un mode de compréhension très différent de celui qui nous vient par le moyen des sens extérieurs » (n° 2). Toutefois ni l'intelligence avec ses pensées, ni la volonté, ni l'amour ne sont aptes directement à recevoir la grâce d'entrer en présence de Dieu. La volonté, et avec elle l'affectivité totale du priant, sont subjuguées : « captives » dira la sainte. « L'âme est si contente de se voir seulement auprès de la fontaine, que même avant d'avoir bu, elle se sent désaltérée » (n° 3). Et, prenant source dans l'amour, la paix et la quiétude se répandent maintenant en elle : « toutes les facultés s'apaisent » (n° 2). « On éprouve tout à la fois un grand bien-être corporel et une grande jouissance spirituelle » (n° 3). « Elle se repose afin d'être en état de reprendre sa marche avec plus de vigueur. » (n° 2)

Ainsi, sa maison étant déjà apaisée, « on met une heure à dire *Notre Père* » (n° 3).

Parfois, tandis que la volonté est « absorbée et ravie », l'imagination et l'intelligence volent çà et là comme des folles. Peu importe ; ce qui importe, c'est que la volonté continue d'être centrée et soumise. On entre dans la contemplation par la porte de l'amour. À partir de l'amour, l'onde expansive de la contemplation atteindra non seulement le corps, mais la vie entière du priant. C'est le troisième aspect.

Le plan de la vie quotidienne

Comme toujours, l'oraison déborde sur la vie. En effet « l'oraison est une relation d'amitié », et si l'amitié est véritable, on n'est pas seulement ami par moments...

Dans l'oraison contemplative, à plus forte raison. L'entrée dans le royaume est un bouleversement ou une source puissante de présence et d'engagement dans l'oraison. Pour la première fois, la sainte souligne la condition paradoxale de toute oraison contemplative qui divise et unit. Elle détermine une forte extrapolation de l'affect, concentré sur Dieu et son royaume, de sorte que ceux qui l'éprouvent « ne sont pas tout entiers à leurs occupations ; le principal leur manque, c'est-à-dire la volonté qui, me semble-t-il, est alors unie à son Dieu » (n° 4). Mais cela même devient une force unificatrice, de sorte que « vie active et vie contemplative » vont de pair. Amour et action ont une commune mesure dynamique : « On sert alors le Seigneur de toutes les façons à la fois : la volonté est à son affaire – je veux dire à la contemplation –, sans savoir comment elle s'en acquitte, et les deux autres facultés font l'office de Marthe. Ainsi Marthe et Marie ne se séparent pas. » (n° 5)

Thérèse résumera tout cela, en fin d'exposé, dans une simple définition de l'oraison de quiétude : « l'âme se trouve dans cette oraison de quiétude quand elle goûte ce bonheur paisible et profond de la volonté ; elle ne peut dire au juste en quoi il consiste. Et cependant elle se rend très bien compte qu'il diffère du tout au tout de ceux d'ici-bas, et que la possession du monde entier, avec tous ses plaisirs, n'arriverait pas à procurer pareille jouissance. C'est au-dedans de la volonté que réside cette jouissance... » (n° 10)

La petite application pédagogique

Parler de contemplation mystique, d'expérience de Dieu, d'oraison de quiétude, c'est sans doute un mets substantiel pour les lectrices du *Chemin*, apprenties dans l'oraison. La sainte en est consciente (voir, par exemple, sa mesure dans l'exposé du chapitre XXX, 7). C'est pourquoi, elle enjolive l'exposé du thème avec toutes les ressources de sa pédagogie :

– Digressions pleines de vie sur l'expérience.

– Retour aux motivations bibliques.

– Appui d'une riche imagerie: jeu de comparaisons, images et symboles.

a) Avant tout, elle parle de « l'oraison de quiétude » *à partir de l'expérience*, sans se perdre en théories et en théologies.

Pour elle, la contemplation n'est pas une fleur exotique dans le jardin de l'oraison. Elle nous a déjà rappelé le cas de la pauvre petite vieille qui, en récitant ses *Notre Père* « jouissait d'une véritable contemplation » (30, 7).

Maintenant, dans le présent chapitre, elle se propose de nouer le dialogue direct avec des lectrices déjà initiées à l'oraison mystique: ce sont les sœurs du Carmel de San José, du moins plusieurs d'entre elles, « que Dieu, par sa seule bonté, a conduites *jusque-là* » (31, 6). En pensant à elles, Thérèse distribuera, dans la seconde partie du chapitre, une série de consignes concrètes. « L'expérience le rendra intelligible » (n° 10), plus et mieux que ne le pourra comprendre un lecteur inexpérimenté.

Mais auparavant, elle a évoqué l'expérience qualifiée d'un contemplatif exceptionnel, saint François de Borgia: il a lui-même expérimenté cette polarisation paradoxale de l'affect en Dieu, ce qui lui assura la totale unification de la contemplation et de l'action dans sa vie – un « grand contemplatif », dit-elle – et lui permit d'être grandement engagé dans l'action.

Au centre même du chapitre, elle a comparé sa propre expérience avec celle du saint jésuite: « J'ai appris d'une personne... », c'est la marque indiscutable du témoignage personnel. Que le lecteur comprenne bien: celle qui écrit ne parle pas par ouï-dire. C'est une personne qui « se trouvait souvent élevée par le Seigneur à *cet état*. « *Cet état* », c'est-à-dire dans « son royaume », dans la paix joyeuse de sa présence, en quiétude...

De fait, tout le chapitre est écrit à partir de cette clé. La sainte a prévenu dès les premières lignes: je parlerai de l'oraison de quiétude en m'aidant « de ce que j'ai entendu dire et aussi de l'intelligence que Dieu a bien voulu m'en donner... pour que je vous en fasse part » (n° 1). C'est-à-dire, pédagogie à partir de l'expérience, pour initier le lecteur à l'expérience et pour le guider durant cette expérience (n° 10).

b) *Les motivations bibliques.* Nous l'avons déjà noté: l'expérience de Dieu qui se produit dans l'oraison contemplative consiste, d'une certaine manière, à « nous donner son royaume maintenant », afin que notre oraison se rapproche de la doxologie parfaite du « royaume du ciel » (n° 1).

Ensuite vont défiler devant le lecteur une série de figures bibliques suggestives: le vieillard Siméon qui exulte dans un hymne de paix, avec le désir du royaume où il jouira de la présence du Seigneur, car « l'Enfant lui-même lui fit savoir qui il était » (n° 2). Ou l'image de Pierre sur le Thabor: le contemplatif « de grand cœur dirait avec saint Pierre: Seigneur, faisons ici trois tentes » (n° 3). Ou les figures typiques de Marthe et Marie (n° 5). Ou, peut-être mieux que toutes, la figure du publicain, capable de prier en peu de mots, « en se contentant de lever les yeux » (n° 6). Passages et personnages de l'Évangile qui ont traversé maintes fois l'oraison de la sainte (cf. *Relations* 36; *Vie* 15, 1; 15, 9; *Demeures* VII 3, 4).

c) Enfin, le typique recours plastique de la pédagogie thérésienne: *Le jeu des images et des symboles.* Impossible de commenter ici leur portée doctrinale et pédagogique. Il suffit de les énumérer:

– Avant tout, réapparaissent les images fondamentales qui persistent dans tout le livre: la *source* d'eau vive, le *palais* intérieur, le *chemin.* L'arrivée à la contemplation met en relief la force expressive et évocatrice de ce symbolisme multiple.

– Mais, à l'intérieur de l'expérience contemplative, il est intéressant de souligner deux aspects: la nouvelle interaction de *l'esprit* et du *cœur* (pensées et affections), et l'absolue gratuité de l'action de Dieu sur le priant. Ici surviennent de nouvelles images:

– *La chandelle, la flamme et le souffle* (n° 7): la volonté est la chandelle sur laquelle la grâce de Dieu a fait jaillir une nouvelle flamme, l'amour; le souffle de l'esprit ou de nos pensées peut l'alimenter, mais il peut aussi éteindre cette flamme naissante… Ou bien l'esprit et la volonté sont comme *deux époux,* mari et femme. Dans la contemplation il est nécessaire comme jamais qu'ils vivent en harmonie et en compénétration mutuelle (n° 8: comment ne pas rappeler la parabole de « Animus et Anima » de Paul Claudel !). Ou bien, la contemplation est quelque chose qui survient « à l'intérieur de la volonté » tandis que toutes les autres jouissances et tous les autres vouloirs n'en atteignent « *que l'écorce* » (n° 10).

– Mais Thérèse réserve les plus belles images pour mettre en relief l'action de Dieu: la gratuité absolue de la grâce et de l'expérience contemplative. C'est quelque chose qui se situe au-delà de toutes nos techniques et de nos forces, de même que « nous ne pouvons pas plus retarder la nuit que faire venir le jour » (n° 6). Et, à nouveau, pour exalter cette totale gratuité du don de Dieu, la plus belle image de toutes: celle du « petit nourrisson, attaché au sein de sa mère qui, dans sa tendresse, lui fait couler le lait dans la bouche sans qu'il ait à remuer les lèvres » (n° 9). Image soigneusement élaborée par la sainte et qui résume, comme en une délicieuse parabole, tout l'exposé du chapitre (on peut lire l'origine et la portée doctrinale de cette image dans le commentaire du passage de la sainte paru dans la revue *Monte Carmelo*, Burgos, 1985, p. 148-153).

Alors... que faire ?

Au milieu du chapitre, la sainte interrompt l'exposé concernant ce « qu'est l'oraison de quiétude » pour passer à l'aspect pratique et donner des « conseils » à ceux qui en sont favorisés.

Pour le moment ce seront des avis simples, tous obligatoires, à cause de la nature même de la contemplation qui, fondamentalement, est l'œuvre de Dieu dans le priant afin de l'introduire dans son royaume et de le mettre en sa présence. C'est pourquoi les conseils que donne Thérèse au débutant contemplatif se réduisent à un simple « manuel pour apprendre à recevoir ». Voici les consignes les plus importantes qu'elle lui propose :

1°. Ne pas forcer la main du « donateur »: ne pas faire effort pour prolonger sa grâce ou l'expérience contemplative, « c'est de la sottise... », car nous ne pouvons rien faire si ce n'est recevoir (n° 6).

2°. « Il est bon de se tenir davantage dans la solitude afin de laisser au Seigneur sa liberté d'action et lui permettre d'opérer en nous comme dans une chose qui lui appartient. » (n° 7)

3°. Ne pas se troubler si l'imagination et l'intelligence se refusent à partager la paix de la volonté. Peu importe ! (n° 8)

4°. Il importe de se disposer à recevoir afin de recevoir davantage… « qu'ils comprennent ce qui leur manque, ou, du moins, qu'ils s'en humilient et travaillent à se détacher entièrement » (n° 11).

5°. Travailler, c'est aimer… que le contemplatif serve « Dieu avec la fidélité que réclame une si grande grâce » (n° 12).

6°. L'oraison de quiétude est seulement le début de la contemplation. Il y a une grande différence entre l'oraison de quiétude et *l'oraison d'union* dans laquelle « l'âme est entièrement unie à Dieu » (n° 10), cette dernière étant le but final vers lequel tendent ces premiers pas d'oraison contemplative.

Enfin, que le lecteur n'oublie pas que tout cela s'appuie sur une pierre de fondation d'humble apparence : l'oraison vocale et la récitation des deux premières demandes du *Notre Père*. « Ô heureuse demande par laquelle, sans le savoir, nous demandons un si grand bien !... C'est pour cela que je voudrais, mes sœurs, nous voir bien examiner de quelle façon nous récitons cette prière du *Pater noster* » (n° 11). « Croyez que c'est ici la vraie manière de bénir et de sanctifier son nom. Vous glorifiez alors le Seigneur comme étant de sa maison, vous le louez avec plus d'ardeur et de désir ; enfin il vous devient impossible d'abandonner son service. » (n° 13)

Remarque finale

Le chapitre XXXI du *Chemin* n'est pas l'unique ni le meilleur exposé thérésien concernant « l'oraison de quiétude ». Pour une connaissance plus profonde de la pensée de la sainte, il faut lire les passages parallèles de la *Vie* (c. 14-15) et des *Demeures* IV.

C'est une contemplation parfaite
(*Chemin*, chapitre XXXII)

Regard rétrospectif

Dans les chapitres centraux du *Chemin* nous avons avant tout prié avec l'Auteur la première partie du *Notre Père*. Nous nous sommes arrêtés à dire « Père » en partageant les sentiments filiaux de Jésus. Unis à lui et partageant ses sentiments profonds, nous avons parcouru les deux demandes: sanctifier et glorifier son nom ; lui demander son royaume (qu'il nous le donne et qu'il nous y introduise) ; et maintenant lui offrir notre volonté, comme Jésus la lui a offerte à Gethsémani, pour qu'il fasse la sienne en nous.

Le déroulement ascendant des trois demandes a soutenu l'attention de Thérèse en partant de la prière vocale (invocation du « Père ») jusqu'au recueillement (intériorisation de cette invocation) et à l'entrée dans la quiétude contemplative (« que ton règne vienne »).

Cette ascension arrive enfin au sommet: faire le don de soi en disant « que ta volonté soit faite », c'est s'ouvrir au don de la contemplation parfaite, c'est-à-dire au don total qu'Il nous fait, en amitié parfaite.

Entrer dans la contemplation parfaite, c'est aussi arriver à la « source d'eau vive », annoncée et désirée ardemment dès les chapitres précédents (c.19). Arriver à la source, c'est entrer dans la mystérieuse expérience de l'« union ».

De là l'importance de ce petit traité dans lequel Thérèse a analysé la dynamique évolutive de l'oraison chrétienne. De là, surtout, l'importance du présent chapitre dans lequel elle initie le lecteur à l'ultime partie de cette montée.

Clés de lecture

Nous sommes devant une des pages fortes du *Chemin*. Forte, mais facile. Il est possible de la lire, comme n'importe lequel des chapitres précédents, en simple attitude d'écoute. En s'enrôlant dans le petit groupe des premières destinataires du livre. L'écrit est un simple prolongement de la conversation de la sainte au milieu du groupe.

À cause de cela, l'originalité et le génie dialogal de l'Auteur se reflètent dans la manière de transcrire la présente leçon par écrit. Il suffit de mettre en relief trois événements clés :

1° Comment elle comprend cette demande du Notre Père*: « Que ta volonté soit faite »*

Il ne s'agit probablement pas d'une exégèse pensée et réfléchie, mais du sens que cette parole a eu tant de fois dans l'oraison de Thérèse. Pour elle, dire à Dieu « que ta volonté soit faite » n'est pas une prière quelconque, dite et redite par routine. C'est une parole qui révèle un degré élevé de l'oraison chrétienne. Elle équivaut à donner au Seigneur carte blanche pour qu'il programme et réalise ma vie.

C'est pourquoi Thérèse pense que cette parole ne peut pas se prononcer à l'improviste. Ni par la propre initiative du priant. Elle doit être précédée de la demande et du don du « royaume ».

Après cela seulement je pourrai dire à Dieu que sa volonté se fasse dans ma terre comme dans son ciel. Il est évident que tous les ressorts de son amour devront entrer en jeu.

Au fond, l'exégèse de Thérèse s'articule ainsi :

– S'il ne nous donnait pas son royaume, comment pourrions-nous sanctifier son nom ?

– De même, s'il ne nous donne pas son royaume par anticipation, nous ne serons pas capables de lui donner effectivement notre volonté.

2° Nous disons « qu'elle soit faite », précédés par le Frère Aîné

Nous connaissons déjà la consigne pédagogique de la sainte: nous prions le *Notre Père* en communion avec le Maître qui nous l'a enseigné. Ici, quand on arrive au sommet des demandes, Jésus se solidarise avec le priant. Non seulement il nous a précédés par l'exemple dans sa prière de Gethsémani: « Père que ta volonté soit faite et non la mienne »; mais il est impliqué Lui-même, dans notre offrande suprême. Quand le priant fait le don de soi par l'offrande de sa volonté, Jésus est médiateur et l'offre pour nous (n° 1), il se fait notre ambassadeur (n° 3), il supplée à nos lâchetés et à nos déficiences et nous fortifie. Il a été celui qui a déjà demandé le « royaume » pour nous. Il offre quand nous offrons.

Si elle ne parvient pas à cette communion profonde de sentiments avec le Christ, notre oraison restera incomplète et pauvre.

« Tu as eu raison, ô notre bon Maître, d'adresser à ton Père la demande précédente. Autrement, Seigneur, je crois vraiment que la chose nous aurait été impossible. Mais du moment que ton Père, sur ta demande, nous donne ici-bas son royaume, je suis assurée que nous ferons honneur à ta parole et que nous tiendrons ce que tu as promis pour nous. Une fois la terre devenue le ciel, ta volonté pourra s'accomplir en nous; en d'autres conditions, Seigneur, je ne sais comment cela aurait été possible, surtout lorsqu'il s'agit d'une terre aussi ingrate, aussi stérile que la mienne. C'est, en effet, quelque chose de bien grand ce que tu offres ici! » (n° 2)

3° Le paragraphe que nous venons de transcrire nous offre une troisième piste. Thérèse prie la demande qu'elle est en train de commenter.

Nous savons déjà que ce procédé est un des ressorts de sa pédagogie: ne pas parler d'oraison sans la faire; ne pas commenter le *Notre Père* sans le prier. En ce moment même où elle insiste sur le sens profond de l'oraison chrétienne, il lui faut la faire en s'ouvrant aux sentiments du Christ priant; bien plus, elle s'ouvre à ses sentiments en entrant en franc dialogue avec le Maître et, à partir de là, elle déverse ces mêmes sentiments sur le lecteur, en passant spontanément de la « parole au Christ maître » (« Ô mon tendre Maître, quelle joie pour moi... ») au colloque intime avec les lectrices (« Ô mes amies, quel immense profit ! ») (n° 4).

C'est la véritable clé de lecture en ce qui concerne la pédagogie du chapitre. Spontanément ou délibérément, la sainte a placé ces moments de la pédagogie de la prière dans les cases stratégiques de la glose. Le lecteur pourra lire et s'approprier ce chapelet de moments de prière de l'Auteur (n° 1, 2, 4, 10) et non seulement il se sentira doucement introduit dans l'oraison contemplative qu'elle expose dans le chapitre, mais encore il se sera approché de l'expérience « actuelle et présente » de la sainte, attestée sur le vif à la fin de la leçon. Il suffira de lire le numéro 13.

Maintenant, disons « que ta volonté soit faite... »

Dire au Père « que ta volonté soit faite », c'est lui offrir la nôtre. Pour Thérèse, c'est clairement le sens de la demande. Demande quant à la forme, offrande profonde quant au fond. Elle implique non seulement la remise de sa propre volonté, mais la totalité du don de soi-même.

La prière de Jésus à Gethsémani est le modèle parfait de cette demande. Dire au Père qu'il fasse sa volonté entraîne la renonciation à la sienne propre. « Que ta volonté soit faite et non la mienne. »

La sainte qui s'associa tant de fois depuis son enfance à cette oraison de Jésus dans le Jardin (« presque tous les soirs... depuis bien des années et même avant d'être religieuse », *Vie* 9, 4), et qui tant de fois avait frémi en disant elle aussi, pour de bon, « que ta volonté soit faite », sait qu'il s'agit d'une chose de grande envergure. Cela équivaut à tout jouer sur une seule carte. Et Jésus sait aussi que ce qu'il donne en notre nom quand il met cette prière en notre bouche, ce n'est pas peu de chose : « Ô mon Maître, n'est-il pas vrai de dire qu'en nous faisant faire cette offrande, tu ne nous laisses plus rien et que nous donnons tout ce qu'il nous est possible de donner, si toutefois nous tenons ce que nous promettons. » (n° 1)

Il n'est pas extraordinaire qu'il en coûte de prier cette demande en vérité. Ou que certains la prononcent avec crainte ou réticences : « J'ai rencontré quelques personnes si timorées... qu'elles n'ont pas le courage » de remettre leur volonté à Dieu par crainte des conséquences (n° 3 de la première rédaction). « Je voudrais bien savoir... ce qu'ils disent quand ils supplient le Seigneur d'accomplir en eux sa volonté. Serait-ce qu'ils le disent parce que tout le monde le dit, mais sans avoir l'intention de faire ce qu'ils disent ? » (n° 3)

Ce sont toujours les mêmes obstacles : dire « que cela se fasse » entre la *crainte* et *l'attitude superficielle*. Dans ce cas, « ne prononçons pas ces paroles », préfère la sainte. Il lui a sans doute coûté à elle-même de surmonter ces deux obstacles. Mais le moment est arrivé enfin où elle a pu dire au Christ ou au Père, comme saint Paul : « Seigneur, que voulez-vous que je fasse ? ». Elle a même été capable de le commenter largement dans l'un de ses plus beaux poèmes :

« Je suis tienne, pour Toi je suis née ; Seigneur que veux-tu de moi ? »

Refrain suivi de douze strophes qui coulent comme un commentaire intime et personnel de la demande centrale du *Notre Père*.

Maintenant, dans le présent chapitre du *Chemin*, elle insiste sur l'importance de cet acte d'abandon. Véritable chaînon qui relie l'oraison et la vie entière du priant. Déjà, dans les chapitres antérieurs, elle a dit au lecteur que « tout est là ». « Nous donner tout entières et sans partage à notre Tout » (c.8, 1). Radicalisme de l'amour que la sainte rappelle maintenant : « Tous mes conseils dans ce livre ne tendent qu'à ce but : nous donner totalement au Créateur, soumettre notre volonté à la sienne, nous détacher des créatures. » (n° 9)

Pour que ce don total de soi devienne possible, il faut nécessairement faire entrer en jeu l'une des consignes péremptoires de l'ascèse thérésienne : la *détermination déterminée*. Thérèse l'a affirmé dès l'épigraphe du chapitre : « Combien l'on mérite en prononçant ces paroles avec une totale détermination ». « Donner sa volonté d'une autre manière, c'est montrer un joyau à quelqu'un, le lui offrir, le prier même de l'accepter, puis, lorsqu'il avance la main pour le prendre, le garder bel et bien. Ce ne sont pas là des moqueries à infliger à Celui qui en a été abreuvé pour notre amour » (n° 7-8). « Donnons donc une bonne fois le joyau. » (n° 8)

Donner le joyau de sa volonté ou l'« anneau » de l'amour, comme l'épouse dont elle a commenté le geste en parlant de la détermination déterminée (c. 23, 2-3), c'est la mesure du « que se fasse ». « Ainsi, mes sœurs, si vous aimez, faites en sorte que les paroles que vous adressez à un si grand Maître ne soient pas des paroles de compliment. » (n° 7)

Il est clair que la raison de ce radicalisme thérésien réside dans la dynamique de l'amour qui, au moins dans le cas sublime de l'amitié théologale, exige l'abandon total à l'ami, pour que celui-ci fasse l'abandon total de lui-même. « Si nous ne donnons pas entièrement notre volonté au Seigneur pour qu'il dispose à son gré de tout ce qui nous concerne, jamais il ne nous permettra de boire (aux eaux vives de la source). » (n° 9)

La sainte ne pouvait souligner son radicalisme avec plus de vigueur : donner *totalement* notre volonté ; pour que le Seigneur fasse *totalement* la sienne ; sans quoi nous n'aurons *jamais* l'eau vive de la source.

Se donner… pour recevoir le don de la contemplation parfaite

« Voilà la contemplation parfaite dont vous m'aviez priée de vous parler. » (n° 10)

Ce catégorique « voilà » qui concerne la contemplation parfaite et la donne pour réalisée est simplement l'état qui résulte du don de soi fait au Père ; fait jusque dans la racine de sa volonté ; fait en Christ, en communion avec ses sentiments, en ratifiant et en personnalisant l'offrande anticipée que Lui a faite de notre volonté en nous enseignant à prier. La contemplation parfaite est, en définitive, la grâce qui survient après le don total de nous-mêmes à Lui.

La sainte l'a déjà formulé en termes catégoriques : « Lui ne se donne entièrement que lorsque nous nous donnons entièrement nous-mêmes. La chose est certaine, et si je vous la répète si souvent, c'est qu'elle est très importante » (c.28, 12). Mais l'inverse de cet axiome thérésien est le suivant: Lui se donne totalement à qui lui a fait totalement le don de sa volonté et de lui-même. C'est-à-dire à celui qui lui a dit, pour de bon, avec le Christ Jésus: « que ta volonté soit faite ».

Dans le texte du *Chemin*, la description théorique de la contemplation ne suit pas immédiatement. Par contre, suit un moment de vive et réelle contemplation. Après avoir énoncé: « voilà la contemplation parfaite », l'Auteur entre doucement en contemplation en présence du lecteur:

« Plus d'efforts, plus de savoir-faire de notre part; il ne faut plus dire que *fiat voluntas tua*... Que ta volonté Seigneur, s'accomplisse en moi! Et cela par toutes les voies et de toutes les manières que tu voudras, mon tendre Maître! Si tu trouves bon que ce soit par des peines, fortifie-moi, et qu'elles viennent! Par des persécutions, des maladies, des affronts, des privations, me voici! Je ne détournerai pas mon visage, ô mon Père. Il serait indigne à moi de reculer. Puisque ton Fils t'a offert ma volonté en t'offrant celle de tous les hommes, il n'est pas juste que je me dérobe. Mais pour que j'aie le courage de le faire, puisqu'il me l'a demandé, daigne, ô mon Dieu, m'accorder ton royaume. Et après cela, dispose de tout mon être conformément à ta volonté, comme d'une chose qui est tienne. Ô mes sœurs! quelle puissance dans ce don! » (n° 10-11)

Scène expressive et prégnante: a) manière réelle et très personnelle de dire « que cela se fasse »; b) en communion avec les sentiments du Christ souffrant (« je ne détournerai pas le visage », Is 50, 6); c) en s'expérimentant elle-même comme objet de la prière du Christ (« puisqu'il me l'a demandé »); d) en faisant passer ce flot de sentiments sur le groupe des lectrices (« ô mes sœurs! »)

La sainte consacrera le reste du chapitre à souligner les trois aspects fondamentaux de la contemplation parfaite: a) la plus grande assimilation au Christ; b) l'union profonde à Dieu; c) le développement sans fin de la contemplation mystique.

a) Quand le priant a dépassé ses craintes et a enfin été capable de dire au Père: « fais en moi ta volonté », il est bien sûr de ce qu'elle va être. Certainement pas un simple bonheur terrestre:

« Ni richesses, ni plaisirs, ni honneurs, ni tous les biens d'ici-bas. Il ne nous porte pas si peu d'amour ! » (n° 6). Il nous aime comme le Christ, son Fils : « Vous voyez, mes filles, ce que Dieu a donné à Celui qu'il aimait par-dessus tout ; par là vous pourrez reconnaître quelle est sa volonté. Oui tels sont les présents qu'il nous fait en ce monde ». Et par là il nous introduit dans le régime de l'amour : « Il donne à proportion de l'amour qu'il porte ; donnant plus à ceux qu'il aime plus, donnant moins à ceux qu'il aime moins, en proportion du courage qu'il voit en chacun et de l'amour qu'on a pour lui. Celui qui l'aime beaucoup, il le reconnaît capable de beaucoup souffrir pour lui, et celui qui l'aime peu, il ne le juge capable que de peu souffrir » (n° 7). En effet, « la mesure de notre force pour porter une croix ou pesante, ou légère, c'est la mesure de notre amour » (n° 7).

b) En second lieu, elle parlera au lecteur de *l'union à Dieu*.

« Union », c'est un terme que Thérèse répétera à ses lectrices jusqu'à satiété. Ce sera aussi un mot important dans l'enseignement de saint Jean de la Croix. Mais dans les deux cas, le mot « union » prend un sens et une charge qui dépassent le vocabulaire courant. L'événement final de la « sanctification » du priant ne se fera que dans l'union. Cette sanctification ne s'accomplira pas par ses propres efforts, mais par la présence, en lui, du Dieu saint.

En disant *que cela se fasse*, « si ce don est accompli généreusement, comme il doit l'être, il amène le Tout-Puissant à ne faire qu'un avec notre bassesse et à nous transformer en lui. En un mot, il unit le Créateur et la créature » (n° 11).

c) Maintenant des horizons sans limites pour la contemplation se déploient devant le lecteur : « Non content d'avoir rendu cette âme semblable à lui par l'union qu'il a contractée avec elle, il commence à la traiter avec familiarité, à lui découvrir ses secrets ; il se plaît à lui faire voir ce qu'elle a gagné en se donnant à lui, à lui découvrir quelque chose de ce qu'il lui réserve encore. Enfin il lui fait perdre peu à peu l'usage de ses sens extérieurs pour que rien ne vienne la distraire. C'est le ravissement. Le Seigneur en vient à une amitié si tendre que, non seulement il rend à cette âme la volonté qu'elle lui a donnée, mais il y joint la sienne » (n° 12).

Comme chaque fois qu'elle touche au thème de la contemplation mystique, Thérèse termine en rappelant à ses lectrices que là il n'y a pas de techniques ni de mérites qui vaillent. Que le contemplatif est entré dans le royaume de la grâce, de l'amour et de la gratuité absolue. Ici, « la pauvre âme, malgré tout, ne peut pas ce qu'elle voudrait bien, elle ne peut même rien que par le don qui lui en est fait, et sa plus grande richesse consiste en ce que, plus elle sert, plus elle est redevable » (n° 13).

D'où son conseil final: « Voici un conseil que je vous donne: Ne pensez pas en venir là par vos efforts et vos propres moyens. C'est tout à fait inutile, et même la dévotion que vous pourriez avoir courrait le risque de se refroidir. Dites seulement avec simplicité et humilité, car c'est l'humilité qui vient à bout de tout: *fiat voluntas tua.* » (n° 14)

La correspondance avec la vive expérience de l'Auteur

Quand la sainte écrit pour la première fois cette leçon du *Chemin*, elle la destine au groupe des pionnières du Carmel de San José. Jeunes et apprenties. Elle sait qu'elle peut leur parler, à elles, de la source d'eau vive, mais sans entrer dans la haute mer de la contemplation mystique.

De là la concision et la linéarité du présent exposé. Elle concluait son brouillon en promettant aux lectrices le livre de la *Vie* dans un proche futur: « En effet – comme je l'ai dit – j'ai déjà écrit ailleurs comment est cette oraison et ce que l'âme doit faire alors. J'ai longuement expliqué ce que l'âme y ressent et comment on reconnaît ce qui est de Dieu. *Je ne fais qu'effleurer les choses touchant cette oraison* pour vous faire comprendre comment vous devez réciter cette prière du *Notre Père…* »

Ainsi était le brouillon. Dans le texte définitif, elle supprima l'invitation à lire les pages de sa propre vie. Ses conseillers théologiens avaient jugé trop fort ce livre autobiographique de la sainte et préféraient ne pas le mettre entre les mains des jeunes débutantes du Carmel de San José.

Oraison devant le mystère de l'Eucharistie
(*Chemin*, chapitre XXXIII)

Comment Thérèse commente et comment elle prie la demande « donne-nous aujourd'hui notre pain de chaque jour ».

L'Auteur du *Chemin* sait que cette demande du *Notre Père* a d'abord un humble sens matériel. Nous demandons au Père la nourriture qu'il ne refuse pas aux oiseaux du ciel. La sainte trouvera normal que, sur ce plan de l'indigence biologique, nous disions au Père que nous avons besoin de son aide. Cependant, à ses lectrices (n'oublions pas qu'elle écrit pour une communauté priante), elle préfère transposer immédiatement ces paroles sur un autre plan, celui de l'indigence de l'esprit, et demander le pain transsubstantié, le pain de l'âme qu'est véritablement l'Eucharistie.

C'est pourquoi elle centre toute l'attention des lectrices sur : comment et pourquoi dire au Père que nous avons besoin du pain eucharistique, que nous en avons besoin chaque jour, que nous en avons besoin aujourd'hui.

La sainte développera son commentaire au long des chapitres XXXIII, XXXIV et XXXV. Comme dans les triptyques des peintres, le chapitre central, chapitre XXXIV, est le plus important. Elle y dira au lecteur comment doit être son oraison eucharistique, comment il devra l'intérioriser et l'enrichir. Ce chapitre central est encadré par les deux autres volets du triptyque : en matière de prélude, le chapitre XXXIII introduira le lecteur au mystère de l'Eucharistie et à son enracinement trinitaire. Le chapitre XXXV développera le sens ecclésial de la prière eucharistique. Ces deux chapitres, le premier et le troisième du triptyque, seront riches en « exclamations » de

Thérèse, prières d'étonnement adressées au Père en faveur du Fils, présent dans le Sacrement. Réunis en un seul, ces deux soliloques de la sainte constituent à la fois un merveilleux « hommage à l'Eucharistie » et une règle contemplative pour le priant qui se laisse enseigner par l'Auteur.

Le prélude du thème : chapitre XXXIII

En rédigeant le *Chemin* pour la première fois, Thérèse commença le commentaire de cette demande du *Notre Père* peu à peu, dans de brefs paragraphes successifs et échelonnés. Dans le brouillon (autographe de l'Escorial) ce chapitre XXXIII est fragmenté en trois parties extrêmement brèves. Ce sont les chapitres LVII, LVIII et LIX de la première rédaction.

Elle-même les fit précéder de trois épigraphes qui définissent bien la marche de son commentaire. Les voici :

1°. « En quoi consiste le grand besoin que nous avons de faire cette demande du *Notre Père.* »

2°. « Il s'agit de tout ce que fit le Père Éternel en voulant que son Fils demeure pour nous dans le Saint Sacrement. »

3°. Un cri vers le Père.

En réalité, le chapitre entier devait servir de prélude au grand thème de l'oraison eucharistique. Il était impossible que, dans la pédagogie contemplative du *Chemin*, manque cette dimension particulière que l'Eucharistie donne à l'oraison chrétienne.

Il devait être bien clair que le *Notre Père* et l'Eucharistie sont les deux piliers sur lesquels s'appuie le priant. Mais il était nécessaire de motiver d'une manière adéquate l'articulation des deux parties. De les unir étroitement sans sortir du commentaire de l'oraison dominicale.

En accord avec son style pédagogique, Thérèse le fait ainsi : premièrement, elle formule une brève réflexion doctrinale ; quelque chose comme sa propre mise au point théologique du mystère eucharistique dans lequel sont impliqués le Père, Jésus et le priant.

Elle passe, en second lieu, de la réflexion doctrinale à l'oraison vécue : c'est au Père que nous adressons toutes les demandes de l'oraison dominicale. Thérèse s'adresse maintenant à Lui, dans une prière pleine d'émotion, à partir de la demande du pain eucharistique.

Il suffit de souligner sommairement le contenu de ces deux lignes thématiques du chapitre.

L'approche du mystère

Il est facile de découvrir et de mettre en relief les idées de base que la sainte propose au lecteur comme porche d'entrée dans le domaine de la piété et de l'oraison eucharistique. Ce sont trois fortes convictions. Nous pouvons les résumer ainsi :

1°. Sans l'Eucharistie il nous serait impossible de faire la volonté du Père. C'est-à-dire que la demande centrale du *Notre Père* : « que ta volonté soit faite » serait sans effet.

2°. C'est le Père lui-même qui nous donne le pain de l'Eucharistie. Et par lui, il nous donne son Fils, afin que se prolonge sa présence parmi les hommes, jusqu'à la fin du monde ; qu'il soit le pain de l'âme, qu'il nourrisse notre volonté pour que celle-ci ne fasse plus qu'un avec celle du Père.

3°. Dans cette demande, Jésus s'associe à nous pour demander au Père le don du pain eucharistique. De sorte que ces deux demandes centrales du *Notre Père* sont intimement reliées. Elles expriment ce qui est le plus central dans l'oraison chrétienne : nous adresser au Père par et avec le Fils, pour lui demander la présence de celui-ci parmi nous, afin qu'il nous soit possible d'adhérer à sa volonté. C'est « pour nous d'une importance capitale » soulignera la sainte en concluant sa réflexion.

Thérèse expose le premier postulat à ses lectrices dans une série d'exemples pratiques : l'homme riche et avare, le médisant, le religieux qui n'observe pas ses vœux. Il est facile de dire superficiellement : « que ta volonté soit faite » et il est difficile de réaliser, de fait, le don total de soi-même compris dans l'abandon de notre volonté. Ce n'est pas seulement difficile: c'est impossible sans l'Eucharistie.

Dans la seconde affirmation, Thérèse – consciemment ou inconsciemment – ne fait que reprendre le thème de l'Évangile de Jean dans lequel Jésus promet le pain eucharistique : « Ce n'est pas Moïse qui vous a donné le pain du ciel, mais c'est mon Père qui vous donne le vrai pain du ciel… Je suis le pain de vie… Vos pères ont mangé la manne et ils sont morts. Mais le pain qui descend du ciel est tel que celui qui en mange ne mourra pas. » (Jn 6, 32-48)

La troisième thèse est peut-être la plus profonde et la plus insistante. Jésus, qui est présent dans toute la prière du *Notre Père*, nous devient solidaire d'une manière spéciale quand arrive la demande du pain eucharistique. C'est Lui qui a « inventé un moyen admirable où il fit bien paraître l'excès de son amour pour nous » (n° 1). Il le demanda au Père « en son nom et au nom de tous ses frères » (n° 1). C'est Lui qui voulut expressément que ce don « vienne de la main même du Père éternel… Il n'ignorait pas que cette demande dépassait toutes les autres » (n° 2).

En se le rappelant, la sainte se sent attirée par le mystère de l'intériorité de Jésus, par le faisceau de lumières et d'ombres, d'intentions et de motifs qui traversèrent l'âme du Seigneur quand « il se détermina à rester avec nous » (n° 2). Elle s'arrête par deux fois pour tenter cette sorte de plongeon : « Voici, sauf meilleur avis, la pensée qui se présente à moi. Jésus savait ce qu'il avait donné en notre nom… » Suit une série de conjectures jusqu'au moment où Jésus « se détermina » (n° 2). Et à nouveau : « Une chose m'a frappée. Dans cette seule demande, Notre-Seigneur redouble une même expression… » (n° 4), avec une autre série de conjectures jusqu'à inviter finalement les lectrices : « Qu'une telle prière vous attendrisse le cœur, mes filles, et vous enflamme d'amour pour votre Époux » (n° 4).

Stupeur et audace dans les exclamations adressées au Père

Déjà, dans des passages antérieurs du *Chemin*, nous avons surpris la sainte lançant impétueusement une prière d'« exclamation », simple cri adressé au Père éternel. Généralement, la force de l'étonnement la fait jaillir de la profondeur de son âme lorsque soudain elle se trouve en présence du mystère de Jésus impliqué dans l'histoire des hommes. Ainsi, au chapitre III, face aux discordes intestines de l'Église, face aux guerres fratricides de religion, à la déchirure du corps mystique de Jésus et aux profanations de l'Eucharistie (c.3, 8). À l'inverse, dans le chapitre XXVII, en prenant conscience du sens profond de cette invocation: « Notre Père! », de notre fraternité avec le Christ et de la paternité de Dieu sur Jésus et sur nous, elle s'exclame dans une sorte de cri, adressé, non pas au Père, mais à Jésus qui nous a rendu possible cette invocation: « ô Fils de Dieu! Mon tendre Maître! Comment, dès les premiers mots, nous donnes-tu tant à la fois? » (c.27, 2).

Mais, pour elle, rien n'est aussi fort que la présence dramatique du Christ-Eucharistie dans l'histoire des hommes. Plus loin, à la fin du présent thème eucharistique (c.35), nous trouverons l'exclamation la plus remplie d'émotion et de douleur de tout le livre. Maintenant, dans le présent chapitre, il arrive la même chose. Son exposé doctrinal se convertit en oraison exclamative. Sans avoir l'intention de se donner en exemple, la sainte offre, de fait, une oraison modèle. L'exclamation occupe la seconde moitié du chapitre (n° 3.b, 4 et 5). Il y a en elle une première impulsion pour s'introduire entre Jésus et le Père, dans le profond mystère des relations qui existent entre eux (n° 3).

Ensuite, son oraison « dépasse les limites » – comme Thérèse elle-même a l'habitude de dire – et elle s'abandonne à l'improvisation d'un amour fou, intercédant – c'est extraordinaire! – pour le Fils, devant le Père:

– « Toi, Père éternel, comment as-tu consenti? »

– « Comment ta tendresse peut-elle le voir chaque jour, oui chaque jour, en butte à tant d'outrages? »

– « Comment accueilles-tu une telle demande? »

– « Ne considère pas l'amour qui presse ton Fils: pour accomplir parfaitement ta volonté et nous faire du bien, il se laisserait mettre en pièces chaque jour. »

– « Pourquoi tout le bien qu'il nous fait doit-il lui coûter si cher? »

– « Ô Dieu ! quel immense amour dans le Fils, et quel immense amour dans le Père ! »

– « Parce qu'il ne répond à tout que par le silence, qu'il n'ouvre pas la bouche pour défendre ses intérêts, mais pour défendre les nôtres seulement, ne se trouvera-t-il personne qui élève la voix en faveur de ce très aimant Agneau ? », etc.

« Je me console parfois en disant des paroles extravagantes », avait-elle commenté dans une autre occasion. Maintenant, elle prend sans doute aussi conscience qu'elle a frôlé la frontière de l'impertinence.

Dans le brouillon du livre, ce cri final se diluait dans une humble demande d'excuse : « Permets-moi, Seigneur, puisque tu veux le laisser en notre pouvoir, de parler et de supplier car il t'a obéi si parfaitement et il s'est donné à nous avec tant d'amour... » (passage omis dans la rédaction définitive du n° 4)

Cette dernière touche de tendresse adoucit le cri de l'exclamation. En réalité, ce n'est pas elle qui est submergée par l'onde de l'amour fou. C'est l'amour du Christ qui l'est encore davantage en instituant l'Eucharistie. « Quant à ton Fils, rien ne l'arrête » (n° 4), il n'y a pour le freiner ni obstacle, ni raison. Cette démesure de l'amour du Christ avait déjà eu, en d'autres circonstances, un impact sur l'esprit de la sainte. Elle l'avait dit directement à son Seigneur : « Prends-y garde, ô mon Maître. Ton amour pour nous, joint à ton humilité, fait que rien ne t'arrête... » (c.27, 3)

Tout cela n'a été que simple préambule. La sainte nous donnera sa forte leçon sur « l'oraison et l'Eucharistie » dans les deux chapitres suivants.

L'Eucharistie, manne de l'humanité
(*Chemin*, chapitre XXXIV)

Au début du chapitre 34 du *Chemin*, l'Auteur a écrit cette simple épigraphe: « Suite du même sujet. Pensées qui peuvent très utilement occuper une âme après la communion ».

Ce « même sujet » est celui qu'elle a traité dans le chapitre précédent, en commentant, dans un climat d'oraison, la demande « donne-nous aujourd'hui notre pain de chaque jour ». Déjà dans ce précédent chapitre, le commentaire s'était orienté vers le seul pain de l'Eucharistie: demander au père ce pain pour alimenter la vie.

Maintenant le commentaire s'élève à un niveau de haute pédagogie spirituelle. Au cours de la formation du priant, il est indispensable d'éduquer son sens eucharistique, de motiver à fond son oraison, sa piété, son expérience du Sacrement.

Nous sommes devant l'une des pages les plus belles et les plus denses du livre. Thérèse ne peut cacher sa réputation de « folle de l'Eucharistie ». Elle ne peut écrire sur ce sujet sans évoquer ses expériences eucharistiques récentes et émouvantes. Elle ressent l'obligation de témoigner expressément de sa foi vive dans le Sacrement, de sa béatitude d'y trouver son Seigneur en personne, avec autant de bonheur, certes, que si elle avait cheminé et vécu à ses côtés en terre de Galilée.

Passer de ce plan du témoignage autobiographique – sorte de petit évangile de son expérience eucharistique – à la pédagogie de l'oraison, c'est pour elle extrêmement facile. Quelques chapitres plus haut, elle a donné au lecteur la leçon fondamentale du livre : l'oraison de recueillement. C'est-à-dire qu'elle lui a appris à s'intérioriser pour simplifier et intensifier sa relation avec Dieu ou avec le Christ. Eh bien, l'Eucharistie, à un niveau personnel, est un merveilleux processus dynamique qui va de la présence à l'intériorisation. Une invitation suprême et réaliste à entrer au-dedans de soi avec le Seigneur qui entre au-dedans de nous. Par suite, l'Eucharistie nous offre la meilleure occasion pour réaliser, et même pour sacramentaliser l'intériorisation du recueillement.

C'est cela que visera la leçon de tout le chapitre qui est réellement « très bon » pour le moment de la communion.

L'élaboration du chapitre

Avant de le lire, faisons une pause. Rappelons-nous que Thérèse écrit au fil de sa plume, avec une grande spontanéité. Rappelons aussi que son manuscrit doit passer par le crible de ces messieurs les censeurs.

Ce sont eux qui, d'une certaine manière, freinent la fluidité de sa leçon et lui imposent le jeu rédactionnel de réviser l'écrit et de le refaire. C'est par eux que la sainte se voie condamnée à élaborer de nouveau sa leçon eucharistique. C'est pourquoi le présent chapitre nous est parvenu avec deux exposés relativement différents.

Dans le premier (le brouillon, le manuscrit de l'Escorial) la sainte se propose intentionnellement de situer tout le commentaire du « pain » demandé au Père dans le contexte de la pauvreté en esprit et de la vie d'oraison qui président à la pédagogie du *Chemin* : vivre à fond la foi et l'abandon dans les mains de la Providence, porter à l'oraison des « événements » d'envergure afin que, à ce moment privilégié qu'est le dialogue avec le Père, nous ne soyons pas assaillis par des préoccupations matérielles et par la faim physique, mais par la faim de Dieu. Cet objectif est nuancé par des détails tout en finesse et par des allusions à sa propre manière de ressentir la vie et la mort.

Le censeur ne fut pas d'accord avec cet objectif. Par de grands traits en croix il raya toute une page du manuscrit thérésien et annota en marge : « Le Christ notre Seigneur a demandé tout ce qui était nourriture pour le corps et pour l'âme, comme le sont le pain matériel et l'Eucharistie, et cela par respect pour l'âme. L'Église le demande ainsi dans les litanies ».

Thérèse se soumit. Elle détacha toute cette page, modifia plusieurs autres passages de son texte. Elle retrancha et ajouta. Jusqu'à rédiger entièrement le chapitre, afin qu'il soit impeccable aux yeux de son censeur.

(Pour une étude intégrale de tout ce passage, d'une manière plus méticuleuse que ce que nous pouvons réaliser ici, il faudrait placer en colonnes et en face l'une de l'autre les deux rédactions et faire le bilan des affirmations spontanées de la sainte d'une part, et d'autre part des nuances successives de la seconde rédaction, avec les dernières retouches de l'Auteur elle-même, dans le manuscrit de Tolède, au moment de la préparation de son livre pour l'édition.)

Mais en réalité le délicat processus d'élaboration avait dévié sur une autre piste. Il avait consisté pour Thérèse à récapituler sa propre expérience eucharistique et à s'élever, à partir de là, à une vivante leçon de piété sacramentelle proposée aux lectrices.

Voyons de près ce mouvement pendulaire qui va du vécu à l'enseignement.

L'évocation des expériences eucharistiques vécues par la sainte

En faisant le plan du présent chapitre et en analysant sa structure, nous remarquons déjà que le centre de l'exposé est réservé au souvenir de la propre expérience eucharistique de l'Auteur. Des treize numéros qui le composent, les deux centraux – n° 6 et 7 – commencent par le typique recours à l'anonymat : « je connais une personne » (n° 6) et « je sais que cette même personne » (n° 7).

Le premier de ces deux numéros nous donnera la certitude que « cette personne » a raison de penser que, pour elle, le pain eucharistique a été « nourriture » et même médecine pour le corps : « Pensez-vous que cet aliment sacré ne *soutienne* pas aussi nos corps et ne soit même un *remède efficace* aux maux physiques ? Pour moi, je sais qu'il en est ainsi et je connais une personne sujette à de graves maladies qui, éprouvant souvent de vives douleurs, se les sentait enlever comme avec la main après la communion, au point de se trouver en parfaite santé. »

Le second atteste la foi inconditionnelle et totale avec laquelle « cette personne » vivait la rencontre personnelle avec le Seigneur chaque fois qu'elle communiait, « elle croyait voir avec les yeux de son corps Notre-Seigneur entrer dans l'hôtellerie de son âme… »

Dans les numéros suivants elle continuera à faire, d'une manière beaucoup plus voilée, d'autres allusions à l'expérience de « l'hospitalité et de l'hôtellerie » offertes au Seigneur (n° 8), et au frémissement viscéral, presque biologique, qu'elle éprouve devant la Majesté transcendante voilée dans le Sacrement.

Ces évocations n'ont rien de surprenant. Il y a à peine deux ans, Thérèse elle-même a fait ces confidences en direct en écrivant les dernières étapes de son itinéraire spirituel. Là, dans sa *Vie*, elle les a relatées plus longuement. Et surtout, elle les a attestées avec une fraîcheur et un frémissement émouvants.

Rappelons seulement les plus importantes, celles qui, d'une certaine manière, servent de support au présent chapitre :

a) Avant tout, la « plus forte » de ses expériences eucharistiques : il y eut une période pendant laquelle Thérèse expérimenta la transcendance ou, comme elle le dit, « la très grande majesté » présente et cachée dans le Sacrement. En se la rappelant – assure-t-elle – « je sentais mes cheveux se dresser sur ma tête et je demeurais comme anéantie. Et comment, ô mon Maître, si tu ne voilais ta grandeur, une créature aussi souillée et aussi misérable oserait-elle s'unir si souvent à une telle Majesté ? » (*Vie* 38, 19). « Quand je vois une Majesté si haute, cachée dans une chose aussi petite que l'hostie, j'admire, en vérité, une sagesse aussi profonde. Non, je ne sais comment j'aurais le courage, la force de m'approcher de mon Dieu, si Celui qui m'a accordé et m'accorde encore de si grandes faveurs, ne me donnait ce courage. Sans lui, de même, je serais incapable de me contenir, et c'est à haute voix que je publierais de si prodigieuses merveilles. » (*Vie* 38, 21)

b) Non seulement le Seigneur ne la laissa pas anéantie, mais il fut source de santé pour son corps malade et pour son âme tourmentée: « Quelquefois et presque toujours – ou du moins habituellement – je me trouvais soulagée dès que j'avais communié. Parfois même, à l'instant où je recevais l'Eucharistie, je me sentais si bien pour l'âme et pour le corps, que j'en étais dans l'étonnement » (*Vie* 30, 14). Et d'une manière plus concise: « La communion rend la paix à mon âme, la santé à mon corps, la vivacité à mon intelligence, en même temps que la vigueur et les désirs que j'ai d'ordinaire. J'en ai fait bien des fois l'expérience. Au moins est-il manifeste que, depuis plus de six mois, la communion m'apporte la santé. » (*Relation* 1, 23)

c) À la base de tout cela on trouve ses désirs impétueux qui jouent un rôle décisif: « Par instants, il me vient une soif de communion si ardente que je ne sais comment en donner une idée. Cela m'arriva un matin où il pleuvait si fort qu'il me paraissait impossible de sortir de la maison. Je le fis cependant et me trouvai tellement hors de moi par la véhémence de ce désir qu'aurait-on dressé des lances contre ma poitrine, j'aurais passé au travers: comment la pluie aurait-elle pu m'arrêter? » (*Vie* 39, 22)

d) Sur un plan plus humble d'ascèse et de fidélité quotidienne, Thérèse revivait, en communiant, la scène évangélique de Marie qui recevait le Seigneur dans sa maison: « Ma dévotion pour la glorieuse Madeleine était très vive, et bien souvent j'avais l'esprit occupé de sa conversion, surtout quand je communiais. Certaine alors que Notre-Seigneur était au-dedans de moi, je me plaçais à ses pieds, lui représentant que mes larmes n'étaient pas à mépriser. » (*Vie* 9, 2)

Plus tard, après avoir écrit le *Chemin*, Thérèse nous fera la confidence de cette liturgie intérieure qu'elle solennisait d'une manière spéciale le Dimanche des Rameaux; pendant « plus de trente années », elle avait été fidèle à sa consigne d'« accueillir » le Seigneur de l'Eucharistie, bien que ce fût dans sa « bien mauvaise hôtellerie ». Il suffit de lire le récit émouvant de la *Relation* 26 pour découvrir tout un large panorama de fidélité eucharistique.

Ainsi donc, cette description d'expériences introduit ici, avec une extrême discrétion, le substrat du présent chapitre. Il ne s'agit pas seulement de les évoquer, ni de les attester comme des points lumineux de son histoire personnelle. Ces expériences sont génératrices de fortes convictions doctrinales. Elles redisent sa foi dans le mystère et confèrent une tonalité et une puissance particulières à la théologie du message eucharistique qu'elle nous transmet.

Cette manne de l'humanité

En commençant son exposé (premiers numéros du chapitre), la sainte semble s'enfermer dans une petite dissection exégétique. Pourquoi cette double expression dans la présente demande du *Notre Père*: pain « de chaque jour » et pain pour « aujourd'hui » ?

Dans la première rédaction, elle avait introduit le thème d'une manière confidentielle, faisant de l'humour à ses propres dépens: « En écrivant ceci, j'ai eu le désir de savoir pourquoi, après que le Seigneur a dit "chaque jour", il rajoute "aujourd'hui". Je veux vous dire quelle est ma sottise, si on peut vraiment la considérer comme telle, car c'est déjà beaucoup de me mêler de cela, mais puisque nous essayons de comprendre ce que nous demandons, *réfléchissons bien en quoi cela consiste…* » (n° 1)

C'est donc bien volontairement et par le biais d'un essai d'exégèse personnelle que Thérèse veut transmettre à ses lecteurs une conviction forte et originale. Selon elle, le « chaque jour » et le « pour aujourd'hui » marquent les deux volets du plan de Dieu. Le Père nous a donné le Fils « pour toujours ». Et maintenant nous demandons le pain de l'Eucharistie pour l'« aujourd'hui » de la vie temporelle. Cette simple distinction entre le don du Père pour l'éternité ou pour la temporalité sert de point de départ pour affirmer que l'Eucharistie est la manne de l'humanité tout au long de l'histoire des hommes. La sainte revient sur le thème johannique: c'est le Père qui nous donne le corps et le sang de Jésus, comme pain pour sustenter la vie des hommes, comme aliment qui marque la continuité entre notre vie dans le temps et notre vie dans l'éternité. Don offert à tous, amis et ennemis, de sorte que, « à moins qu'il n'y ait de notre faute, nous sommes assurés de ne pas mourir de faim. De quelque manière que l'âme souhaite se nourrir, elle rencontrera là saveur et consolation. Pas de privation, de peine, de persécution qui ne lui devienne facile à supporter, une fois quelle aura goûté celles que Notre-Seigneur lui-même a souffertes » (n° 2).

Elle répétera cette même thèse fondamentale à la fin de son oraison au Père, dans le chapitre suivant: malgré les mauvais traitements et les profanations par lesquels les hommes offensent ce pain très saint, jamais nous n'oserons demander au Père de le retirer du monde: « Que deviendrions-nous sans lui? Si quelque chose peut apaiser ta colère, c'est de voir ici-bas cet adorable gage ». La grande logique de la prière pour l'humanité est celle-ci: « Considère que ton Fils est encore dans le monde! » (c.35, 4)

Sa présence réelle: le mystère du Seigneur « déguisé »

Nous arrivons au thème central. Dans la pédagogie thérésienne de l'oraison, « relation d'amitié », la présence de l'ami est d'une extrême importance. Sans elle la relation d'amitié ne serait pas possible, encore moins la communication profonde.

Dans l'Eucharistie, le priant ou le simple croyant se trouve devant une situation de présence débordante, presque déconcertante. Le Christ n'est pas présent comme il l'était en Galilée il y a vingt siècles ni comme il est maintenant glorieux dans le ciel. Ni sensible et palpable, ni glorifié et revêtu de majesté. Dans l'Eucharistie il est « déguisé ». D'une certaine manière chosifié et assujetti aux limites et aux conditionnements du symbole sacramentel.

Le mirage, pour le croyant ou pour le priant, consiste à ne pas centrer son attention sur ce type de présence réelle. Et à regretter ou désirer les autres formes de présence: avoir de la peine de « ne pas le contempler (glorifié) avec les yeux du corps »; ou de ne pas le voir « tel qu'il était sur la terre ». Le voir glorifié? « Notre faiblesse naturelle est si grande que, s'il se montrait glorieux, nul ne pourrait en soutenir la vision, et c'en serait fait du monde lui-même, car personne ne voudrait plus y rester. En voici la raison. Contemplant cette éternelle Vérité, nous verrions en même temps que tout ce que nous estimons en ce monde n'est que mensonge et plaisanterie. » (n° 9)

Le voir comme le Jésus de la scène évangélique, d'une manière sensible et tangible? « Quand il s'est montré aux hommes à découvert et leur a dit clairement qui il était, il en a été bien traité, vraiment! Qu'il fut petit le nombre de ceux qui crurent en lui! » (n° 13)

Par contre, maintenant dans l'Eucharistie, il est proche et accessible :

« Sous les apparences du pain, notre Souverain est abordable. Quand le roi se déguise, nous osons mettre de côté tous ces égards et tous ces respects qu'on a l'habitude d'observer en lui parlant. Son déguisement même semble le mettre dans l'obligation de le supporter. » (n° 9)

« À moins de nous rendre volontairement stupides et d'aveugler notre esprit, le doute est impossible. Ce n'est plus ici un travail de l'imagination, comme lorsque, nous représentant Notre-Seigneur attaché à la croix ou dans quelque autre mystère de sa Passion, nous nous le figurons tel qu'il était en ces divers états. Ici, c'est la réalité, l'absolue vérité. Il n'y a pas à aller chercher Jésus-Christ ailleurs et loin de nous. » (n° 8)

Présent et se communiquant

Ce sont sans doute les deux affirmations fortes du chapitre : le Christ est là, bien que « déguisé » ; il est là pour entrer en communion directe et personnelle avec le croyant. Mais plus tard, dans le prochain chapitre, Thérèse ajoutera deux autres affirmations importantes : il est là sacrifié afin que nous l'offrions au Père pour le monde ; et pour l'offrir, Thérèse elle-même se considérera comme appelée du milieu du groupe à réaliser cette offrande au nom de toutes.

Pour le moment, dans la seconde partie du chapitre, la sainte inculquera et motivera cette vérité fondamentale de la communion/communication, résultant de la présence dynamique du Seigneur dans l'Eucharistie.

Il est là, avant tout, pour que nous « nous approchions de lui ». pour « passer au-dedans de nous ». « Lorsqu'il vivait sur la terre, il guérissait les malades par le seul contact de ses vêtements : comment douter, si nous avons la foi, qu'il ne fasse des miracles en notre faveur, tandis qu'il est si intimement présent en nous ? Comment douter que, se trouvant dans notre maison, il ne nous accorde ce que nous lui demandons ? Sa Majesté n'a pas pour habitude de mal payer son séjour à l'hôtellerie de notre âme, lorsqu'elle y reçoit bon accueil. » (n° 8)

En second lieu, il est là, non seulement pour « communiquer ses grandeurs », mais pour se communiquer lui-même de personne à personne. Même sous « le déguisement » ou à travers le voile de la foi, il recherche et attend la communication personnelle : l'Eucharistie est christophanie, elle est sacrement pour révéler, approfondir et prolonger la révélation initiale du baptême : « À ceux qu'il sait devoir profiter de sa présence, il daigne se découvrir, et s'il ne se fait pas voir à eux avec les yeux du corps, il trouve bien des manières de se montrer à leur âme, soit par de grands sentiments intérieurs, soit par d'autres voies. » (n° 9)

Dans la mystérieuse dynamique de cette intercommunication, il y a un aspect important, souligné une fois ou l'autre par la sainte : la clé et le paramètre de cette communication des personnes se trouvent dans le degré de foi et d'amour avec lequel on la reçoit. « Pour ce qui est de se montrer *découvert*, de communiquer ses grandeurs, de faire part de ses trésors, c'est une faveur qu'il réserve à ceux qui le désirent ardemment, parce qu'ils sont ses vrais amis » (n° 13). Et elle insiste sur le paramètre des désirs : « le divin Maître ne se dissimulera pas tant qu'il ne se révèle à vous de bien des manières, et en proportion du désir que vous aurez de le voir. Vous pourrez même le désirer avec tant d'ardeur qu'il se découvrira entièrement à vous. » (n° 12)

En face de ces textes, il est impossible de ne pas se souvenir du récit des désirs impétueux avec lesquels elle-même le désirait, quand bien même on aurait dressé des lances contre sa poitrine (*Vie* 39, 22).

Enfin, la possibilité d'une communication mutuelle culmine dans l'invitation à « entrer en relation » et à « traiter » avec lui. La sainte nous a déjà dit que, dans le Sacrement, le Seigneur de Majesté est « accommodant ». Disponible pour que nous puissions lui parler en mettant de côté « tous ces égards et tous ces respects » (n° 9), comme le serviteur traiterait le roi déguisé, selon la logique du déguisement.

Le lecteur du *Chemin* sait déjà la transcendance de l'expression « être en relation » lorsque la sainte l'emploie comme manifestation typique de l'oraison personnelle ou de l'amitié en acte. Maintenant, dans la grande conjoncture offerte par l'Eucharistie, elle nuance deux aspects ; celui du recueillement : intérioriser la relation ; et celui de l'intercession : traiter avec le Seigneur de Majesté.

« Alors donc que vous venez de recevoir Notre-Seigneur et que vous avez sa personne même présente en vous, fermez les yeux du corps, ouvrez ceux de l'âme, et regardez dans votre cœur. Je vous le dis, je vous le répète, je voudrais vous le redire bien des fois encore : si vous prenez l'habitude d'agir ainsi chaque fois que vous communiez, le divin Maître ne se dissimulera pas tant qu'il ne se révèle à vous de bien des manières. » (n° 12)

« Traiter », c'est intercéder : « Restez volontiers avec lui, mes sœurs, et ne perdez pas un temps aussi précieux que celui qui suit la communion pour négocier vos intérêts. Si l'obéissance vous appelle ailleurs, faites en sorte de laisser votre âme avec Notre-Seigneur. » (n° 10)

Il est possible de faire un simple bilan du chapitre et du style thérésien pour orienter et éduquer la piété eucharistique du priant. Elle a commencé le chapitre avec un objectif trinitaire : nous demandons au Père la manne de l'humanité. Elle le conclut en l'orientant avec insistance vers la profondeur du mystère : manger cette manne c'est, en définitive, entrer en profonde communion personnelle avec le Christ qui, par l'Eucharistie, purifie notre foi en Lui, se révèle à nous de plus en plus et nous introduit dans le dialogue amoureux de l'oraison de recueillement. Parce que l'Eucharistie est la manne de l'humanité.

La supplication eucharistique
(*Chemin*, chapitre XXXV)

Il n'y a pas de trace, dans les écrits thérésiens, du sacerdoce ministériel de la femme, c'est-à-dire de sa récupération féministe. Il ne semble pas que cela ait occupé la pensée de la Mère Thérèse.

Cela n'empêche pas cependant que, dans le climat eucharistique qu'elle a créé dans le Carmel de San José et qu'elle a transcrit dans son livre, il arrive un moment où, spontanément, elle se considère comme une véritable prêtresse de l'oraison chrétienne et où elle improvise, au milieu du groupe, un authentique « hommage à l'Eucharistie ». Non seulement il a jailli au milieu du groupe, mais elle l'a vécu dans le livre, dans le texte même qu'elle est en train d'écrire et qu'elle incorpore à sa pédagogie de l'oraison.

Ce moment sacerdotal a lieu quand elle termine le thème eucharistique. Les chapitres XXXIII et XXXIV ont développé les motifs et la portée de l'oraison eucharistique, soit que la communauté ou elle-même demandent au Père le « Pain de chaque jour » (le Pain avec une majuscule), soit lors de la célébration du sacrement et de la communion. Maintenant, le titre du chapitre annonce la conclusion du commentaire avec une « élévation au Père éternel ». Nous savons déjà qu'« élévation » dans le *Chemin* équivaut à un « soliloque » de l'Auteur avec Dieu devant les lecteurs. Soliloque qui interrompt momentanément le dialogue avec ces derniers, pour s'adresser au Christ ou à Dieu. Dans le cas présent – comme déjà antérieurement dans quelques autres – le soliloque va se formuler au pluriel, englobant les lectrices pour qu'elles s'adressent avec elle au Père éternel, par Jésus-Christ son Fils, en faveur de l'Église. Exactement comme dans le classique canon romain de la messe de son temps qui commençait ainsi : « *Te igitur, clementissime Pater,/ per Dominum nostrum Jesum Christum.../ pro Ecclesia tua sancta.../* » – «nous te supplions Père très clément/par Jésus Christ ton Fils.../ nous te supplions pour la sainte Église... ».

Non que Thérèse et son groupe, en improvisant leur propre canon eucharistique, calquent le vieux canon romain, le seul qu'elles connaissent, mais instinctivement elles en suivent le rythme, le contenu, les modulations de la louange, de la supplication, de l'offrande, de l'intercession (doxologie, impétration, oblation, propitiation).

Ultimes motifs de l'oraison eucharistique

Avant de passer à la supplication finale, la sainte consacre encore quelques lignes à récapituler les précédents énoncés doctrinaux. Peut-être n'a-t-elle pas suffisamment souligné que l'oraison eucharistique est intériorisante ; qu'elle offre une occasion et toute une pédagogie du recueillement ; que le rite de la communion est une attitude d'intériorisation qui permet la réception amoureuse du Christ dans l'hôtellerie intérieure et qui, comme toute oraison de recueillement contemplatif, et plus qu'aucune autre, développe une dynamique intérieure d'*union par amour*, grand objectif de l'oraison et de la communion eucharistique.

Elle avait déjà insisté auparavant sur l'importance des désirs et de l'amour. Une communion sans désirs est un repas sans appétit. L'Eucharistie est aussi un stimulant de l'amour. « C'est nous approcher du feu ». Il suffit de « lui présenter les mains ». Ce feu irradie la chaleur, à condition de nous en approcher « avec un désir ». « Avec le désir de chasser le froid » et d'avoir le Christ en soi avec amour.

Pour une femme aussi réaliste et pratique que Thérèse, il est impossible de concevoir l'oraison ou l'Eucharistie comme des moments à part, ou comme des instants déconnectés de la vie et du quotidien. De là sa préoccupation pour rendre possible l'oraison continue et pour prolonger l'Eucharistie dans la vie. L'intériorisation sert dans l'un et l'autre cas. « Lorsque vous entendrez la messe sans communier, faites-le spirituellement... car cette pratique est d'un grand fruit » (n° 1).

La communion spirituelle – d'amour et de désir – est aussi à l'origine d'un processus de recueillement: « Recueillez-vous au-dedans de vous-même (après la communion spirituelle)... L'amour de notre Maître pénètre ainsi profondément dans l'âme. Quand on se dispose à le recevoir, jamais ce divin Maître ne manque de donner, et cela de bien des manières qui échappent à notre esprit. » (n° 1)

Consigne réitérée. Thérèse l'a déjà inculquée au lecteur en parlant de l'oraison de recueillement. Comme pour celle-ci, l'intériorisation de l'Eucharistie permet de poser « un solide fondement; et s'il plaît au Seigneur de vous élever à de grandes choses, il vous trouvera disposées parce que vous vous tiendrez toutes proches de lui » (c.29, 8).

Mais la sainte est consciente de ne pas dispenser des recettes et des formules naïves. Ces consignes n'ont aucune valeur si elles ne s'enracinent pas dans la vie, si la volonté manque de fermeté et de constance.

« Rien ne s'apprend sans peine » a-t-elle dit en parlant du recueillement. Elle le répète maintenant en évoquant l'intériorisation de l'oraison eucharistique: « N'abandonnez pas celle-là et prouvez ainsi à Notre-Seigneur que vous l'aimez ». « Il faut bien souffrir un peu pour lui montrer que nous avons le désir de le voir ». « Ce divin Père est si bon avec ses amis et si bon maître pour ses serviteurs... » (n° 2)

Sous-jacente à ces paroles de la Sainte, demeure sa grande préoccupation pédagogique car ni l'oraison ni la piété eucharistiques ne se réduisent à des moments sporadiques plus ou moins intenses. Ils doivent imprégner la vie et la modeler peu à peu. En effet, ils nous apprennent à accompagner et à suivre le Seigneur dans ses souffrances et à demeurer avec lui (n° 2).

Prière sacerdotale de Thérèse et du groupe. Pourquoi?

Avant de répondre à cette question, il ne sera pas superflu de rappeler deux faits de catéchèse élémentaire. Le premier: en vertu du baptême reçu, tout chrétien est investi des pouvoirs sacerdotaux. Différents de ceux que confère le sacrement de l'Ordre, mais réels. En vertu de ces pouvoirs il participe au sacerdoce de Jésus et possède, de fait, un réel sacerdoce. Le second: toute oraison chrétienne, si elle l'est effectivement, est un acte sacerdotal. Elle l'est surtout dans le groupe réuni pour célébrer l'oraison par excellence qu'est l'Eucharistie.

Dans le *Chemin*, plusieurs fois déjà, Thérèse a fait la démarche de convoquer le petit groupe des lectrices pour être l'Église priante. Elle allègue pour cela quelques motifs très personnels : elle a besoin de se sentir entourée et appuyée pour que « ses défauts soient couverts par leurs vertus » quand elle s'adresse au Seigneur (c.1, 2). De là son cri lorsque, dans le livre, elle se met en oraison : « Ô mes sœurs, aidez-moi à demander cette grâce au Seigneur » (c.1, 5). Au fond, n'est-ce pas la raison d'être d'une communauté contemplative ?

De même, au long du *Chemin*, la sainte a fait jaillir plusieurs fois sa prière en l'adressant au Père éternel, par Jésus-Christ son Fils. Il lui est arrivé parfois d'adresser directement sa prière à Jésus, par ou pour le Père du ciel. Cette modulation liturgique de ses oraisons a généralement comme point de départ, ou comme objectif final, l'Église de la terre, ses grands maux et ses besoins, ses ministres et ses représentants parmi les hommes. Elle a aussi pour objectif et motif l'Eucharistie elle-même, comme sacrement qui, sous forme réelle et mystérieuse, implique la présence de Jésus dans les avatars de l'Église et dans les situations tragiques des hommes et du monde. Elle a déjà réussi à bien résumer ces extrêmes dans le premier chapitre du livre : « Le monde est en feu, on veut... porter de nouveau une sentence contre Jésus-Christ... On cherche à renverser son Église... » C'est là, parmi les aberrations du monde et les humiliations de l'Église que les hommes « poursuivent le Christ de si près » (c.1, 2). Et c'est là qu'elle convoque à l'oraison adressée au Père par le Christ, pour l'Église et le monde.

(Nous pourrions faire un petit florilège de ses oraisons disséminées dans les précédents chapitres du livre : c.3, 8-9 ; c.26, 6 ; c.33, 3-5...)

Nul moment n'est aussi propice pour stimuler ce ressort multiple de la communauté priante que celui de la demande ou de la réception du « Pain eucharistique ». C'est pourquoi l'Auteur a commencé le commentaire de cette demande en improvisant une prière intense du groupe, présentant au Père le mystère (et le problème) de l'Eucharistie: « Quel Père, ô mon Maître, nous ayant donné son fils, et un tel fils, aurait consenti ?... Mais toi, Père éternel, comment as-tu consenti ?... Pourquoi tout le bien qu'il nous fait doit-il lui coûter si cher ? » (c.33, 3-4). Et maintenant, en concluant son commentaire, elle convoque à nouveau le groupe pour prier, une nouvelle fois avec lui, le Père, par Jésus, pour l'Église.

Il est instructif de relire minutieusement le contenu de cet « hommage eucharistique » contenu dans le *Chemin*.

Motifs, sentiments, modulations de la supplication eucharistique de la sainte

La supplication eucharistique du *Chemin* se trouve dans les numéros 3 à 5 du chapitre XXXV. Cette oraison a jailli, spontanée et ardente, de l'âme et de la plume de Thérèse sous une forme simple, insistante et modulée fondamentalement en quatre temps:

– Parole adressée au Père du ciel.

– Par le Christ Jésus: en sa faveur et par sa médiation.

– En faveur de l'Église et du monde.

– Acceptant du Père le don très saint de l'Eucharistie pour le lui offrir de nouveau (« te le rendre après l'avoir reçu de toi »), dans la louange et l'intercession (« si quelque chose peut apaiser ta colère, c'est de voir ici-bas cet adorable gage »).

Cependant, n'importe quel essai pour faire entrer l'oraison thérésienne dans un schéma risquerait de la disséquer et de l'appauvrir.

Il est préférable de la parcourir ligne après ligne, pour s'enrôler ensuite dans le groupe des lectrices et la vivre. Voici quelques remarques possibles:

a) *La convocation du groupe priant.* C'est une sorte d'oraison fortement imprégnée de confiance dans le Père et de sensibilité pour ce qui concerne le Christ son Fils. « Il est juste... que quelqu'un élève la voix en faveur de ton Fils… que ce soit nous, mes filles ! C'est de la hardiesse sans doute, étant ce que nous sommes » (n° 3)

b) *Thérèse dans le groupe priant* ne peut oublier sa propre histoire et le besoin de demander pardon avant de demander des faveurs : « Ô mon Dieu, que ne m'est-il donné de t'importuner à l'excès… C'est plutôt moi, peut-être, qui ai provoqué ta colère, moi qui, par mes péchés, ai causé tous ces maux… » (n° 5)

c) *Les motifs stimulants :* avant tout, le Christ « toujours muet pour lui-même » (n° 3), l'Église et le monde entier : « les maux affreux dont nous sommes témoins, je veux dire ces profanations commises par les malheureux luthériens dans les endroits où repose le très Saint Sacrement ; la destruction des églises, le massacre de tant de prêtres, l'absence de sacrements » (n° 3). Thérèse n'a pas recours à de faux motifs « doloristes », mais à l'insondable contresens des outrages et des humiliations du Christ, impliqué dans la vie historique de l'Église. Lui, qui est « la beauté et la pureté » ne mérite pas « d'habiter un séjour où se commettent de telles abominations » (n° 4).

d) *Le grand destinataire de l'oraison :* « Père saint… Père éternel… Majesté… mon Seigneur et mon Dieu… mon Seigneur… mon Créateur… » La parole lui est directement adressée, mais avant tout avec l'invocation même de Jésus : « Père saint qui es aux cieux… ou fais finir le monde, ou porte remède à de si grands maux… Ne le supporte pas davantage. Arrête cet incendie ! Si tu le veux, tu le peux. Fais-le, non pour nous, nous ne le méritons pas, mais pour ton Fils… Fais que cette mer agitée s'apaise… Sauve-nous, Seigneur, car nous périssons… »

e) *L'offrande de valeur absolue.* Jésus est le « don précieux » que nous a offert le Père pour que nous puissions « l'offrir lui-même sans cesse en sacrifice » (n° 3). « Que deviendrions-nous sans (avoir) ici-bas cet adorable gage ? » (n° 4). Toute notre oraison se concentre sur l'offrande de « ce Pain très saint ». « Que me reste-t-il… sinon de te le rendre après l'avoir reçu de toi ». « Fais-le, non pour nous… mais pour ton Fils ». « Par les mérites de ton Fils… fais que cette mer agitée s'apaise. » (n° 4 et 5)

Le dernier cri de Thérèse et du groupe les rend solidaires de tous ceux qui sont victimes de très grands maux : « Sauve-nous, Seigneur, car nous périssons ! »

Oraison et possibilité de pardon

(*Chemin*, chapitre xxxvi)

La nouvelle demande du *Notre Père*: nous demandons le pardon de Dieu et nous offrons le nôtre

En commentant et en priant les demandes du *Notre Père*, la sainte a réuni dans une sorte de diptyque la troisième et la quatrième demandes: pour accepter et faire la *volonté de Dieu* (3e demande), nous avons besoin du pain de chaque jour, *l'Eucharistie* (4e demande).

Maintenant elle réunit dans un nouveau diptyque les demandes quatre et cinq: à celui qui a demandé et reçu le pain de l'Eucharistie « tout est facile », non seulement de demander pardon à Dieu, mais encore de lui garantir que nous aussi nous pardonnons à nos frères.

Ainsi, la prière se situe sur les trois plans décisifs pour la vie du chrétien et du priant: le mystère de la volonté de Dieu, le mystère de l'Eucharistie et le problème du pardon.

Avec ce dernier nous retournons de l'oraison à la vie la plus réelle et la plus prosaïque. Prosaïque, mais certainement pas secondaire ou négligeable. Le fait même de situer ce plan du pardon à la hauteur du pain de l'Eucharistie et de l'immersion dans la volonté de Dieu donne une idée de son importance.

Déjà, dans des pages antérieures du *Chemin* nous avons noté comment, parmi les catégories appartenant à l'ensemble des idées ascétiques de la sainte, apparaît la figure du « mondain », établie à partir de trois valeurs (ou pseudo-valeurs): *plaisirs, point d'honneur, argent*. Ou en termes similaires: *jouissances, honneurs, richesses*. Elle les a décrites et condamnées dans la *Vie* (20, 26-28). Elle y reviendra et les rappellera dans les dernières pages du *Chemin* (c.40, 3). Maintenant, elle va examiner l'un d'entre eux : *l'honneur*, le point d'honneur, « le détestable point d'honneur », et l'attachement que nous lui portons.

Cette guerre surprenante contre le point d'honneur est apparue avec insistance dans l'ascèse du *Chemin*. Symptôme de l'importance qu'il revêt dans l'ensemble des idées de la sainte. Et cela, non seulement pour des raisons sociales de culture et d'époque, mais parce que dans le phénomène du point d'honneur, elle perçoit l'un des meilleurs engrenages montés par notre égoïsme, une sorte de mécanisme-verrou qui permet à l'homme de s'enfermer en lui-même et en ses droits, sans possibilité de se dépasser et de les transcender. Psychose de se sentir offensé, dévalué, méprisé…

C'est pourquoi elle va donner maintenant aux destinataires du livre une leçon qui assemble ces trois parties : *oraison, point d'honneur, pardon.*

Élaboration du chapitre : la barrière de la censure

Ce chapitre aussi fut soumis à l'épreuve de la censure. Comme le reste du livre. Mais, cette fois, les censeurs ajusteront des lunettes grossissantes et, par deux fois, ils obligeront l'Auteur à refaire son manuscrit. L'épisode a une portée doctrinale, c'est pourquoi nous le rapporterons ici en détail.

Comme toujours, en rédigeant son texte pour la première fois, la sainte procède avec toute liberté de plume. Confidences personnelles, soliloques devant le Père, et commentaire doctrinal se succèdent sans difficulté. C'est dans l'enchevêtrement de ces trois fils conducteurs que va trébucher le censeur.

Du côté de l'Auteur, les choses se déroulent ainsi :

– Thérèse a fait sienne la demande du pardon.

– Mais en affirmant devant le Père qu'elle pardonne pour être pardonnée par Lui, elle se rend compte de l'insignifiance de son propos et elle en rougit de honte.

– Par conséquent, elle dit et se dédit aussitôt.

– Qui l'a offensée ? Personne ne lui a fait d'« injustice ». On ne l'a jamais véritablement offensée.

– C'est ainsi, « bien que ceux qui ne savent pas qui je suis pensent que j'ai été outragée » (première rédaction n° 2).

– La seule chose qu'elle puisse alléguer, c'est son désir sincère de pardonner.

– Par conséquent… « que votre Fils me pardonne », sans que mon mérite entre en ligne de compte.

Tout ce passage empreint d'expérience personnelle, de supplication à Dieu et d'interprétation doctrinale heurte le censeur qui, après lecture, prend la plume, raye la page avec de grands traits en croix et note en marge sa désapprobation : « *Nous ne subissons pas de véritables outrages, ni de vraies injures, bien que nous soyons de grands pécheurs ; mais nous devons pardonner pour que Lui nous pardonne.* »

Le reste de l'exposé sortit indemne de l'épreuve, avec même une sorte de « mention satisfaisante » dans l'évaluation totale. Effectivement, en marge du dernier paragraphe, le censeur traça une grande accolade et nota : « C'est le signe principal. »

Ce signe principal est la capacité et la facilité de pardonner que garantissent, selon la sainte, l'authenticité de l'oraison et l'intensification de la contemplation.

Les deux annotations du censeur servent de base à Thérèse pour la nouvelle rédaction. En refaisant le livre dans l'autographe de Valladolid, elle écarte simplement tout le passage censuré et développe largement le thème qui a été reconnu digne d'éloges. Elle le met en valeur par une épigraphe ajoutée en marge du nouvel autographe : « Effets que procure le bon esprit ». L'un d'entre eux, le plus remarquable du nouveau texte, est la capacité de pardon inconditionnel.

Mais le texte de la nouvelle rédaction dut franchir aussi la barrière de la censure. Le théologien censeur approuva sans observations l'ample développement du « signe principal ». Mais il revint à la charge sur le commentaire doctrinal du *Notre Père*. Il n'admit pas ce sentiment diffus qu'a l'Auteur de l'insignifiance des injures reçues et du pardon qu'elle leur accorde. Par conséquent, il barra méticuleusement – presque avec rage – les expressions les plus fortes de ce commentaire confidentiel de Thérèse.

Voici les trois passages pénalisés par la plume du censeur:

1°. « C'est un point, mes sœurs, qui mérite une sérieuse attention. Quoi! demander une chose aussi considérable, aussi importante que celle du pardon de nos offenses par Notre-Seigneur, d'offenses qui mériteraient le feu éternel, et cela en retour d'un acte aussi misérable que celui du pardon que nous accordons nous-mêmes! Pour ma part, Seigneur, j'ai même si peu à t'offrir de ces actes sans valeur, que c'est gratuitement que tu as à me pardonner. Combien ta miséricorde trouve ici lieu de s'exercer! Sois béni de supporter mon extrême pauvreté! Étant ce que je suis, et à ce point dépourvue de tout bien, je me trouve hors d'état de bénéficier de ce que ton Fils promet au nom de tous. Y aurait-il, ô mon Maître, une personne qui se trouve en pareille situation que moi, et qui de plus, ne serait pas encore bien pénétrée de cette vérité? » (n° 2). Rayé intégralement.

L'expression « c'est gratuitement que tu as à me pardonner » est probablement ce qui frappe le théologien pointilleux. Déjà, dans la rédaction antérieure, il avait écarté une expression semblable: « enfin, mon Seigneur,... je n'ai rien à vous donner pour vous demander de pardonner mes fautes. » (n° 2)

2°. Le second passage pénalisé par le censeur est d'un contenu équivalent: « En toute vérité, Seigneur, je ne vois rien qui puisse dignement t'être présenté en vue d'obtenir pareille faveur. Tu ne peux l'accorder qu'en considération de Celui qui t'implore (= le Christ) » (n° 6). Rayé aussi méticuleusement.

3°. Enfin le censeur accepta que le fait de pardonner soit « la chose la plus difficile à obtenir de nous », mais il n'accepta pas que ce soit « aussi la plus agréable au Père » (n° 7). Par conséquent il raya aussi cette dernière affirmation.

La sainte passa sous le joug. Elle accepta les trois suppressions dont le texte n'existera dans aucune des copies approuvées par elle, ni dans les premières éditions. Mais elle ne renonça pas pour autant à réviser une nouvelle fois le texte délicat du chapitre, principalement dans le *manuscrit de Tolède* qui lui servit pour préparer la première édition du *Chemin*. Les censeurs n'avaient pas remarqué avec quelle spontanéité Thérèse fustigeait « les détestables points d'honneur » dans la vie religieuse. Cela pouvait s'entendre en mauvaise part, comme si cela se pratiquait parmi les destinataires du livre, le nouveau Carmel de San José. C'est elle maintenant qui remarque cette possible équivoque et elle écarte le danger par une longue note marginale. La voici :

Tant dans la première que dans la seconde rédaction, elle avait écrit : « *Oh ! pour l'amour de Dieu, prenons garde, mes sœurs ! C'est vouloir s'égarer que de faire fausse route dès les premiers pas* » (n° 6). Dans le manuscrit de Tolède elle barre ces deux affirmations et annote en marge : « *Pour le moment, grâce à Dieu, il n'en est rien, et ce que je dis ne doit pas être appliqué à ce couvent ; ce serait le calomnier, car la religieuse qui a été prieure est celle qui s'humilie davantage. Je parle de ce qui arrive en général dans les monastères et je crains que le démon ne nous tente de ce côté. À mon avis, il y a là un grand péril* », et elle raccorde au texte précédent.

C'est clair. La diatribe du chapitre ne vise pas le Carmel de San José où ne se sont pas infiltrés ces « détestables points d'honneur ». Ce qu'elle dit contre eux est seulement un cri d'alarme face au danger d'entrebâiller la porte, ce qui « arrive en général dans les monastères » connus d'elle.

En quoi consiste ce danger des « détestables points d'honneur » ? Elle nous le dit ensuite.

Oraison et points d'honneur

Le thème de l'honneur n'entre pas d'emblée dans le chapitre. Il résulte de l'engrenage même de la demande : « pardonne-nous… comme nous pardonnons ». En effet, dans l'optique précise de la sainte, le grand obstacle qui empêche notre orgueil de passer au pardon inconditionnel, c'est l'idole de l'honneur.

En pensant ainsi, Thérèse se révèle à nous comme une véritable fille de son temps, de cette société castillane à laquelle elle appartient, chevaleresque et viciée par le culte du point d'honneur; fille et héritière de ses ancêtres, les Sánchez y Cepeda. Mais, en même temps, elle est rebelle et contestataire face à la tyrannie et à la vacuité de « ces détestables points d'honneur », « ce maudit honneur » comme elle le qualifiera dans les n° 6 et 7.

Elle affronte le thème avec son réalisme habituel, en partant de sa propre expérience, toute une histoire personnelle et familière bordée de drame dont les pages du *Chemin* ne recueilleront clairement que les faits ayant rapport à sa vie spirituelle. En les évoquant, elle rougit de honte: « Ce n'est pas à vous que je m'adresse en ce moment, car il serait bien malheureux que nous ne l'ayons pas encore compris. C'est à moi-même que je parle, au temps où je tenais à l'honneur, sans savoir ce que c'était, et où je marchais, comme on dit, par les sentiers battus (« par ouï-dire » ajoute-t-elle dans la première rédaction). Par quoi, hélas! étais-je offensée? J'en rougis quand j'y pense! » (n° 3)

Elle n'a pas été « parmi les plus susceptibles en cette matière » (n° 3) mais « après m'être prononcée, rien, je crois, n'aurait été capable de me faire reculer, tant j'étais sensible au point d'honneur » (*Vie* 3, 7). « Ma nature me donnait la force de ne pas faillir dans ce que je croyais conforme à l'honneur du monde » (*Vie* 2, 3). Mais ce culte instinctif du point d'honneur la porte à « estimer honneur ce que le monde appelle de ce nom » (*Vie* 20, 26). Elle a vécu ses années de jeunesse à la remorque de cette cuirasse d'honneur mondain.

Il arriva cependant que, étant moniale, elle se trouvât, à l'intérieur du couvent, face à une version étrange du code mondain de l'honneur (*Vie* 7, 4). Et maintenant, à cinquante ans passés, elle sait bien que ce passage du mondain au religieux n'était pas l'apanage du seul Carmel de l'Incarnation, mais que c'est le boulet de la vie religieuse de son temps, sous le ciel de l'Espagne. « Qu'il est effrayant de voir le monde marcher dans le sens contraire de cette vérité! Béni soit le Seigneur qui vous a fait la grâce d'en sortir » (n° 3). Mais... « dites-vous bien, mes filles, que le démon ne nous oublie pas. Jusque dans les monastères il invente des points d'honneur, il établit des lois d'après lesquelles on monte et on descend tout comme dans le monde » (n° 4).

Et le chapitre continue d'ironiser sur les gens instruits et leurs chaires de théologie et de philosophie, sur les prieures et leurs dispenses, le tableau d'avancement à l'ancienneté, les bas offices, etc. Mais, cette fois, son ironie a une saveur amère. Elle ne sait si, en considérant ce petit théâtre conventuel, « il y a de quoi rire ou plutôt de quoi pleurer » (n° 5).

Face à tout cela, Thérèse donne à ses lectrices quelques consignes nettes :

– Avant tout, tourner le dos à cette comédie des valeurs : « savoir ce que c'est que l'honneur et en quoi consiste la perte de l'honneur » (n° 3). Déjà dans la *Vie*, elle avait insisté sur cette clarification : « Estimer repos ce qui est repos, honneur ce qui est honneur... au lieu de faire précisément le contraire » (25, 22). Que le religieux sache que cet honneur « nous l'avons donné à Dieu » (11, 2). En définitive, il est véridique ce proverbe qui dit qu'« honneur et profit ne vont pas de pair... et cela au pied de la lettre car il est impossible que le profit de l'âme et ce que le monde appelle honneur se rencontrent jamais » (n° 3).

– Sur le plan psychologique, minimiser affronts et injures. « Ne faire aucun cas de ces petits riens que l'on décore du nom d'affronts (« petits affronts », avait-elle écrit dans la première rédaction). Vraiment, avec nos points d'honneur, nous ressemblons à ces enfants qui construisent des maisonnettes avec des brins de paille » (n° 3). Coup porté adroitement. N'y a-t-il pas une situation d'immaturité, de type adolescent dans ce statut de l'honneur, avec son hypersensibilité pointilleuse face aux offenses, aux injures et aux affronts... rappelés et brocardés dans le lexique de la sainte ?

– Mais, surtout, déboucher sur le plan christologique : « Ô Seigneur ! Seigneur ! n'es-tu pas notre modèle et notre maître ? Oui, assurément. Eh bien ! où as-tu mis ton honneur, toi, mon Dieu, qui es pour nous la source du souverain honneur ? Le tien, tu ne l'as pas perdu, certes, pour t'être humilié jusqu'à la mort. Par là, au contraire, tu nous as acquis à tous le véritable honneur. » (n° 5)

Ici, comme dans n'importe quel autre secteur de l'ascèse thérésienne, le Christ constitue la suprême motivation.

Oraison et pardon

« Pardonner » était le principal objectif pédagogique du chapitre. Après l'avoir affronté de plein fouet dans l'exposé initial (n° 1-2), elle lui consacre la seconde moitié de son commentaire (n° 8-13).

La demande de pardon du *Notre Père* est le point de départ. Le pardon sert à tendre un pont entre l'oraison et la vie de chaque jour. Au plus profond et au plus viscéral de la personne (sentiments et ressentiments) et dans le plus commun et le plus courant de la vie sociale : communauté et relations humaines à tous les niveaux.

Le plus impressionnant de cette demande, telle que Jésus la formule, est son radicalisme évangélique en associant le pardon de Dieu et le nôtre : celui qu'Il nous donne et celui que nous offrons.

Thérèse le perçoit rapidement et certes non sans tremblement. Elle met en relief trois aspects : l'énorme disproportion qui existe entre ces deux pardons, celui de Dieu et le nôtre ; le mystère extraordinaire de ce que Dieu lui a pardonné à elle ; et paradoxalement, combien il nous en coûte de pardonner. Entre les lignes affleure, une fois ou l'autre, la parabole du serviteur, débiteur de dix mille talents.

Voici l'expression de ses sentiments, dans quelques passages choisis :

a) «... demander une chose aussi considérable, aussi importante que celle du pardon de nos offenses... et cela en retour d'un acte aussi misérable que celui du pardon que nous accordons nous-mêmes ». « C'est un point mes sœurs, qui mérite une sérieuse attention. » (n° 2)

b) « Que pourra bien offrir une créature aussi pauvre que moi, qui ai eu si peu à pardonner dans sa vie et qui a tant besoin qu'on lui pardonne ? » ; « Seigneur... c'est gratuitement que tu as à me pardonner. » (n° 2)

c) « Combien faut-il que le Seigneur mette à haut prix cet amour mutuel !... C'est peut-être parce qu'il n'ignore pas à quel point nous sommes attachés à ce maudit honneur. Sachant qu'en faire le sacrifice est la chose la plus difficile à obtenir de nous... il l'offre à son Père en notre nom. » (n° 7)

Sans doute, au niveau de l'oraison, ce qui a le plus d'impact sur la sainte et ce qui la marque plus profondément, c'est le mystère du pardon et de la miséricorde de Dieu. De même que le lien surprenant avec nos pardons entre frères.

Mais au niveau pratique, toute l'attention de la sainte se déplace sur le plan de la vie en commun : l'oraison véritable est-elle ou n'est-elle pas génératrice de pardon inconditionnel et d'amour voulu avec une résolution inflexible ? Quelle capacité et quelle facilité de pardon réel l'oraison produit-elle chez le priant ? Quand elle parle de pardon, Thérèse se réfère au panorama de la vie prosaïque de chaque jour, avec ses misères et ses tragédies. Mais elle ne se réfère précisément à ces dernières – « à ces petits riens qu'on décore du nom d'affronts. Vraiment... nous ressemblons à ces enfants qui construisent des maisonnettes avec des brins de paille ! » – que dans des cas graves, d'amour propre bafoué, de calomnies, de situations extrêmes d'humiliation... Quelle capacité d'encaisser les coups ce priant a-t-il acquis, lui qui dit au Père, une fois ou l'autre, « pardonne-moi parce que je pardonne » ?

Pour répondre, la sainte distingue, sur le chemin de l'oraison, deux situations concrètes : celle du contemplatif aguerri et celle du débutant :

a) Les premiers, priants parfaits, bénéficiaires de fortes doses d'expérience de Dieu, prient le *Notre Père*, et aussi cette demande, d'une manière spéciale. Il est impossible qu'ils trébuchent et hésitent au moment de pardonner. Ils connaissent bien la transcendance du pardon vécu par le Christ. Ils savent par expérience que chaque occasion solennelle de pardonner apporte « or et joyaux » (n° 9) et, comme tels, ils les apprécient « sachant très bien que c'est par là qu'ils s'enrichiront » (n° 9). Le minimum qu'a pu leur procurer l'oraison est cette guérison radicale du cœur dans les relations avec les autres hommes.

b) Quelque peu différent est le cas de ceux qui sont à la moitié du chemin de l'oraison mais qui vivent déjà réellement la rencontre personnelle avec le Christ et avec Dieu. Pour eux, bien qu'ils ne parviennent pas à « la béatitude du pardon », la pratique du pardon est indiscutable, « ou du moins... la résolution de le faire » (n° 2). « Être résolu à supporter patiemment les injures malgré la peine qu'on en ressent, je dis que quiconque est favorisé d'une oraison allant jusqu'à l'union en vient là en très peu de temps » (n° 11). En effet, l'oraison authentique, dans la perspective de la sainte, soulage et pacifie ; elle se révèle être un traitement efficace des sentiments et des ressentiments qui habitent le cœur.

L'ensemble de tout cela est « le signe principal ». La sainte l'exprime dans l'épigraphe écrite en marge : « effets que produit le bon Esprit », car ce sont l'esprit de pardon, la force pour encaisser les coups, la facilité pour les effacer de la mémoire et du cœur, se pacifier jusqu'à « traiter amicalement celui qui l'a offensée » (n° 12). En termes catégoriques : celui qui ne constate pas ces « effets » :

– « Ne peut guère se fier à son oraison » (n° 8).

– « S'il n'éprouve pas ces effets, si l'oraison ne les fait pas croître en lui, il doit croire que ce qu'il prenait pour une union n'était pas une faveur de Dieu, mais une illusion » (n° 11).

– Que celui qui avance dans l'oraison « examine si les effets dont je parle vont croissant en lui. Si ces effets n'existent pas, qu'il craigne beaucoup et se dise que ces consolations ne viennent pas de Dieu » (n° 13). En définitive, que son oraison n'est pas authentique.

Thérèse a connu beaucoup de priants, « beaucoup de contemplatifs », et elle sait que cette règle est infaillible.

Elle connaît l'histoire de sa propre oraison et elle sait de quel côté on est entraîné. Elle est certaine que l'oraison débouche toujours dans la vie, aussi bien parmi les fleurs que parmi les épines de cette vie.

« Oraison – honneur – pardon », aujourd'hui ?

Parce que le thème de *l'honneur* qui a servi de base à la leçon du présent chapitre a l'arrière goût d'un passé révolu – le Siècle d'Or espagnol – il peut paraître à première vue qu'il faut une transposition au plan sociologique du lecteur d'aujourd'hui.

Sans aucun doute. Non seulement le lexique – honneur, point d'honneur, dignité – mais encore les autres catégories ascétiques et pédagogiques subissent l'érosion du temps. Elles ont besoin d'être remplacées.

Mais il n'est pas difficile au lecteur thérésien d'aujourd'hui de le faire sans avoir besoin de recourir à un dictionnaire. Il lui suffit de jeter un simple coup d'œil sur sa vie et de la confronter à cette page du *Chemin*. Rapidement il trouvera de nombreuses « catégories de remplacement » à offrir à la plume de la sainte. Par exemple: personnalité, prestige, réputation, dignité, estime, se réaliser, moi, les droits de la personne, soigner sa propre image... Paroles et valeurs, rempart du personnage que chacun se croit appelé à vivre.

Quand il s'agit de l'expérience chrétienne et humaine, l'application des pages du *Chemin* à la vie réelle du lecteur d'aujourd'hui est facile et directe .

Éloge du *Notre Père*
(*Chemin*, chapitre XXXVII)

Nous sommes devant l'un des chapitres les plus brefs du livre. L'Auteur interrompt le commentaire des demandes du *Notre Père* pour faire l'éloge, spontané et vibrant, de l'oraison dominicale (de « cette prière évangélique » dira-t-elle).

Pas d'éloges lyriques ni de verbiage inutile. Tandis qu'elle commentait la prière du Seigneur, Thérèse s'est remplie l'âme d'une multitude de sentiments. Maintenant elle arrête le commentaire pour les exprimer. Elle le fait sous la forme typique de la confidence.

Ce sont des sentiments d'admiration et de profonde estime, exprimés avec les paroles habituelles d'étonnement: « J'admire vraiment comment, en si peu de paroles, toute la contemplation et toute la perfection se trouvent enfermées » (n° 1).

Sentiments de satisfaction pédagogique, désireuse qu'elle est de conquérir des prosélytes priants pour lesquels sera primordiale la prière que Jésus nous a enseignée.

Sentiments de gratitude envers le Maître qui, tandis qu'il nous enseigne, prie avec nous au point qu'on puisse le surprendre à dire aussi: « que ta volonté soit faite », « donne-nous le pain de chaque jour », « pardonne-nous parce que nous pardonnons ». Maintenant, comme tout au long du commentaire qui précède, ce qui l'intéresse c'est d'approcher et de remarquer les sentiments qui emplirent l'âme de Jésus quand il fit ces demandes « pour nous ». Et, en même temps, de déverser ces sentiments sur les lecteurs.

Ainsi, l'éloge du *Notre Père* entre également dans sa pédagogie de l'oraison. Le lecteur du *Chemin* se souvient certainement de ces mêmes concepts réitérés dans les pages antérieures. Il se souvient de l'anecdote de la pauvre vieille, amie de Thérèse, qui avait dans le *Notre Père* son livre de contemplation (c.30, 7). Il se souvient de la consigne: « Un excellent moyen pour bien réciter le *Pater noster*, c'est de rester à côté du Maître qui vous l'a enseigné » (c.24, 5). Et cette autre: avoir présent « le grand amour que nous a témoigné Notre-Seigneur dans les premières paroles du *Pater noster* » (c.27, épigraphe). Elle est convaincue – et elle le répétera plus loin – que dans « cette prière évangélique... se trouve tout le chemin spirituel... (elle contient) une immense source de consolation » (c.42, 5) dans chacune des demandes.

Prière à deux niveaux

Un des motifs de l'étonnement de la sainte est la gamme surprenante de possibilités et de tonalités dont est susceptible la prière de Jésus.

Il est probable que tous ne pourront pas s'identifier, par exemple, à la prière de certains psaumes ou de certains grands priants – François d'Assise, Nicolas de Flue, Thérèse de l'Enfant Jésus, Charles de Foucauld – ou à certaines prières, aussi authentiques que fortes, qui nous parviennent d'autres religions. Mais on ne peut penser la même chose du *Notre Père*. Prière simple pour tous. Thérèse croit que Jésus l'a laissée intentionnellement ouverte pour qu'elle puisse se poser sur les lèvres de n'importe quel priant. Y compris dans les situations les plus extrêmes de douleur, de joie, de nécessité, d'obscurité, de demande ou d'action de grâces...

Elle-même connaît et rappelle dans les pages du *Chemin* tant d'autres manières possibles d'appuyer sa propre oraison sur le *Notre Père*. En général, elle préfère la récitation lente et méditative, même contemplative, à la récitation multipliée du *Notre Père*. Elle pense que nous faisons « beaucoup plus en disant de temps en temps une parole du *Pater noster* qu'en le récitant précipitamment un grand nombre de fois » (c.31, 13). Quand elle le propose comme seuil d'entrée dans le recueillement contemplatif, elle insiste: « Pour peu que nous nous fassions violence pour rester auprès de notre divin Maître, il nous entendra par signes et si pour être entendues de lui nous devions réciter nombre de fois le *Pater noster*, nous serons écoutées dès la première » (c.29, 6). Peut-être rappelle-t-elle, du haut de ses cinquante ans, le délicat symbole d'un des rites de son initiation à la vie carmélitaine, quand elle comptait à peine vingt-et-un ans. Ce fut lors de la cérémonie de sa prise d'habit. Le prêtre qui présidait la cérémonie bénissait une à une les pièces de son habit de carmélite et les lui remettait : d'abord la cape blanche, puis la ceinture, enfin le voile. Quand elle eut revêtu l'habit du Carmel, le célébrant mit dans ses mains la prière du *Pater noster*, symbole de la vie contemplative de la carmélite, accompagnant cette remise d'une oraison : « Seigneur Jésus-Christ, toi qui as appris à prier à tes disciples, accueille et bénis, nous t'en supplions, les prières de ta servante, initie-la à tes pensées et assiste-la dans la prière continuelle, afin que toute sa prière commence toujours par Toi et qu'elle la termine toujours en Toi ».

Maintenant, au Carmel de San José, la vie ordinaire de la carmélite est marquée par de nombreuses occasions de répéter la prière du Seigneur. Ainsi le prescrit la Règle du Carmel. Thérèse connaît et aime cette pratique, mais elle veut la charger d'un contenu : « Puisque tant de fois… chaque jour nous disons le *Pater noster, trouvons-y notre régal* » (c.42, 5, première rédaction). Et lorsque sa nièce Teresita, encore apprentie carmélite, connaît les premières difficultés dans sa vocation, occasionnées par la vie communautaire ou par la vie spirituelle, la sainte lui recommande comme grand remède, de se concentrer dans la récitation d'un *Notre Père* (lettre du 7.8.1580 à Teresita).

Mais ce qui maintenant l'intéresse, c'est de mettre en relief les deux manières profondément différentes de réciter la prière du Seigneur : l'une, comme le font les contemplatifs et les « personnes qui se sont données à Dieu », « qui ne désirent rien de ce qui est sur la terre » (n° 2) ; l'autre qui est la manière de ceux qui répètent les demandes du *Notre Père* dans le contexte des urgences de la vie quotidienne. Pour les premiers, chaque demande est comme une occasion ou un levier qui élève vers « la grande bonté de Dieu » afin de s'immerger en elle. Les contemplatifs disent aussi – comme n'importe quel débutant – « que ta volonté soit faite » et « pardonne-nous parce que nous pardonnons », mais combien la manière est différente !

Sans pour autant enfermer dans des catégories, ni même parler de qualité, la sainte redit l'efficacité transformatrice de l'oraison dominicale pour tous. Tous, le contemplatif et le débutant, « il pourra nous arriver un jour de dire cette prière de telle sorte que, voyant notre sincérité et notre ferme résolution de tenir ce que nous promettons, (le Père) nous comblera de richesses. Il aime extrêmement la loyauté. Lorsqu'on y va avec lui simplement et franchement, qu'on ne songe pas à dire une chose quand on en pense une autre, il donne toujours plus qu'on ne lui demande » (n° 4).

Nous prions avec le Maître

L'éloge de la prière du *Notre Père* sert, en même temps, d'approche pour les deux dernières demandes.

Les deux risques dans lesquels le priant peut tomber sont les suivants : manquer de maître et perdre la conscience du danger du chemin.

Pour Thérèse qui a tant souffert dans les premières étapes de son chemin d'oraison de n'avoir pas de maître pour l'orienter et discerner, le *Notre Père* est la garantie certaine d'être sous la tutelle du « Maître » absolu, celui qui a proposé cette prière. Et quel maître ! « Ô Sagesse éternelle ! Ô Docteur plein de bonté ! » (n° 5)

Et comme il ne pouvait faire moins, dans la prière du *Notre Père*, comme dans l'enseignement des paraboles de vigilance, le Maître prévient le priant contre le mirage du chemin sans dangers, sans maux, ni assauts, ni ennemis… Thérèse elle-même a une sensibilité extrême face à ces composantes négatives de la vie : dans le chemin de l'oraison, il n'y a pas d'« assurance-vie ». Il n'existe pas de sécurités définitives. L'oraison elle-même n'est pas une injection immunisatrice. La vie tout entière est un risque.

C'est pourquoi le Maître, après des demandes comme « que ta volonté soit faite », « donne-nous le pain de chaque jour », mettra dans la bouche du priant les deux demandes finales. Non seulement pour maintenir chez le disciple l'indispensable conscience du danger (le « veillez et priez »), mais pour le convaincre qu'il « a besoin » que Dieu le libère du mal, qu'il ne le laisse pas succomber à la tentation.

Ce cri sera celui des deux dernières invocations du *Notre Père*.

Un écueil dans le port de l'oraison
(*Chemin*, chapitres XXXVIII-XXXIX)

Nous sommes devant les *dernières demandes* du *Notre Père*. Ce sont les deux qui prennent en compte les dangers et les maux de la vie des hommes. Jésus demande avec nous au Père de ne pas nous laisser tomber dans la *tentation*. Et qu'il nous délivre du mal ou du Malin.

Thérèse leur consacre les derniers chapitres du *Chemin*. Après avoir longuement parlé de l'oraison et du priant. Des chemins qui conduisent aux degrés les plus élevés de l'oraison contemplative et des vertus qui préparent et caractérisent l'homme d'oraison.

Pour cela, maintenant, et un peu paradoxalement, en parlant des tentations et des dangers, elle ne s'adresse pas au débutant, mais d'abord aux habitués et aux avancés: « les parfaits » (n° 1) ou « les contemplatifs » (n° 2). À eux précisément et à tout priant authentique, elle veut parler d'une chose négative mais extrêmement importante, d'une espèce de larve toxique qui peut se nourrir et croître au sein même de l'oraison.

L'écueil sournois

Les maîtres modernes de l'oraison l'ont dénoncé en termes vigoureux. Tant dans le domaine de la théologie spirituelle que dans celui de la psychologie religieuse, la grande difficulté rencontrée dans l'oraison est de parvenir réellement à la relation avec Dieu. De se mettre à parler avec lui. De franchir la barrière de la transcendance. Le grand péril qui guette alors le priant est la régression ou l'autosuggestion: croire qu'on parle à Dieu ou qu'on l'écoute, alors qu'en réalité on se parle et on s'écoute soi-même. En devenant cela, l'oraison deviendrait une spirale déformante sans fin. Et par ricochet, elle falsifierait toute la vie religieuse de l'homme.

La sainte va commencer par là. Mais sans parvenir à un accord avec les philosophes modernes et les psychologues de l'oraison. Elle n'a probablement pas expérimenté la transcendance de Dieu comme une barrière infranchissable. Simplement parce que, pour elle, Dieu est un ami – « et quel bon ami ! » – et que l'oraison est une relation d'amitié avec lui. Dans les pages antérieures du *Chemin*, elle a prévenu le lecteur qu'il n'y a pas d'amitié sans relations avec les amis. Elle confirmerait certainement sans réticences la phrase de frère Jean de la Croix : « Seigneur, mon Dieu, tu ne t'éloignes pas de celui qui ne s'éloigne pas de toi, comment peut-on dire que tu t'absentes ? » (*Avis* 1, 48). Sa prise de position, en commençant le chapitre XXXVIII se développe ainsi :

– Dans les paroles finales du *Notre Père*, Jésus parle de tentation ou de « la tentation ». Quelle est la « tentation » visée par la prière du Seigneur et que recouvre ce terme ?

– Pour le priant aguerri, il ne s'agit certainement pas « des souffrances, des tentations, des persécutions et des combats » (n° 1), ni des peines extérieures ni de la tentation de découragement qui en résulte. Le priant authentique les accepte avec amour et grandit par elles. Comme le soldat dans la bataille, « les soldats de Jésus-Christ – j'entends les âmes contemplatives, les âmes d'oraison – soupirent après l'heure du combat. Ils craignent peu les ennemis déclarés ; ils les connaissent, ils les savent impuissants contre la force qui vient de Dieu. Ils ont éprouvé qu'ils sortent toujours victorieux de leurs attaques, et riches de précieux avantages ; aussi jamais ils ne perdent pied à leur approche » (n° 2).

– Au-delà des peines extérieures, dans l'intérieur du priant se trouve le risque de mensonge ou d'illusion dans l'oraison. Croire que viennent de Dieu certaines franges brillantes de sa propre oraison – « ces goûts et ces délices » (n° 3) – alors qu'ils jaillissent des plis et des replis de sa propre psychologie, ou bien de « l'ange de mensonge » qui s'installe au-dedans de nous pour cacher « la lumière et la vérité » (n° 2). Cela constituerait une bonne part de la difficulté, grossie par les maîtres modernes.

– Pour Thérèse ce n'est pas la « tentation », le grand écueil placé dans le port même de l'oraison : « À mon avis, c'est d'une certaine manière le moindre préjudice que (les démons) puissent nous causer » (n° 3). Vécu avec simplicité de cœur, ce serait une erreur capable d'éveiller une vague de gratitude sincère et de grande fidélité à Dieu. « Peut-être nous feront-ils par là avancer plus vite. Attirés par ce goût spirituel, nous donnerons plus d'heures à l'oraison… nous jugeant indignes (de ces délices), nous ne cesserons d'en remercier Dieu, nous nous croirons plus obligées à le servir, nous nous disposerons plus généreusement à recevoir encore des faveurs que nous croyons tenir de lui. » (n° 3)

– Contre cet écueil relatif, les attitudes profondes du bon priant l'emportent. Deux ou trois attitudes fondamentales. L'humilité sincère : « Mes sœurs, appliquez-vous sans cesse à l'humilité » (n° 4). L'intention droite : « Notre-Seigneur voit notre intention » (n° 4), et cela suffit. Et surtout la fidélité de Dieu lui-même : « Il est fidèle… mes filles, ne craignez pas qu'il vous laisse recevoir longtemps des consolations d'un autre que lui » (n° 4). Cette garantie suprême de la fidélité de Dieu pour ceux qui ont le cœur droit sera la sortie libératrice de la spirale de l'erreur. Elle tirera le priant des pièges de sa propre psychologie ou des mirages de l'ange de mensonge.

– En revanche, la grande tentation est tout autre. Elle réside dans la zone de l'orgueil. Dans la déformation insidieuse de l'image que le priant a de lui-même. Dans les engrenages décisifs qui insèrent l'oraison dans la personne et dans la vie. La sainte le dit dans son style typique : « Ce en quoi le démon peut nous nuire beaucoup à notre insu, c'est en nous faisant croire que nous avons des vertus qu'en réalité nous n'avons pas. C'est une peste. Lorsqu'il s'agit de goûts, de délices spirituelles, il nous semble que nous ne faisons que recevoir et nous nous sentons obligées à servir Dieu davantage. Mais ici, nous nous figurons donner et servir, et nous croyons que le Seigneur est tenu de nous en récompenser. Il en résulte peu à peu un grand dommage car d'un côté l'humilité s'affaiblit, et de l'autre, nous négligeons d'acquérir des vertus que nous croyons déjà posséder. » (n° 5)

Selon elle, c'est le risque grave de déformation et de « trahison » qui guette l'homme d'oraison, non pas du dehors, mais au sein même de sa relation avec Dieu.

Attention à l'écueil

Le lecteur ne laisse pas d'être surpris en voyant que, parmi les difficultés qui guettent le priant chrétien ou le contemplatif adulte, la sainte mette le doigt sur cette plaie et assure que c'est là la grande tentation. Pourquoi susciter maintenant ce centre d'attention ? Pour répondre, il suffira de mettre en relief quelques fragments du texte thérésien que nous venons de transcrire :

– « Croire que nous avons des vertus qu'en réalité nous n'avons pas. C'est une peste » (*Peste* est l'une des anathèmes de Thérèse les plus typiques et les plus fortes : « poison et peste » sont certaines déviations de l'amitié... ; « peste incurable », les divisions et les clans dans la communauté ; peste pure les catégories, « anciennetés » et « petits points d'honneur » dans la vie d'un Carmel ; « gale pestilentielle », les hérésies dans l'Église... *Chemin* 1, 4 ; 4, 7 ; 4, 8 ; 12, 4...). La peste dans l'oraison, c'est vivre dans cet « état de mensonge ».

– Mais le comble de l'absurde consiste à penser que nous sommes créanciers devant Dieu ; que nous recevons de lui, mais que Lui reçoit de nous ce qu'il est en train de nous donner ; qu'il est l'obligé et le débiteur. Complète contrefaçon d'attitude au cœur même de l'oraison...

– Voici le mal : Thérèse insiste plusieurs fois en quelques lignes. C'est là que le démon « peut nous nuire beaucoup à notre insu » (n° 5). « Il en résulte peu à peu un grand dommage » (n° 5). Elle dit beaucoup plus nettement quelques lignes plus haut : ces mirages « ne se font connaître qu'après avoir ravagé notre âme, bu son sang, anéanti ses vertus... » (n° 2) ; c'est un « poison caché » qui voile « la lumière et la vérité » (n° 2). « Nous allons, sans nous en apercevoir, dans une fondrière dont il nous devient impossible de sortir... nous nous trouvons avec des entraves aux pieds, hors d'état d'avancer dans ce chemin spirituel » (n° 5 de la première rédaction).

Dans le diagnostic thérésien, ce type de tentation comporte une double sentence radicale. Il met en pièce deux postulats fondamentaux de la relation avec Dieu : la vérité et l'humilité. Deux forces qui se consolident mutuellement.

Avant tout, l'exigence de vérité pour se mettre à parler avec Dieu. « L'âme spirituelle qui n'aura pas été formée, dans les débuts, au sein de la vérité, j'aimerais mieux, quant à moi, qu'elle soit sans oraison », avait-elle signifié au débutant dans le livre de la *Vie* (13, 16). Bien plus, c'est contre la vérité que d'adopter cette attitude de propriétaire en matière de vertus. Nous ne possédons pas les vertus chrétiennes comme une technique ou comme des fonds capitalisés à la force du poignet. Il nous faut « bien comprendre que nous n'avons rien que nous ne l'ayons reçu » (n° 7). Ces avoirs intérieurs qui ennoblissent l'esprit et le rapprochent de Dieu sont des dons en « simple dépôt » (n° 8). Ils sont soumis en nos mains à d'étranges va-et-vient de montée et de descente. Thérèse ne voit aucun inconvénient à l'illustrer par le souvenir de son expérience d'apprentie en oraison: « N'en avez-vous jamais fait l'expérience, mes sœurs ? Moi, je l'ai faite. Quelquefois, il me semble être très détachée; et quand j'en viens à l'épreuve, je vois que je le suis en effet. Mais parfois je me trouve si attachée, et à des choses dont peut-être j'aurais ri la veille, que je ne me reconnais presque plus moi-même. D'autres fois je me sens un si grand courage que je ne reculerais devant rien, s'il y allait du service de Dieu, et, de fait l'expérience a prouvé que ce courage, je l'ai quelquefois. Mais un autre jour, je n'aurais pas celui de tuer une fourmi pour l'amour de Dieu, si l'on me faisait la moindre opposition… » (n° 6)

En second lieu, *l'humilité*, simple dérivé de l'esprit de vérité. L'humilité, « c'est marcher dans la vérité », écrira-t-elle catégoriquement dans les *Demeures*. Il est important que « si élevée que soit votre contemplation, vous commenciez et vous finissiez toujours par la connaissance de vous-même » (c.39, 5).

Tout cela sans s'abandonner à des élucubrations et à des théories. Bien plus, Thérèse pimente son exposé non seulement par le souvenir frais et oxygéné de ses expériences juvéniles, mais encore en ironisant joyeusement avec ses lectrices. Si bien que, en passant du brouillon au texte définitif, elle se croit obligée d'éliminer ces pages humoristiques pleines de hardiesses au sujet de vertus comme la pauvreté ou l'humilité. Cela vaut la peine de rappeler ici le dernier de ces paragraphes éliminés, puisque le lecteur ne peut facilement les trouver dans les éditions du *Chemin*. Elle écrit: « Il en est de même pour l'humilité. Il nous semble que nous ne recherchons point l'estime des créatures et que nous sommes détachées de tout. Mais à peine nous a-t-on touchées que notre ressentiment et nos actes montrent que nous ne sommes pas humbles. Nous ne repoussons point le peu d'estime que l'on nous donne. De même les pauvres dont j'ai parlé ne refusent pas un objet qui pourra leur être un peu plus avantageux. Et encore Dieu veuille qu'ils ne le recherchent pas eux-mêmes! On a tant de paroles sur les lèvres pour proclamer qu'on ne veut rien et que rien ne vous importe qu'on finit en vérité par le croire. Et à force de le répéter, on le croit de plus en plus. » (c.38, 5 du brouillon)

Le cortège des menues tentations

En commentant la demande du *Notre Père*, la sainte a centré son attention sur l'écueil majeur. La tentation du risque total. Mais, il est évident qu'elle ne veut pas réduire la prière de Jésus à cette seule perspective.

Outre le danger de l'auto-mirage qui détruirait toute la vie d'oraison, la sainte énumère plusieurs autres dangers qui réclament un traitement pédagogique adéquat. Il suffit de les énumérer.

On ne pèche pas seulement contre la vérité et l'humilité par vanité, en s'attribuant à soi-même ce que l'on n'a pas. On pèche aussi par défaut en ne se reconnaissant pas soi-même comme objet des dons de Dieu, de son amour, de son accueil bénéfique. Fausse humilité, dépressive et inquiète qui conduit aussi à une attitude de mensonge face à Dieu. Thérèse est passée aussi par cette tentation, « je sais ce qu'il en est » (c.39, 2). « Ce fut le commencement de la tentation… de Judas », avait-elle écrit dans la *Vie* (19, 11), s'obstiner dans la vision de son propre péché, oubliant que, malgré lui, on continue d'être aimé par Jésus. La consigne de la véritable humilité est celle-ci: ne nous attribuer que ce qui est nôtre, mais ne pas méconnaître ce qui nous a été donné et qui effectivement existe en nous. Par là on marche « en vérité ».

Thérèse mentionne aussi la tentation des « pénitences inconsidérées » qui, au fond, risquent de nous faire croire que nous sommes meilleurs et que nous faisons plus que les autres (c.39, 3).

Et encore une autre tentation dangereuse: Nous approprier une sécurité que nous ne possédons pas: « C'est une certaine confiance que pour rien au monde nous ne voudrions retourner à nos fautes passées et aux plaisirs du siècle. On se dit: je suis désabusée, je sais que tout passe et je trouve plus de consolation dans les choses de Dieu… » Sa recette : « Ne vous estimez jamais assez assuré que vous ne craigniez les rechutes, et fuyez-en les occasions » (c.39, 4).

Épilogue sous forme de prière

À nouveau entre en jeu la consigne pédagogique de la sainte : ne pas parler d'oraison sans que la parole passe par l'oraison. Tout ce qu'elle a dit se rassemble maintenant dans une conclusion suppliante extrêmement délicate. L'Auteur s'empare une fois de plus de la parole de Jésus pour s'adresser au Père avec lui et avec les lecteurs :

« Que nous reste-t-il donc, ô Père éternel, sinon de recourir à toi et de te supplier de ne pas permettre que nos ennemis nous engagent dans la tentation ? Que leurs attaques soient ouvertes, avec ton secours nous les repousserons ; mais ces trahisons (les tentations sournoises), qui pourra les découvrir, ô mon Dieu ? Aussi avons-nous un besoin continuel d'implorer ton secours. Dis-nous, Seigneur, une parole qui nous éclaire et nous rassure. Tu sais que c'est le petit nombre qui marche par ce chemin de l'oraison, et si l'on doit y être assailli de tant de frayeurs, ce nombre sera plus restreint encore » (c.39, 6).

Amour et crainte : sécurité de vie sur le chemin
(*Chemin*, chapitre XL)

Thérèse poursuit le commentaire des deux dernières demandes du Notre Père. *Nous y demandons une aide contre les tentations et contre le mal, ou contre le Malin. « Nous avons, mes sœurs, dans ces demandes... ample matière à considérations et à réflexions », avait écrit spontanément la sainte en annonçant les deux demandes (c.38, 1).*

Dans une sorte de diptyque, elle consacrera quatre chapitres à la première demande : les deux premiers (38-39), pour mettre l'accent sur la tentation de base, puis sur les menues tentations qui l'escortent. Les deux autres chapitres (40-41), pour proposer des « remèdes ». Deux spécialement : amour et crainte.

Elle commence par l'amour : chapitre XL. Nous la suivons :

Deux châteaux forts, amour et crainte

Deux châteaux, mais qui s'unissent en un seul bastion. Des deux attitudes fondamentales, amour et crainte, résultera cette espèce de sécurité de vie et de chemin, tant désirée par la sainte, sensible à l'extrême au climat de permanente insécurité dans lequel se déroule la vie.

Déjà dans les chapitres antérieurs, et non sans une certaine réticence, elle a uni deux autres vertus évangéliques, humilité et détachement : elles vont « semble-t-il toujours de pair. Ce sont deux sœurs qu'il ne faut pas séparer » (c.10, 3). Maintenant, amour et crainte « sont deux places fortes qui tiennent en échec le monde et les démons » (n° 2).

Il est possible que, dans la mémoire de la sainte, ce duo, amour et crainte, soit un écho lointain des conversations tenues avec le saint duc de Gandie, saint François de Borgia, ou bien une simple réminiscence de la lecture des livres sur « amour et crainte de Dieu ». Malgré tout, ici dans le *Chemin*, ces deux vertus vont avoir un profil original.

Il est certain que dans la pédagogie spirituelle du *Chemin* elle a accordé une attention inégale à ces deux châteaux jumeaux. Elle a bien prévenu le lecteur contre les fausses craintes inoculées par les opposants au chemin de l'oraison (c.21, 11 ; 24, 1, etc.). En revanche, elle a accordé moins de place à ce délicat et salutaire sens de la crainte qui maintenant s'unit à l'amour. Dans le chapitre précédent, la crainte est apparue avec la consigne fondamentale :

« Quels que soient les consolations et les gages d'amour que le Seigneur vous accorde, ne vous estimez jamais assez assuré que vous ne craigniez les rechutes » (c.39, 4). Sans doute pour des raisons pédagogiques, ce salutaire aspect de crainte est inculqué de préférence dans les dernières parties du *Chemin*. La sainte fera de même dans la pédagogie des *Demeures*. (Il suffit de comparer les conseils des *Demeures* III, 1, 1; avec *Demeures* VII, 2, 9 et *Demeures* VII, 3, 14).

Il se passe tout le contraire avec la répartition des passages concernant l'amour comme nourriture sur le chemin. Indispensable dès les premiers pas. L'amour mutuel est le préalable premier et fondamental pour entreprendre la vie d'oraison (c.4, 5). Et l'amour pour le Christ-Époux est la substance même de cette vie (c.22-23).

La nouveauté de la présente leçon, dans la dernière partie du livre, est que maintenant la consigne de l'amour s'adresse avec toute sa force à ceux qui ont cheminé longtemps et bien: « aux contemplatifs ». Pour eux, il ne doit pas y avoir de moyens termes dans l'amour. Leur amour doit toujours être grand, « ou ce ne sont pas de vrais contemplatifs ». Si réellement ils le sont, leur amour « est un grand feu qui ne peut jeter qu'une grande splendeur ». « Si cela n'a pas lieu, ils doivent user de beaucoup de circonspection, croire qu'ils ont bien matière à trembler » (n° 4). Et nous revenons ainsi au balancement entre les deux vertus: à manque d'amour correspond augmentation de la crainte.

C'est justement pour cela – parce que l'amour du véritable priant est un « grand feu » – que cet amour devient pour lui la garantie contre les tentations et contre l'insécurité du chemin : en effet, cet amour « se révèle de bien des manières » (n° 4). « Se cacher (c'est-à-dire "rester ignoré et inactif") ? Oh ! que l'amour de Dieu, si c'est vraiment de l'amour, en est incapable (de rester caché). » (n° 3)

Mais, comment le connaîtrons-nous ? Qui peut nous donner l'assurance de le posséder ? Telle est la question lancinante que la sainte met dans la bouche de ses lecteurs (n° 2) et à laquelle elle se propose de répondre dans le présent chapitre. Elle le fera à contre-courant de ses théologiens censeurs.

Les deux rédactions du chapitre et le pourquoi de la réprobation de ses censeurs

Revenons aux manuscrits de la sainte. Dans l'autographe du *Chemin* (manuscrit de Valladolid), ce chapitre XL est un des plus criblés par les ratures et les corrections du censeur. Un censeur anonyme, ami de l'Auteur, mais porteur d'un monocle de théologien sourcilleux et zélé propagandiste de l'orthodoxie tridentine. Il est intervenu déjà d'autres fois sur les pages de l'autographe et il continuera à le faire méticuleusement, dans le chapitre final du livre. Maintenant, dans le présent chapitre, il impose au texte de la sainte pas moins de quatorze corrections. À tel point qu'un des éditeurs des autographes du livre, en comparant les deux rédactions, annotera le présent passage : « les corrections, additions, ratures que fit le correcteur dans les quatre dernières lignes de cette page et dans la suivante (celles qui correspondent au n° 4 de notre texte) sont si nombreuses qu'il aurait été préférable de la récrire, comme cela fut fait pour la feuille 159 (correspondant au c. 33, n° 2-5). » (Note de H. Bayona dans l'édition fac-similé du *Chemin*, autographe du manuscrit de l'Escorial.)

Nous ne savons pas jusqu'à quel point ces efforts de purisme théologique impressionnèrent l'Auteur. Heureusement ils ne défigurèrent pas son texte. Bien plus, les escamotages du censeur disparurent partiellement dans l'édition de fray Luis de León et dans les copies manuscrites du *Chemin* : le texte des éditions actuelles est la fidèle reproduction de ce qu'écrivit la sainte.

Quel était donc le problème de fond qui provoqua cette marée de ratures et de retouches ? Il s'agissait d'un sérieux problème doctrinal qui continuera de sensibiliser la plume de Thérèse jusque dans les dernières pages du *Château intérieur* (Demeures VII, c.2, 9 ; 3, 14 ; 4, 3). Voyons-le.

Au fond, l'esprit de la sainte oscille entre deux sentiments extrêmes. Ceux qui motivent cette double demande du *Notre Père*. *D'un côté*, le sentiment aigu d'instabilité et d'insécurité devant l'acharnement des tentations et l'expérience de sa propre fragilité humaine… *D'un autre côté*, le besoin passionné d'un ancrage sûr, d'un refuge d'amour et de grâce. « Avec cela, à coup sûr, nous ne serons pas trompés » comme dit le numéro 1.

Dans ce contexte et en dialoguant avec les lectrices, elle formule la première interrogation : « Vous allez me demander comment vous pourrez reconnaître que vous possédez ces deux vertus si essentielles, et vous aurez raison, car nous ne pouvons avoir là-dessus aucune donnée certaine et positive. En effet, si nous étions assurés (elle corrigea elle-même dans le manuscrit de Tolède : si nous étions certains) d'avoir l'amour de Dieu, nous le serions d'être en état de grâce » (n° 2). Le censeur intervient immédiatement pour la première fois en notant en marge : « ce qui n'est possible que par un privilège spécial ».

C'était effectivement la décision péremptoire du Concile de Trente contre les déviations luthériennes en matière de justification : « Personne ne peut savoir, avec une certitude de foi, s'il est ou non en état de grâce » (canon 16). Ce serait donc la pierre d'achoppement : chaque fois que, dans son exposé, la sainte risque une parole de « certitude » ou de « sécurité », le censeur interviendra inexorablement pour la rappeler à l'ordre.

Cependant, l'attitude de la sainte est théologiquement linéaire et spirituellement réconfortante :

a) Elle commence en confirmant l'indiscutable désir de *sécurité* que nous avons tous, elle et nous. Bien consciente que ce désir durera toute la vie. Dans son poème : « Je vis sans vivre en moi », elle avait écrit : « Je vis dans la seule confiance/Que je dois un jour mourir/Parce que, par la mort, c'est la vie/*Que me promet mon espérance…* » Sentiment qui coïncide avec celui de frère Jean de la

Croix qui l'exprime avec plus d'efficacité dans le poème jumeau : « Et si je me réjouis, Seigneur/dans l'espérance de te voir/*en voyant que je puis te perdre*/ma douleur redouble/Vivant dans une telle crainte/et espérant comme j'espère… »

La chose est claire pour les deux. Pour la sainte, seule la mort est « certaine ». Pour frère Jean, la joie dans l'espérance de « te voir » est troublée par la douleur et la crainte de « te perdre ».

b) Mais, en même temps, et dès le premier instant, la sainte est sensible à la non-sécurité absolue en cette vie. Elle le dit aux lectrices : « Vous avez raison : nous ne pouvons avoir là-dessus (que nous ayons l'amour de Dieu) aucune donnée certaine et positive ». Posséder un tel signe équivaudrait à avoir la certitude que nous sommes en état de grâce. Et cette sécurité absolue, nous ne l'avons pas (n° 2).

Plus que le texte du Concile, il est probable que la sainte avait dans la mémoire la phrase biblique très répandue : « L'homme ne sait s'il est digne d'amour ou de haine » (Eccl 9, 1), si bien que dans son esprit il s'agit moins d'une conviction profondément enracinée que d'une expérience quotidienne et douloureuse. Il suffit de rappeler quelques-unes de ses prières spontanées, par exemple la première de ses *Exclamations* : « Hélas ! ô Dieu de mon cœur, comment être sûre que je ne suis pas séparée de toi ? Ô vie, qui dois te poursuivre dans cette incertitude sur un point si capital, qui donc pourra te désirer, alors que le seul avantage que l'on peut attendre de toi, qui est de contenter Dieu en toutes choses, se trouve si incertain et environné de tant de dangers ? » (*Excl.* 1, 3)

c) En dehors de ce manque de sécurité absolue, si fortement ressenti par la sainte, celle-ci est convaincue qu'il existe une large marge de sécurités morales. Sa plume vise précisément celles-là. Avec une évidente intention pédagogique. Contre le trouble et l'anxiété produits par les tentations, les fragilités humaines et surtout par les craintes qui résident en nous, elle propose la garantie de l'amour. L'amour est le premier des « deux châteaux forts ».

(L'image du « château » représentait, pour elle et pour les lectrices de son temps, l'idée de la « sécurité de vie »… comme pour le lecteur d'aujourd'hui la sensation du maximum de sécurité de vie serait représentée par l'image du « refuge anti-atomique ».)

d) C'est là que s'ébauche l'autre série de convictions que la sainte s'efforce d'inculquer au lecteur. Oui, il y a des signes qui nous attestent que nous sommes dans l'amour. « Il en existe des signes visibles, semble-t-il, aux aveugles eux-mêmes… leur voix est si éclatante qu'on est forcé de les entendre » (n° 2). Ils s'imposent par eux-mêmes à l'esprit.

Et le premier signe de tous est l'amour véritable, avec son cortège d'œuvres bonnes. Spécialement l'amour vigoureux des contemplatifs. La sainte fait maintenant un éloge merveilleux de cet amour et de ceux qui le possèdent. Éloge qui tend à être une prolongation de l'incomparable éloge de la charité fait par saint Paul dans la première lettre aux Corinthiens. « Ceux qui aiment Dieu véritablement, aiment tout ce qui est bon, veulent tout ce qui est bon, favorisent tout ce qui est bon, louent tout ce qui est bon, se joignent toujours aux bons, soutiennent et défendent les bons, aiment uniquement ce qui est vrai et digne d'être aimé » (n° 2). Ils sont, comme « un saint Paul, une Madeleine… », malades d'amour (n° 3).

C'est pourquoi ces amours forts portent en eux une garantie d'authenticité et de sécurité. Il n'est pas possible de les maintenir dans l'anonymat. Il est impossible de les cacher. « L'amour est fort comme la mort et dur comme l'enfer… Divin enfer ! » (*Excl.* 17, 3). C'est pourquoi « jamais l'amour ne demeure inactif ». « Il est de sa nature d'agir toujours et de toutes les manières ». « Quand l'amour est véritable, je regarde comme impossible qu'il se contente de demeurer stationnaire » (*Demeures* V, 4, 10 ; VI, 9, 18 ; VII, 4, 9). C'est comme « ces petites sources que j'ai vues quelquefois et qui, en jaillissant, lancent continuellement le sable avec leurs ondes… L'amour chez elles est dans un mouvement perpétuel, il suggère toujours de nouveaux desseins, il ne peut demeurer en place » (*Vie* 30, 19).

Et l'importunité des craintes ?

Après cet incomparable éloge de l'amour, toute la leçon du chapitre devient transparente.

Suit une rapide confrontation avec l'amour humain dont une des notes distinctives est la force expansive ou l'éclosion irrépressible.

Comment l'amour humano-divin peut-il être caché et douteux si ces autres amours humains sont si irrésistibles, si patents? « On dit qu'il est impossible de dissimuler (l'amour) que l'on porte aux créatures, que même il se trahit d'autant plus que l'on fait d'efforts pour le voiler… Et l'on pourrait couvrir un amour aussi fort, aussi juste que celui dont nous parlons, un amour qui va toujours croissant, que rien ne peut refroidir, un amour solidement fondé sur la certitude d'être payé de retour par un autre amour dont il est impossible de douter tant il s'est révélé clairement par des douleurs et des travaux immenses, par l'effusion de sang et, preuve irrécusable, par le sacrifice même de la vie! » (n° 7)

Rappelons deux détails qui renforcent ce beau passage:

Le premier est le ton délicatement ironique avec lequel la sainte avait fait, dans la première rédaction, cette confrontation de l'amour profane et de l'amour divin: « En effet on ne peut cacher l'amour d'un pauvre homme pour une simple femme, au contraire, plus on le cache, plus il saute aux yeux… » Ironie intentionnellement supprimée en passant du brouillon au texte définitif.

Le second détail est le recours bien connu à l'expérience: « Ô Dieu! que ces deux amours doivent paraître différents à *qui les a éprouvés* l'un et l'autre » (n° 7).

Toutefois – le chapitre se poursuit – tout cela ne veut pas dire que les craintes ne persistent pas dans l'âme, les mêmes craintes que celles dont elle a parlé au numéro 6 et que le démon a intérêt à envenimer et à amplifier.

Contre elles, la sainte réitère la consigne déjà donnée dans le chapitre antérieur: humilité et vérité. « Marcher avec humilité », « rester dans la vérité », c'est une même chose. Mais, surtout, favoriser l'amour.

Aimer, en cette vie, c'est un gage de l'amour éternel au-delà de la mort. La sainte l'affirme en des termes décisifs, d'une grande beauté et d'une efficacité persuasive: « Quelle consolation pour nous, à l'heure de la mort, de voir que nous allons être jugés par Celui que nous aurons aimé par-dessus toutes choses! Nous serons sans inquiétude sur l'issue du procès de nos dettes; enfin ce ne sera pas aller en pays étranger, mais dans notre propre patrie, puisque c'est la patrie de Celui que nous aimons tant et de qui nous sommes tant aimés. » (n° 8)

En définitive, l'amour est vainqueur de toutes les craintes. C'est peut-être le plus beau commentaire de la parole de Jean dans sa première lettre (1 Jn 4, 18) : « Il n'y a pas de crainte dans l'amour ; l'amour parfait exclut la crainte ».

...entre joie et tremblement

Tout cet exposé, sur l'amour comme château fort et sur les signes qui le rendent patent, se termine cependant par quelques évocations en contre-jour : le passage par le jugement suprême devant le tribunal du Seigneur et l'ombre triste de l'enfer, pôle autour duquel gravitent les mauvaises craintes. La sainte décrit la scène par touches sombres d'inspiration dantesque.

Cela aussi est compatible avec la vérité de l'amour et sert à souligner, une fois de plus, le réalisme de la pédagogie thérésienne. Fixer des objectifs élevés, oui ; transmettre des convictions et des idéaux ; assainir le climat intérieur des fausses craintes. Mais ne pas favoriser de mirages. Après ce chapitre de l'« amour », elle en consacrera un autre à la « crainte », second château fort.

Il est évident que, devant la possibilité de perdre l'amour, la joie prévaut sur le frémissement. Cela vaut la peine de rappeler ici que ce passage du *Chemin* fut capté, trois siècles plus tard, par Thérèse de l'Enfant-Jésus, novice au Carmel de Lisieux, qui se l'appropria.

Il lui arrivera, à elle aussi, d'exercer un magistère spirituel près des jeunes de sa communauté et elle se trouvera devant un cas extrême de crainte. Cela est relaté dans *Conseils et souvenirs* : « J'avais une frayeur extrême des jugements de Dieu – raconte une de ses jeunes novices – et malgré tout ce que (Thérèse) pouvait me dire, rien ne la dissipait. Je lui posai un jour cette objection : "On nous répète sans cesse que Dieu trouve des taches dans ses anges, comment voulez-vous que je ne tremble pas ?" » Avec toute l'élévation de son magistère spirituel Thérèse répondit à sa novice par le double conseil des « mains vides » et de « l'amour » (Cf. *Conseils et souvenirs* in *Histoire d'une âme*; édit. 1911, p. 277).

Quant à elle, encore simple novice, elle s'était appropriée la grande solution du *Chemin*. Elle écrivait à sa sœur Agnès: « Leur cœur (celui de Thérèse et de Mère Agnès) qui n'est jamais rassasié sur la terre ira s'abreuver à la source même de l'amour, oh! le doux festin. *Quelle joie de voir Dieu; d'être jugée par celui que nous aurons aimé par-dessus toutes choses.* » (lettre 56 du 11 juillet 1888)

La crainte : sœur jumelle de l'amour
(*Chemin*, chapitre XLI)

Pour lire ce chapitre XLI du *Chemin* en comprenant bien son sens commençons par rappeler que l'Auteur parle de la « crainte » qui provient de l'« amour ». En effet, sur le chemin de l'oraison, la crainte accompagne ou suit notre amour de Dieu comme une ombre bénéfique.

Peut-être aurait-il fallu rappeler dès le début que, dans le lexique du *Chemin*, la « crainte » appartient aux catégories bibliques : cette crainte qui dans les livres sapientiaux est appelée « source de la sagesse » (Prov 1, 7 ; 9, 10). Dans le cadre du *Chemin*, elle s'oppose radicalement à la « peur ». C'est pourquoi la sainte traduit souvent la « crainte négative » de certains passages du Nouveau Testament par « peur » : « *nolite timere* » devient pour elle « n'aie pas peur, ma fille » (*Vie* 25, 18).

Dans le présent chapitre, elle parlera des deux : de la véritable crainte de Dieu, pour l'inculquer. Et de la peur, pour l'exorciser. Chez le priant, la crainte s'affermit peu à peu, jamais elle ne s'affaiblit ni ne s'estompe ; peut-être court-elle le risque de se déformer et de s'appauvrir. Par contre, toutes les peurs disparaissent l'une après l'autre.

Rappelons enfin qu'« amour et crainte » sont les deux vertus finales du *Chemin*, non seulement de celui du livre, mais encore de l'itinéraire d'oraison et de tout cheminement chrétien.

La relation avec Dieu et la pratique des autres vertus chrétiennes ont pour résultat cette double expression du « sens de Dieu » : l'aimer, mais en craignant en même temps sa propre fragilité. L'aimer et craindre de le perdre.

La crainte naît et croît…

Il en est de la crainte comme de l'amour. Quand on se rapproche de Dieu, l'amour naît et croît jusqu'à devenir un « grand feu ». De même la crainte jaillit spontanément dès les premiers pas sur le chemin de l'oraison. Ensuite, chez le priant adulte, et plus encore chez le contemplatif déjà entré dans le mystère de Dieu, la crainte se renforce, devient manifeste: « elle paraît très à découvert », même à l'extérieur, dira la sainte.

Soulignons-le: dans son expérience personnelle, la loi de proportionnalité dans la croissance de l'amour et de la crainte n'est pas inverse: à plus d'amour de Dieu correspond moins de crainte; mais au contraire: à plus d'amour s'associe une plus grande crainte de Dieu qui devient de plus en plus affinée et pure.

Ce sont ses propres paroles: « Une âme est-elle arrivée à la contemplation… alors la crainte de Dieu paraît très à découvert. Pas plus que l'amour, elle ne peut demeurer cachée au fond du cœur » (n° 1).

En est-il réellement ainsi? Cela n'est-il pas contraire à l'Évangile de l'amour prêché par saint Jean? Rappelons-nous le plus remarquable texte du disciple de Jésus. Celui qu'il a écrit dans sa première lettre: 1 Jn 4, 17-18:

v.17: « Si l'amour est parfait en nous, alors nous serons pleins d'assurance au jour du Jugement, parce que notre vie dans ce monde est semblable à celle de Jésus-Christ. »

v.18: « Il n'y a pas de crainte dans l'amour; l'amour parfait exclut la crainte. Ainsi, l'amour n'est pas parfait chez celui qui a de la crainte, car la crainte est en rapport avec une punition. »

Il est certain que l'Auteur du *Chemin* aurait souscrit joyeusement à toutes ces affirmations de Jean. Pour elle, une fois de plus, elle aurait traduit « peur » et non « crainte »: « l'amour chasse la peur ». Le terme employé par Jean, « *phobos* », est exactement « peur ». Déjà, dans le chapitre précédent du *Chemin*, elle nous a offert une merveilleuse version du v.17 sur le jour du jugement et sur le châtiment: « Quelle consolation pour nous, à l'heure de la mort, de voir que nous allons être jugées par Celui que nous aurons aimé par-dessus toutes choses ! Nous serons sans inquiétude sur l'issue du procès de nos dettes ; enfin ce ne sera pas aller en pays étranger, mais dans notre propre patrie, puisque c'est la patrie de Celui que nous aimons tant et de qui nous sommes tant aimées. » (c.40, 8)

Déjà, dans une autre occasion elle a attesté que celui qui aime a de la crainte, oui, mais pas celle du châtiment. Elle a écrit, en parlant d'elle-même : « quant à la crainte de l'enfer, ces âmes ne l'ont pas » (*Demeures* VI, 7, 3). Et beaucoup plus catégoriquement, vers la fin de son autobiographie, dans un passage où elle commente ce que saint Augustin a appelé : « effroi et fascination » produits par la présence de la divinité : « Cette première stupeur une fois passée, on peut s'entretenir avec toi au gré de ses désirs. À la frayeur causée par l'aspect de ta gloire en succède une autre plus vive, celle de t'offenser. Et ce n'est pas la crainte du châtiment qui la fait naître : le châtiment, on le compte pour rien, mon Seigneur, auprès de l'appréhension de te perdre toi-même. » (*Vie* 37, 6)

La sainte écrivait ces lignes à peine deux ans avant de rédiger la présente page du *Chemin*. La *peur du châtiment* avait disparu de son âme. Et avait grandi démesurément « la crainte de t'offenser » qui, en définitive était « la crainte de te perdre, toi ».

Sur ce point également, la profonde expérience religieuse de la sainte est source de ses convictions et de son enseignement tel qu'elle le formulera dans ce chapitre du *Chemin*.

La véritable crainte de Dieu, en quoi consiste-t-elle ?

Dans la vie théologale, telle que l'entend la sainte, nous ne possédons ni sécurité d'amour ni sécurité de vie. Nous vivons les deux choses – amour et vie de grâce – dans le risque. « Nous portons un trésor dans des vases d'argile » (2 Co 4, 7). Plus notre amour s'affine et devient conscient, plus le sentiment du risque s'ancre en nous : risque de perdre l'amour, de passer de l'amour à la haine, de la vie à la mort. De là jaillit la crainte qui, dans sa dimension théologale, ne s'exprime pas exactement comme l'amour : nous aimons Dieu, mais à proprement parler, nous ne craignons pas Dieu ; nous craignons de l'offenser, de le perdre, de rester sans son amour.

C'est pourquoi la crainte a son propre champ d'action. Elle agit comme messagère de l'amour. Elle aiguise la sensibilité et la capacité de discerner entre le bien et le mal. Elle affine le sens du péché. Elle développe chez le priant, et beaucoup plus chez le contemplatif, la capacité d'évaluer le péché en tant que mal absolu pour l'homme : « Quant aux (péchés) mortels, elles les craignent comme le feu » (n° 1) – « Que vous preniez même le plus grand soin d'éviter les péchés véniels » – « Soyez prêtes à perdre mille vies plutôt que de commettre un péché mortel. » (n° 3)

Dans le rayon d'action de la crainte entrent la vigilance, la détermination déterminée, l'audace et la liberté…

Avant tout, la crainte alimente la flamme de la *vigilance*, le « grand soin ». Comme dans les paraboles de l'Évangile. « Vous avez besoin de marcher avec une grande circonspection, d'éviter avec soin les occasions dangereuses et les compagnies qui ne vous aident pas à vous approcher plus près de Dieu » (n° 4). Même si on les observe longtemps, on ne verra jamais ces personnes aller d'une manière nonchalante.

« Une si ferme *détermination* de ne pas offenser Dieu que vous soyez prêtes à perdre mille vies plutôt que de commettre un péché mortel. » (n° 3)

Audace et liberté : la crainte de Dieu n'est pas entravante ni paralysante comme la peur. Bien plus, elle détermine une nouvelle prise de position dans les relations personnelles. Elle immunise contre certains miasmes de l'ambiance morale : ce qui auparavant aurait pu être « toxique et tuer l'âme », devient maintenant un ressort pour aimer et louer Dieu davantage. La véritable crainte de Dieu est libératrice : elle fait « marcher avec une sainte liberté ».

Elle exerce aussi une mystérieuse fonction de prophylaxie sur l'atmosphère environnante. C'est une espèce de fluide qui l'assainit. La sainte a pu l'éprouver personnellement, non sans un certain étonnement : « Il est une chose dont je bénis souvent le Seigneur et dont je cherche la cause. Maintes fois, sans dire un mot, un serviteur de Dieu arrête des paroles dirigées contre la divine Majesté… Je n'en sais pas bien la raison, mais le fait est que la chose se passe habituellement ainsi. » (n° 5)

Il est évident qu'une telle symptomatologie est bien loin de la crainte négative et stérilisante. Au contraire, cette manière de craindre Dieu est dynamique et féconde comme l'amour. Même du point de vue psychologique, c'est une force purificatrice et confortante.

Crainte oui, peur non

Il n'est pas facile à l'esprit de l'homme qui entre en présence de Dieu de se libérer du vertige. Ou d'éliminer une certaine dose de peur devant sa présence et sa transcendance, devant sa sainteté et son pouvoir. Face à Dieu, l'homme reste saisi entre « effroi et fascination ». Mais comment expérimenter le premier – l'« horror Dei » – sans qu'il y ait une minime composante de peur ? Il suffit de se référer à la religiosité naturelle de l'homme primitif, ou à celle de l'homme biblique en présence du Saint. Comment voir Dieu sans mourir (Ex 33, 20) ?

Néanmoins la peur de Dieu n'est pas chrétienne. Ce n'est pas un sentiment authentique face au Père de Notre-Seigneur Jésus-Christ, ou face à Jésus.

Devant la « majesté de Dieu », Thérèse elle-même a ressenti de la « stupeur » (*Vie* 37, 6) ; « les cheveux se dressent sur la tête » (*Vie* 20, 7 ; 38, 19 ; 39, 3) ; elle demeurait comme « anéantie » (*Vie* 38, 19). Mais toujours dans la joie, sans jamais le plus petit tremblement de peur.

C'est pourquoi, dans le présent chapitre, en dispensant la leçon de la « crainte de Dieu », elle s'empresse d'écarter la tentation de la peur, diagnostiquant sommairement ses caractéristiques négatives et ses effets néfastes.

La terminologie qu'elle emploie pour les désigner est curieuse. La peur est « contrainte et retenue pour l'âme ». C'est « s'effrayer et s'effaroucher » (n° 7) devant les exigences de la vertu. « Nous n'avons plus besoin de tant de contrainte et de retenue. Le Seigneur nous assistera » (n° 4). « Ne retenez pas votre âme comme emprisonnée dans un coin. Au lieu d'y trouver la sainteté, vous y rencontreriez je ne sais combien d'imperfections… » (n° 8). « Ne laissez ni se resserrer votre âme ni refroidir votre courage. Vous pourriez par là perdre de grands biens » (n° 8). « Évitez la contrainte. Une fois que l'âme commence à se resserrer, c'est un obstacle à tout bien… » (n° 5)

La peur est une dégradation de la crainte de Dieu. C'est pourquoi elle a des effets déformants. Elle est source de scrupules. « Inutilité » pour le bien. « Gêne et contrainte » (n° 5). Incapacité d'accepter et de respecter la « sainte liberté » des autres (n° 6) qui précisément agissent « librement et sans toutes ces gênes » ou « avec une sainte joie », ou simplement avec des critères et une conduite différents des nôtres.

Parmi ces peurs débilitantes et paralysantes, la sainte en rappelle spécialement une, celle-là même qu'elle a eue à combattre pendant des années. C'est la peur du Malin. Peur qui lui fut inoculée de l'extérieur à l'un des moments les plus délicats de son chemin spirituel. Ce furent ses deux premiers conseillers spirituels qui jugèrent et lui dirent que « le démon était l'auteur de se qui se passait en elle » (*Vie* 23, 14). Sous l'impact de ce diagnostic péremptoire elle dut passer des moments d'authentique panique : « Il y avait de quoi perdre l'esprit » (28, 18). Mais, enfin, elle réussit à perdre jusqu'au dernier soupçon de peur du Malin. « Toutes mes peurs précédentes s'évanouirent entièrement » (*Vie* 25, 20). Maintenant ce sont les démons qui ont peur de Thérèse. Elle craint davantage un seul péché véniel « que tout l'enfer réuni » (*Vie* 25, 20).

C'est ce qu'elle transmet maintenant aux lectrices du *Chemin*. La crainte de Dieu fait disparaître la peur du diable : « Se garder pur de toute offense contre Dieu. Oh ! que c'est une grande chose pour tenir enchaînés ses vassaux et ses esclaves d'enfer » (n° 2). La garantie absolue contre eux est l'amour que Dieu a pour nous : « Si Dieu est content de nous ils seront tenus à distance, et en quelque tentation qu'ils nous engagent, quelques pièges secrets qu'ils nous tendent, ils se verront impuissants à nous nuire. » (n° 2)

« Plus saintes, d'abord plus facile »

L'Auteur a écrit ce chapitre sans hâte. Elle l'a relu soigneusement avant de passer à la seconde rédaction. Et elle l'a remanié à fond, avec de nombreuses retouches.

Parmi celles-ci il y en a une importante. Dans la rédaction définitive (manuscrit de Valladolid) elle voulut que le thème de la crainte se termine par un précieux *épilogue* sur l'affabilité du priant et sur la magnanimité de Dieu.

Pour cela elle a ajouté les trois derniers numéros: 7, 8 et 9. Auparavant elle avait déjà parlé de joie et de sainte liberté qui fleurissent toutes deux sur la tige de la crainte de Dieu. Maintenant elle insiste: non seulement la joie et la liberté d'esprit. Il faut être « affables » et « d'abord facile ». La vertu qui repousse n'est pas une vertu. Au même titre que l'oraison et que toute « votre manière de vivre et d'agir », la vertu, si elle est authentique, constitue un pôle d'attraction. La vertu doit se faire aimable et désirable (n° 7).

Les paroles mêmes de la sainte sont irremplaçables: « Montrez-vous affables, et comportez-vous de telle sorte avec les personnes qui vous fréquentent, qu'au lieu de s'effrayer, de s'effaroucher de la vertu, elles s'attachent à votre fréquentation et se sentent attirées à partager votre manière de vivre et d'agir. » (n° 7)

« Plus une religieuse est sainte, plus elle doit être pour ses sœurs d'un abord facile. » (n° 7)

« Nous montrer affables, condescendantes, obligeantes à l'égard des personnes avec lesquelles nous sommes en relation et surtout à l'égard de nos sœurs. » (n° 7)

La raison de tout cela se situe, comme toujours, sur un plan supérieur: notre Dieu est ainsi... Il n'agit pas avec dureté ni avec rigueur et sa justice n'est pas pointilleuse. Elle l'a souvent rappelé aux lectrices du *Chemin*: « Mon Dieu n'est aucunement pointilleux, il ne s'arrête pas à des minuties » (c.23, 3). Maintenant elle le répète:

« Comprenez-le bien, mes filles, Dieu ne s'arrête pas, comme vous l'imaginez, à une foule de détails. » (n° 8)

C'est le moment de se rappeler les passages de la *Vie* sur la bonté de Dieu. Dieu est un ami. Il est le bon ami de l'homme. « Quel excellent ami tu te montres à son égard! De quelle bonté, de quelle patience, tu uses envers lui (= envers nous)! Tu attends qu'il se fasse à ta manière d'être et durant tout ce temps tu supportes la sienne! » (*Vie* 8, 6)

Dernières consignes pour la dernière étape du chemin

(*Chemin*, chapitre XXXXII)

Le dernier chapitre du *Chemin* est un écho prolongé de l'oraison de l'Auteur. Les sentiments qui la saisissent, quand elle récite les dernières paroles du *Notre Père*, affleurent sous sa plume.

Quand Jésus a enseigné cette prière à ses disciples, les demandes du *Notre Père* culminèrent dans la supplique face au mal, aux maux de la vie et au Malin.

Dans la récitation chrétienne, dans et hors de la liturgie, à cette demande finale on ajoute l'*Amen*, sous forme d'un « additif » de conclusion.

Amen veut dire « oui ». Dans l'Évangile, Jésus utilise l'*amen* comme confirmation absolue de ses paroles, qui sont vérité et promesse sûre. Dans la première communauté chrétienne, l'*amen* conserva ce caractère de ratification absolue: sorte d'assurance-garantie de la prière adressée au Père. Ce mot s'identifia ensuite à Jésus lui-même qui est notre *amen*, notre oui à Dieu, garantie et témoin fidèle, notre vérité devant Dieu (Ap 3, 14).

Ces deux mots – délivre-nous et *amen* – vont mettre le sceau final à la leçon thérésienne du *Chemin*. Dire à Dieu « délivre-nous du mal » et résumer toute l'oraison dominicale, y compris toute prière chrétienne, par le mot *Amen*, cela va être le maillon final de la pédagogie de l'oraison répartie tout au long du *Chemin de Perfection*.

Jésus, le premier, prie : « délivre-nous du mal »

Fidèle à son schéma d'interprétation du *Notre Père,* la sainte se préoccupe de s'élever aux sentiments mêmes qui habitent l'âme de Jésus quand il prie cette demande de conclusion. Il la prie avec nous : « délivre-nous ! ». Mais c'est lui qui commence.

Il n'est pas facile d'éviter un bref tressaillement quand le priant ou l'exégète tente de s'intéresser à l'âme de Jésus et de le surprendre demandant au Père de le délivrer du mal. Le délivrer, Lui ? De quel mal ou de quels maux ? Du Malin ? Jésus a-t-il partagé avec nous cette amère boisson du mal, du mauvais, de la malice des hommes, de l'ombre de Satan dans les semailles de la haine, de la misère morale de l'homme ? Jusqu'à quel point est effective sa communion avec nous dans ce mystère du mal qu'est le péché ?

Étrangement, le premier souvenir qui vient sous la plume de la sainte devant les questions que suscite cette demande, est la parole par laquelle Jésus commence son long discours d'adieu au cénacle : « J'ai désiré d'un grand désir manger cette Pâque avec vous » (Lc 22, 15). Elle souligne : « C'était la dernière de sa vie ». Et elle commente la parole de Jésus : « on voit combien il devait être las de l'existence » ; « il a montré à quel point il était fatigué de la vie » (n° 1). C'est la raison pour laquelle Jésus demande « pour lui » que le Père le délivre du mal…

Deux affirmations de la sainte qui scandalisent le théologien censeur du manuscrit. Il corrige l'affirmation par laquelle Jésus demande cela « pour lui », et il supprime par deux fois « combien » et « à quel point il était fatigué ». Le théologien censeur avait probablement oublié un autre passage symbolique de l'évangile de Jean qui présente Jésus « fatigué du chemin et assis sur la margelle du puits » (Jn 4, 6). Devant le mot « fatigué » de ce dernier passage, saint Augustin avait réagi d'une autre manière : « Jésus fatigué ? – Les mystères commencent déjà ! »

Comme saint Augustin, la sainte observe la vie de Jésus, à partir de mot : « Sa vie entière, que fut-elle, sinon une mort sans trêve ? » (n° 1). Avec un horizon plus vaste : Non seulement il avait présente la mort qu'on lui réservait : « Encore n'était-ce que la moindre de ses souffrances. Que dire de tant d'offenses commises contre son

Père et de la perte de tant d'âmes ? » (n° 1). Cette double dimension du mal des hommes, convergeant dans le mystère de la mort de Jésus, entre dans sa prière et explique les sentiments priants du Seigneur.

Mais plus que tout cela – vie et mort, fatigue et péchés – la demande de Jésus a comme unique force motrice, l'amour : « Si pareil spectacle est un supplice pour une âme qu'anime la charité (Thérèse elle-même), quel tourment devait-il apporter à notre Maître, dont la charité (=amour) était sans bornes et sans mesure ! » (n° 1).

De là vient que sa prière ne dérive pas vers la détestation des maux, mais vers l'amour et le désir : « il pouvait à bon droit supplier le Père céleste de le délivrer de tant de maux, de tant de souffrances et de le faire entrer pour toujours dans le repos de son royaume, puisqu'il en était le véritable héritier. » (n° 1)

Ainsi Jésus, à partir de la fatigue de la vie, la vision de sa mort et les maux humains, en disant au Père « délivre-nous », donne libre cours au désir et à l'amour : le désir des biens éternels et l'amour avec lequel il les demande pour nous. C'est cet amour qui authentifie l'*amen*, que Thérèse met aussi dans la bouche de Jésus (n° 2).

Thérèse aussi prie : « délivre-nous du mal »

Comme pour les autres demandes du *Notre Père*, le commentaire de la sainte suit un chemin obligé : passer des sentiments de Jésus aux nôtres. Mais, devant le mal et en parlant de lui, les sentiments mêmes de Jésus peuvent-ils jaillir en nous ?

Avec une fine touche de pédagogie, la sainte ne va pas faire la leçon à l'apprenti en oraison ni lui énoncer de l'extérieur une gerbe de sentiments qui calquent ceux de Jésus. Elle préfère une attitude plus authentique : présenter en toute spontanéité ses sentiments propres, ceux qu'éveillent en elle la pensée du mal, la réalité du mal qui est présent dans sa vie et dans le vaste panorama de l'histoire des hommes, tel qu'elle le voit en conformité avec le regard et la parole de Jésus. Ainsi, dans cette page, le lecteur va trouver comme un lambeau de sa vie. Une sorte de coupe transversale de l'âme de l'Auteur. Tout un test: quelle est sa réaction face au mal, quel genre de sentiments se pressent sous sa plume ou dans son âme quand il lui faut parler au Père, avec le Christ, des maux des hommes et des siens propres ?

Il ne sera pas facile de transmettre ici la chaleur et la vibration de cette page de Thérèse. Mieux vaut donc glaner dans cette page et suivre simplement les sentiments qui s'égrènent devant le lecteur. Les voici, seulement énumérés :

– Avant tout, une identification spontanée avec la prière et les sentiments de Jésus, commençant par la demande radicale : que le Seigneur la délivre de tout mal et lui permette, comme à Jésus, de satisfaire son désir du bien absolu : le retour au Père. Mais de sorte que ce soit ce dernier qui prévale, comme dans le cas de Jésus au début du repas d'adieu de la cène. De fait, le jaillissement de ce désir sera la fleur et le fruit de la véritable oraison : « Cette demande, formulée avec un ardent désir et une entière générosité par les contemplatifs… est une marque sûre que les faveurs reçues dans l'oraison sont véritablement de lui. » (n° 3)

– En elle aussi, comme en Jésus, affleure l'ombre de la fatigue : « fatigue de la vie ». Seulement la sienne n'est pas comme celle de Jésus, « fatigué du chemin » ; sa fatigue vient de ce qu'elle a mal cheminé : « ayant si mal vécu… » (n° 3).

– C'est pourquoi sa fatigue se trouble de choses qui ne sont pas présentes dans la prière de Jésus : d'abord l'ombre de la crainte : « je crains de vivre davantage » (n° 3). Et surtout l'aiguillon de l'incertitude : « Ce qui m'est insupportable, Seigneur, c'est de ne pouvoir être certaine que je t'aime et que mes désirs te sont agréables » (n° 2). Tout cela est en fort contraste avec Jésus qui sait que le Père l'écoute toujours et qu'il l'aime dès avant le commencement du monde (Jn 17, 24) et que Lui fait toujours la volonté du Père.

– Malgré cette lancinante incertitude, Thérèse se compte parmi les personnes qui ont l'expérience et la « connaissance » de ce qu'est le monde et qui ont reçu des gages des « faveurs de Dieu », expériences qui sont un présage de ce que Dieu a préparé. Du souvenir de ces expériences jaillit maintenant le désir irrépressible d'être dans cette vie où l'on jouit « à longs traits »…

– Mais tous ces désirs du meilleur n'estompent pas et n'effacent pas le spectre du mal présent. La nécessité de le présenter au Seigneur jaillit de nouveau. Sans pessimisme, mais dans sa réalité crue. Thérèse dit au Seigneur que les maux de cette vie résident en deux choses : 1°, la vie est pleine « d'obstacles qui s'opposent à la jouissance d'un tel bien » : Tout devient « obscur » de ce qu'on voit ici-bas, à travers ombres et lumières. Et 2°, cette secrète tension entre Dieu et nous : contraste évident sur le plan des désirs, entre ceux que Dieu a pour nous et ce que nous contre-désirons pour nous-mêmes : Lui « demande que nous aimions la vérité, et nous aimons le mensonge ; il demande que nous aimions ce qui est éternel, et nous nous portons vers ce qui finit ; il demande que nous aimions ce qui est grand, élevé, et nous aimons ce qui est vil et terrestre ; il demande que nous n'aimions que ce qui est assuré, et nous aimons ce qui est incertain… » (n° 4).

– De là les sentiments qui terminent cette page : qu'Il ne consente pas que nous soyons trompés par les pièges de la vie. Que nous nous efforcions de demander à pleine voix car « nous nous adressons au Tout-Puissant ». Qu'enfin nous nous abandonnions à sa volonté…

Clamer. Demander à grands cris…

Cependant, tout ce flux de sentiments, malgré leur fraîcheur et leur authenticité, fut freiné de l'extérieur.

Dans le brouillon, le commentaire premier et incontrôlé de cette parole du *Notre Père* avait une autre vibration. C'était un cri. La sainte avait renoncé plus expressément à toute intention de dicter une règle aux sentiments des lecteurs pour, en revanche, donner libre cours aux siens propres. À haute voix et sur le papier : « Vous, mes filles, demandez ce qui vous paraîtra le meilleur. Moi, je ne trouve pas de remède en cette vie, aussi je demande au Seigneur de me délivrer de tout mal pour toujours. Quel bien trouvons-nous en cette vie, mes sœurs, puisque nous manquons de tant de biens et que nous ne sommes pas en sa présence ? – Délivre-moi, Seigneur, de cette ombre de mort, libère-moi de tant de peines, libère-moi de tant de douleurs, libère-moi de tant de changements, de tant de civilités que nous sommes forcés d'avoir vis-à-vis de ceux avec qui nous vivons, de tant, tant, tant de choses qui me lassent et me fatiguent, qui fatigueraient celui qui les lirait si je les énumérais toutes. Il n'y a personne qui souffrirait de vivre. Cette fatigue doit me venir de ce que j'ai mal vécu et aussi de constater que je ne vis pas maintenant comme je le devrais. »

L'épilogue du *Chemin*

Le livre de la *Vie*, écrit peu avant celui du *Chemin*, se terminait par une lettre adressée au destinataire de cet écrit, le P. García de Toledo. C'était ce que nos classiques appelaient « lettre d'envoi » et qui, parfois n'était que simple formalisme ou pur artifice littéraire. Dans le cas thérésien de la *Vie*, c'était une lettre de vérité (présente encore aujourd'hui dans la *Correspondance* de la sainte) contenant les ultimes consignes données au lecteur.

La dernière page du *Chemin* présente maintenant quelque chose de semblable. Elle n'a pas la forme littéraire d'une lettre. C'est un épilogue sous forme de dialogue avec les lectrices. Et elle contient les dernières consignes.

À nous, lecteurs de l'œuvre à quatre siècles de distance, il importe d'y prêter attention. Cette page contient trois consignes :

La première (n° 5) est une invitation à considérer à nouveau la prière du *Notre Père*, sorte de pause rétrospective dans laquelle sont impliqués le Maître qui nous a enseigné la prière, Thérèse qui l'a commentée, et nous, les lecteurs. Déjà au chapitre XXXVII du livre elle avait fait l'éloge de l'oraison dominicale. Maintenant elle affirme à nouveau : « Le Seigneur semble avoir voulu nous révéler, mes sœurs, l'immense source de consolation que contient cette prière et le profit que peuvent retirer les personnes qui ne savent pas lire. Si elles la comprenaient bien, elles y puiseraient un enseignement solide et de grands motifs de joie spirituelle. »

En second lieu, l'Auteur intervient par une parole d'envoi et une déclaration d'intention chargées d'humilité et de souci pédagogique. Le livre est né de l'attitude d'humilité avec laquelle les sœurs le demandèrent. En l'écrivant, Thérèse se sent pur instrument de Dieu. Elle est convaincue que son enseignement personnel n'est rien : c'est le Seigneur qui est le véritable maître d'oraison tout au long du livre : « C'est à vous de l'en remercier. » (n° 6)

Et enfin la remise du manuscrit. Les jeunes carmélites de San José ne seront pas les premières lectrices. Auparavant, un théologien doit le voir pour réviser et autoriser sa lecture. Il ne s'agit pas d'un formalisme. En dehors des exigences de l'Inquisition de cette époque, Thérèse désire que son écrit soit mesuré à l'aune de la théologie.

Pour cela elle a visé un théologien de première qualité, le dominicain Domingo Báñez, jeune encore (environ 38 ans) mais qui rapidement occupera les chaires les plus élevées de l'université de Salamanque. À lui la décision. Si l'écrit n'est pas « réussi », lui « aura soin de le corriger ou bien il le brûlera », comme elle l'avait déjà anticipé elle-même dans la première page du prologue (n° 1). Cette possible sentence ne lui enlèvera pas la satisfaction de l'avoir écrit pour les sœurs.

Et l'épilogue se termine par une doxologie limpide : « Louange et bénédiction au souverain Maître de qui nous vient tout ce qu'il y a de bon dans nos paroles, nos pensées et nos œuvres. Amen. »

Questions finales au premier lecteur

La Mère Thérèse n'eut pas de chance dans ce projet final de recours au grand théologien dominicain. Nous ne savons pas pourquoi, mais il est certain qu'il ne parvint pas à réviser le manuscrit du *Chemin*. Il l'atteste lui-même devant le tribunal de Salamanque alors qu'il est questionné à ce sujet par les juges au procès de canonisation de la sainte (1591).

Mais comme la décision thérésienne d'une authentification théologique était ferme, le manuscrit passa aux mains d'autres théologiens conseillers ou censeurs, bons amis de l'Auteur, mais peu bienveillants envers le livre. L'un d'eux s'acharna précisément sur ce chapitre final. Il imposa à la sainte et à l'œuvre une série de corrections et de coupures.

À ce théologien anonyme nous aimerions demander le pourquoi. Pourquoi cette série de manipulations, de rétractations et de coupures ?

Souvenons-nous de ce qui est arrivé aux pages précédentes, entre la première et la seconde édition du *Chemin*. Sans descendre dans les détails. Seuls nous intéressent les critères avec lesquels lui et les autres censeurs lurent et critiquèrent l'écrit de la Mère Thérèse.

Nous savons que, dès le début, la liberté avec laquelle elle fit son « apologie des femmes dans l'Église » (c.3) les gêna et ils la raturèrent.

Ils furent étonnés par son audace à entrer en polémique avec les inquisiteurs qui interdisaient certains livres traitant de l'oraison, et avec certains théologiens à cause de leurs soupçons envers les contemplatifs et les « spirituels ».

Il ne leur plut pas que la Mère Thérèse, « femme et sans lettres », ose commenter quelque psaume ou d'autres textes bibliques.

En qualité de théologiens pointilleux, fils de leur temps, ils furent préoccupés de ce qu'elle parle plus d'une fois de ses certitudes dans l'expérience de la grâce ou du surnaturel, terrain miné depuis les décisions de Trente contre les luthériens.

Ils ne virent pas d'un bon œil qu'elle fasse des allusions à la politique bellico-religieuse de Philippe II, ou au traitement qu'il infligeait à ses pauvres soldats (« ces infortunés meurent et ensuite Dieu sait comment on les paie », c.18, 3 première rédaction)

Sur un plan inférieur, du point de vue rédactionnel, il y a deux choses qui leur déplaisent dans le style de la Mère Thérèse. D'abord le genre de comparaison auquel elle a recours : le jeu d'échec, le voyageur qui se casse les jambes et tombe dans un trou, l'audace de comparer certains théologiens au torero qui risque sa vie entre les cornes du taureau, l'Enfant Jésus présenté au temple comme un petit pèlerin… ou dans ce chapitre final, l'image du pauvre mendiant qui, mis à même de solliciter un empereur, lui demande un sou. La deuxième chose qui déplaît aux censeurs, ce sont ses confidences intimes… dire, par exemple aux lectrices qu'elle leur parlera à partir de l'expérience que le Seigneur lui a donnée dans l'oraison (prologue) ou que la comparaison d'un nourrisson qui tête le sein de sa mère, c'est « le Seigneur qui la lui donna pendant qu'elle était en oraison » (c.31, 9 première rédaction).

C'est un peu tout cela qui a motivé la complète reprise à laquelle la sainte dut soumettre le chapitre final du *Chemin* :

– il n'a pas paru convenable aux théologiens censeurs qu'elle présente Jésus « fatigué de cette vie » (n° 1),

– ou que Jésus puisse demander au Père « pour lui-même » le « délivre-nous du mal » (n° 1).

– Nous ne savons pas pour quelle raison ils obligèrent Thérèse à arracher de l'autographe les deux pages dans lesquelles elle suppliait Dieu de la libérer de cette vie... Elle qui tant de fois avait désiré avec saint Paul se libérer du « vêtement » qu'est le corps pour être au Christ...

– Il est clair que le censeur n'a pas dû goûter le fait que la sainte fasse une dernière allusion ironique aux inquisiteurs « qui retirent les livres » ou aux théologiens qui disent « qu'il n'y a de bien que l'oraison vocale ». Il est certain que, dans le brouillon, elle avait forcé la note jusqu'à les traiter de « faux prophètes ». Les censeurs ne l'ont pas supprimé dans le brouillon, mais elle dut le supprimer dans le texte définitif.

– Dans le brouillon de l'épilogue, Thérèse avait confessé son intention première de commenter non seulement le *Notre Père*, mais encore l'*Ave Maria*. Déclaration d'intention qui ne passa pas du brouillon au texte définitif. Est-ce parce que cela n'a pas cadré avec les critères des théologiens conseillers ou est-ce qu'elle a elle-même opté pour la suppression ? Nous ne le savons pas.

– Enfin nous ne savons pas non plus quel théologien influa sur la dernière suppression importante. Dans le brouillon, la « lettre d'envoi » terminait la leçon du *Chemin* en la réunissant à la *Vie*. La sainte invitait les lectrices à passer normalement d'un livre à l'autre. La pédagogie du *Chemin* conduirait les lectrices vers la source de l'eau vive ; les pages de la *Vie* les ouvriraient à de nouveaux horizons ; leur diraient « comment on doit se conduire une fois arrivées à cette fontaine d'eau vive, et ce qu'y ressent l'âme et comment la soif de Dieu lui enlève la soif des choses d'ici-bas et la fait grandir dans les choses qui concernent le service de Dieu... » La dernière consigne était précise : ce livre (l'autographe de la *Vie*), le Père Báñez l'a : « Demandez-le lui ».

Rien de tout cela ne passa du brouillon au livre définitif. Pourquoi ?

La barrière des théologiens s'interposa de nouveau. Le P. Báñez affirmait catégoriquement que les pages de la *Vie* étaient trop fortes pour les lectrices de San José. Déjà auparavant un autre grand savant, le Maître saint Jean d'Avila avait affirmé que le livre de la *Vie* n'était pas pour tous. Báñez ira plus loin : quand il apprendra que le manuscrit de la *Vie* est passé dans d'autres mains, il menacera la sainte de le jeter au feu.

Dans ce climat de réserves théologiques envers la leçon mystique du livre de la *Vie*, Thérèse dut se soumettre et renoncer à proposer aux lectrices le diptyque qui contenait son message doctrinal complet : de la pédagogie du *Chemin*, passer à l'expérience mystique attestée par son histoire personnelle.

Nous respectons cette décision. Mais nous préférons la première intention de l'Auteur. C'est pourquoi, au sujet de cette dernière page du *Chemin*, nous nous écartons des théologiens censeurs et nous invitons les lecteurs à commencer la grande aventure de la *Vie*, en entrant dans la lecture et l'expérience profonde et contagieuse de la sainte. Oui, après avoir lu le *Chemin*, goûter la forte leçon de la *Vie*.

Déjà paru dans la Collection Carmel Vivant

Anne de Jésus, carmélite déchaussée
Écrits et documents, notes et commentaires
par les PP. Antonio Fortes et Restituto Palmero, o.c.d.,
588 p., 2000,
230 FF/35,06 €.

Table des matières

Direction de la publication : Frère Jean-Gabriel Rueg, o.c.d.

Conception artistique : Ariane Davenne

Achevé d'imprimer le 5 octobre 2001
sur les presses de

Imprimerie D. Guéniot
pour le compte
des Éditions du Carmel
33, avenue Jean Rieux – 31500 Toulouse.
Dépôt légal : octobre 2001 - N° d'imprimeur : 4470